Wolfhard Margies

Eine vollkommene Erlösung

Aufbruch-Verlag

der Philadelphia-Gemeinde
Babelsberger Str. 37
1000 Berlin 31

1. Auflage 1990
ISBN 3-926395-09-5
Umschlaggestaltung: Reinhold Crämer
Satz und Druck: Kupijai & Prochnow, Berlin

Inhalt

Kapitel 1
Die Schuld ist mir vergeben — ist das alles? 5

Kapitel 2
Bund, Erlösung und Vergebung der Sünden 16

Kapitel 3
Erlösung zum Gehorsam 21

Kapitel 4
Gott gibt das Wollen 33

Kapitel 5
Durch seine Wunden seid ihr geheilt 40

Kapitel 6
Durch seine Schwachheit sind wir stark 46

Kapitel 7
Sieg über den Tod 50

Kapitel 8
Erlösung von Armut, Mangel, Hunger und Entbehrung 87

Kapitel 9
Er wurde zur Sünde — Wir wurden die Gerechtigkeit Gottes 93

Kapitel 10
Gemeinschaftsfähig durch das Kreuz 97

Kapitel 11
Durchs Kreuz zur Kindschaft 103

Kapitel 12
Durch Erlösung zur Königswürde 106

Kapitel 13
Erlösung von den Wunden der Verachtung und Isolierung
und des Ausgestoßenseins 108

Kapitel 14
Erlösung von der Selbsterlösung und die Befreiung
von den eigenen Werken 113

Kapitel 15
Erlöst vom eitlen Wandel nach der Weise der Väter 127

Kapitel 16
Das Kreuz, unser Verstand und Gottes Weisheit 130

Kapitel 17
Befreit vom Fluch des Gesetzes 136

Kapitel 18
Versetzt in das Reich seines lieben Sohnes 148

Kapitel 19
Das Kreuz Jesu und unsere Autorität über Satan 154

Kapitel 20
Christus, unsere Befreiung und Heiligung 163

Kapitel 21
Was ist Wahrheit? 176

Kapitel 22
Religiosität — und kein Ende? 184

Kapitel 23
Anweisungen zum Nehmen 189

Kapitel 24
Der Schlüssel ist der handelnde Glaube 201

Kapitel 1

Die Schuld ist mir vergeben – ist das alles?

Die Schuld hat uns der Vater durch das Opfer seines Sohnes Jesus vergeben. Das größte Problem der Menschheit, das darin besteht, daß sie durch ständige moralische Verfehlung und Sünde von Gott entfremdet ist, ist beseitigt. Jesus ist an unsere Stelle getreten und hat diese Schuld auf sich genommen und getilgt. Wir können den Schuldgefühlen und Verdammniszuweisungen durch unsere Seele und den Anklagen des Teufels entkommen. Jesus hat unsere Übertretungen und die Strafe dafür übernommen.

Wer diese Erfahrung der Vergebung erstmalig erlebt, wird von der Realität der Gnade überwältigt sein. Gott, die letzte Autorität in diesem Universum, derjenige, der die ewigen Normen gesetzt hat, verfügt Schuldentlastung, weil sein Sohn Jesus Christus die Schuld auf sich genommen hat. Die Erfahrung der Befreiung von der drückenden Sünde und den Anklagen alter Schuld ist großartig. Das Schönste dabei ist, daß es unsererseits nur des Glaubens bedarf, daß wir den geschichtlichen Hintergrund der Schuldübertragung von uns auf den Herrn anerkennen und als für uns gültig beanspruchen. Das ist schon alles. Das reicht aus, um Erlösung zu erfahren.

Aber im Verlauf der letzten Jahre und Jahrzehnte ist etwas Erstaunliches mit der emotionalen Erfahrbarkeit der Sündenvergebung geschehen. Mehr und mehr Menschen, die sich in einer gleichsam ordnungsgemäßen Bekehrung von der Sünde weg zu Jesus hin bewegt haben, können nichts von einem Aufgewühltsein in einem Taumel von Freude, Entlastung und Begeisterung berichten. Der Ablauf und die Erfahrungstiefe vieler Bekehrungen, die in der letzten Zeit bei Menschen, die zu Jesus fanden, stattgefunden haben, hat sich geändert. Daraus will ich keine Lehre machen; ich will es nur als Tatsache schildern. Es ist so, als ob die Verstrickungen und auch die Deformierungen im seelischen und im charakterlichen Bereich gegenüber früher zugenommen haben. Es bedarf entweder eines größeren Tiefganges bei den Bekehrungen oder einer weiteren anschließenden Betreuung, um jene Grunderlebnisse und Heilsgewißheiten herbeizuführen, die für unsere geistlichen Väter selbstverständlich waren.

Luther wurde noch von der Frage umgetrieben, wie er einen gnädigen Gott bekommen könne. Diese Frage war als Hauptmotiv zur Bekehrung bis vor wenigen Jahrzehnten durchaus noch eine entscheidende Triebfeder der Hinwendung zu Jesus Christus. Aber es kann keine Rede davon sein, daß wir dieses Motiv heute noch als den entscheidenden Anstoß des Aufbruchs ins Reich Gottes bei den jungen Menschen finden können.

Die atmosphärischen Faktoren, die heute das Lebensgefühl der meisten abendländischen Menschen bestimmen, und das Maß an seelischer Deformierung und charakterlicher Fehlprägung der zu Christus kommenden Menschen haben sich im Verlauf der letzten zehn bis fünfzehn Jahre so dramatisch verändert, daß heute ganz andere Ursachen für die Entscheidung zur Nachfolge Jesu angegeben werden. Auch die Bekehrung selbst läuft im Regelfall viel undramatischer ab. Es ist nämlich nicht nur der Grad von Zerstörtheit und seelischer oder körperlicher Krankheit der Menschen angewachsen, sondern auch das Maß der Ablenkung. Die Möglichkeit des Reisens für jedermann mit der zumindest zeitweiligen Beglückung und Entspannung, die fast uneingeschränkten Kommunikationsmittel, die Unterhaltung durch Fernsehen, der Reiz der Technik und auch die Ablenkung durch ein Überangebot an Amüsement haben die Wahrnehmung von geistlichen Defiziten sehr stark eingeschränkt. Man kann heute völlig kaputt sein und sich doch gar nicht einmal so unglücklich fühlen. Die Unterhaltungs-und Ablenkungsmaschinerie hält einen über Wasser oder zumindest im Zustand der Gleichgültigkeit.

Unter diesen heute gegebenen Voraussetzungen muß man einfach die Frage aufwerfen, ob Erlösung in dem uns von früher vertrauten Sinne noch ein Angebot ist, mit dem Gott sich in dieser Welt sehen lassen kann. Reicht es aus, was er den Leuten zu bieten hat? Oder hat er vielleicht noch mehr in petto?

Ich glaube, daß die Erfahrung der Versöhnung mit Gott, die uns durch das Leiden, Sterben und Auferstehen Jesu angeboten wird, das großartigste Geschenk ist, das man sich vorstellen kann. Aber der Ungläubige, der in Not ist, muß es erst einmal als solches erkennen und bewerten können. Was nützt denn diese geistliche Grunderfahrung, die sich in der Tiefe unseres Herzens abspielt, wenn alle seelischen Ebenen und Instanzen unserer Persönlichkeit bereits so zerstört sind, daß der Jungbekehrte diese Aussöhnung mit Gott auf Grund der Zerstörung seiner Seele gar nicht mehr als beglückend und erlösend erlebt und in sich spürt? Die lädierte Seele ist dann nicht mehr imstande, diese Grunderfahrung in Gefühle umzusetzen. Die Beziehung zu Gott und die Erfahrung der Sündenvergebung, so gewichtig und großartig sie sein mögen, verlieren dann ihre Attraktivität. Das Ausmaß teuflischer Aktivitäten und das Maß der Zerstörtheit der Menschen ist stärker geworden, so daß diese Erlösungserfahrung, die ich mit den ersten Sätzen dieses Buches so gerühmt habe, darin untergeht.

Die statistische Entsprechung dieser Entwicklung spiegelt sich in der mangelnden Vitalität des Gemeindelebens vieler Gemeinden und auch der Anzahl von aktiven Gläubigen in den einzelnen Gemeinden wider. Die allgemeine Christenheit unter Einschluß der Gemeinden von wirklich wiedergeborenen Christen verliert im Abendland in großer Breite an Kraft und Mitgliederzahl. Viele Christen welken oder sterben dahin.

Das „volle“ und das ganz volle Evangelium

Aber das ist nicht die ganze Beschreibung der Wirklichkeit. Es gibt auch eine entgegengesetzte Entwicklung, die stark von der Betonung der Wichtigkeit des Heiligen Geistes geprägt ist. Bei diesen Christen und in ihren Gemeinden erleben wir ganz neue Aspekte der Nachfolge, der Kraft und der Freude. Der Unterschied ist so gewaltig, daß die Vertreter dieser Bewegung mit Begeisterung im Kontrast zur alten Frömmigkeit von dem vollen Evangelium reden, während ihre dogmatischen Gegner aus den Reihen der alten kirchlichen und freikirchlichen Strukturen sich eher davon abgrenzen und den Gläubigen vorwerfen, ein anderes Evangelium zu verfolgen. Es ist augenscheinlich, daß in manchen Gemeinden neue Entdeckungen über geistliche Schätze gemacht worden sind, die zu einer neuen Freude und Begeisterung über das Leben mit Gott geführt haben.

Von diesen Entdeckungen soll in diesem Buch die Rede sein. Aber ich beschreibe damit nicht das Wesen des vollen Evangeliums.

Ich kann schon deswegen nicht über das sogenannte volle Evangelium sprechen, weil mir scheint, daß das, was wir bisher mit diesem Namen benannt haben, biblisch gesehen nicht wirklich voll ist. Es gibt zwar keine Steigerung von voll, aber man kann durchaus dem Irrtum erlegen sein, daß sich das, was man voll nennt, bei näherem Hinsehen als halbvoll erweist.

Es ist für mich eine gesicherte Tatsache, daß sich der Heilige Geist in diesen Tagen angeschickt hat, in einer zunehmenden, aufrührerischen und brodelnden Wirksamkeit Bewegung in die Gemeinde Jesu zu bringen und ihr viele Dinge vor Augen zu führen, die von Anfang an da waren, die aber verloren gegangen sind. Es gibt weitaus mehr Schätze in der Erlösung, als die meisten Gläubigen wissen. Wir wollen sie heben, sie von dem Dreck und den Auflagerungen der Traditionen reinigen, sie dann genau betrachten und wertschätzen und in unseren Dienst stellen.

Je exakter und genauer wir das ganze Heil in Jesus erfaßt haben, um so leichter wird es uns sein, im Glauben zuzulangen, um uns die erkannten Heilsgüter und Heilsinhalte anzueignen. Je fragwürdiger, verschwommener und vager unsere Vorstellungen über die uns durch Jesus zuteil gewordene Errettung, Befreiung und Erlösung sind, desto schwerer wird es uns fallen, damit umzugehen. Wir werden nicht wissen, wie wir sie uns zu eigen und zunutze machen können. Aber Erlösung ist dazu da, daß sie im Glauben ergriffen wird, damit wir dadurch Gott verherrlichen. Gott fühlt sich verherrlicht, wenn wir seine Angebote im Glauben ergreifen.

So ist dieses Buch mit dem Ziel geschrieben worden, allen bedürftigen und verzweifelten Gläubigen, die in einer tiefen Ahnung irgendwie spüren, daß es mehr geben muß, als sie bis jetzt erfahren haben, Hoffnung zu geben. Es sollen ihnen die Augen geöffnet werden für die Realität und für die Mannigfaltigkeit von Gottes Geschenken in dem umfassenden neutestamentlichen Vertragswerk seines Heilsangebotes.

Wissen und Erkenntnis über die uns zur Verfügung stehenden göttlichen Geschenke ist die erste Voraussetzung, um sie im Glauben nehmen zu können. Auch dann werden vielleicht noch manche ihre Probleme haben, unverschämt und direkt, wie es Jesus eigentlich will, zuzugreifen, um das Heil in seinen verschiedensten Formen zu nutzen.

Meine Erfahrung im Umgang mit dieser Materie hat mich gelehrt, daß es vielen so geht, wie es meiner Tochter Kathrin ging, als sie im Alter von zwei bis drei Jahren zum ersten Mal das Weihnachtsfest halbwegs bewußt miterlebte. Sie war unser erstes Kind, und in unserer pädagogischen Unerfahrenheit und unserem Übereifer hatten wir sie damals am Heiligabend mit einem Berg von Geschenken überhäuft. Der Ausgang dieser Bescherung war jedoch relativ enttäuschend. Sie stürzte sich auf ein relativ umfangreiches Geschenk, wickelte es aus — es war ein Dreirad — und hatte im Verlauf des Abends nur noch Interesse an diesem einen Geschenk. Sie fuhr ununterbrochen glückselig und begeistert mit ihrem Dreirad durch die Wohnung und war nicht zu bewegen, die anderen Geschenke, zu öffnen und sich anzusehen.

Erst im Verlauf der nächsten ein, zwei Tage konnten wir ihr dann so nach und nach alle weiteren Geschenke schmackhaft machen. Aber sie war in der ganzen Zeit so sehr von der Freude über das erste Geschenk bestimmt, daß sie unsere Versuche, ihr die anderen Geschenke nahezubringen, regelrecht als Belästigung und als Ärgernis erlebte.

Exakt so verhalten sich viele Gläubige, die sich tapfer an das erste und, wie sie meinen, einzige Kontingent der Erlösung halten: die Vergebung ihrer Sünden und das Angenommensein von Jesus. Das reicht ihnen, das ist das ganze Evangelium. „Mehr ist weniger", so sagen ihnen ihre geistlichen Hirten. Mit dieser Programmierung ausgestattet müssen sie dann leben. Es bleibt ihnen ja nichts anderes übrig. Sie wissen, sie haben einen allmächtigen und liebenden Gott, und sie erfahren ihn als gnädig und bereit, jede Sünde zu vergeben. Aber abgesehen davon leben sie im wesentlichen nicht anders als ihre ungläubige Umgebung. Wie ihre weltlichen Freunde und Nachbarn werden sie von den Unbilden des Lebens wie Krankheit, Einsamkeit, beruflichen Schlägen und familiären Nöten bedroht, geschlagen und gedemütigt. Sie kämpfen, sofern sie überhaupt noch kämpfen, einen mutigen Abwehrkampf gegen alle möglichen Feindseligkeiten ihrer Umgebung und wissen sich in allen Problemen und Niederlagen doch geborgen in ihrem Herrn. Wenn sie dann von weiteren Segnungen hören, die das Evangelium bereithalten soll, können sie nicht zugreifen, weil ihnen gesagt worden ist, daß das suspekt oder gefährlich sei — wenn nicht gar ein Angebot von unten. So bleibt ihnen nur die Möglichkeit der stetigen Buße als Ausdruck ihrer Kreuzes-Orientierung.

Wer aber allein mit der Tatsache, daß er von Jesus angenommen und die Schuld getilgt worden ist, siegreich in diesem Leben durchkommen will, der wird scheitern. Er sagt vielleicht, er lebe aus der Gnade. Aber bei genauerem Hinsehen ist die Gnade nur eine nachlaufende Gnade. Jesus wird immer wieder treu gebeten, jede Schuld zu vergeben, aber er wird nicht beansprucht, das Leben siegreich zu gestalten, den Charakter zu verändern und die Breite und die Kraft seiner Erlösung zu beweisen.

Wer mit diesem Kontingent von Erlösung im Sinne von erfahrener Vergebung der Sünde und Angenommensein durch Jesus in der Nachfolge auskommen will, muß ein anstrengendes und entsagungsreiches Leben führen. Ein solcher Gläubiger lebt wohl grundsätzlich in der Gnade, aber er bewältigt nicht mit Gnade das Leben.

Die Nachfolge Jesu ist jedoch viel schöner und farbenfroher, weil die Erlösung noch viel mehr einschließt. Wir wollen uns deswegen die Erlösung in ihrer ganzen Breite anschauen und möglichst keinen wichtigen Anteil von dem weglassen, was Jesus mit einem großen Einsatz für uns erworben hat. Wir wollen und wir müssen diese Aufgabe leisten, egal wie Christen, theologische Leiter oder Denominationen darüber denken. Entscheidend ist doch nicht die Auffassung von gemeindlichen Traditionen und kirchlichen Anschauungen, sondern der Wille Gottes, wie er in seinem Wort dokumentiert ist.

Es gibt eine feste Grundlage und einen klaren Anhaltspunkt, an dem wir erkennen und messen können, was Gott wirklich gesagt und getan hat. Dieser Sachverhalt ist sehr wohl dokumentiert. Ich rede von der Bibel. Wir müssen uns nicht auf die schwankenden Meinungen von Menschen verlassen. So lade ich den Leser ein, bei all dem, was ich vor seinen Augen entfalten will, willig-kritisch die Aussagen anhand der Bibel zu überprüfen. Das schafft uns Gewißheit, das vermittelt Sicherheit und Geborgenheit. Erst wenn der Befund eindeutig ist, können wir wirklich glauben.

Alte Wahrheiten werden wiederentdeckt

Der Heilige Geist hat im Verlauf der letzten Jahre und Jahrzehnte einige bemerkenswerte Wiederentdeckungen bewirkt. Jedoch, die Aufnahmebereitschaft der Gläubigen war übers Ganze gesehen nicht zu gewaltig. Bis zum heutigen Tage werden die meisten dieser wiederentdeckten biblischen Wahrheiten von vielen Christen abgelehnt. Aber das darf uns nicht zu sehr irritieren, wenn sogar die Grunderfahrung des Christseins (das Erleben der Wiedergeburt) von den meisten Angehörigen der Großkirchen und auch von deren Theologen, die in einem kirchlich-konservativen Glaubensverständnis befangen sind, abgelehnt wird. Also, was soll's. Während sich die einzelnen Kirchen und Schulen in der Christenheit gegenseitig ablehnen und sogar die elementaren Wahrheiten des Christseins in Frage stellen, laßt uns mutig nach der biblischen Wahrheit Ausschau halten. Wir gehen dabei davon aus, daß diese Wahrheit auch auffindbar ist, weil es einen Heiligen Geist gibt, der will, daß wir sie entdecken.

Da gab es die Wiederentdeckung der Taufe in den Heiligen Geist mit der Innenerfahrung der Erfüllung mit dem Heiligen Geist und dem Außenbeweis des Sprechens in anderen Sprachen. Ein heute wirklich nicht mehr geringer Teil der Christenheit hat diese Wahrheit mittlerweile als ein korrektes biblisches Angebot angenommen und schätzengelernt. Und diese Christen sind gut damit gefahren. Der Rest der Christenheit reibt sich daran auf, sich dagegenzustellen und dieser Bewegung alle möglichen Nicht-Qualitäten zuzusprechen. Trotzdem hat sie sich in den letzten Jahren durchgesetzt und kann auch von ihren Gegnern als Tatsache nicht mehr bestritten werden.

Anders verhält es sich schon mit der Wahrheit, daß Heilung ein Teil der Erlösung ist. Darüber gab es in vielen Gemeinden, selbst bei jenen, die sich der Taufe im Heiligen Geist geöffnet hatten, heftige Kontroversen. Dabei entzündete sich der Streit seltener daran, daß Jesus auch Krankheiten heilen kann, als vielmehr an dem Anspruch des Evangeliums, daß Jesus alle Krankheiten am Kreuz bereits getragen haben soll.

Das ging vielen Gläubigen zu weit — sogar solchen, die bereits in einer pfingstlich-charismatischen Tradition standen. Dieser Kampf tobt noch, wobei in den Reihen derer, die überhaupt heute noch ein engagiertes Christentum ausleben wollen, die Stimmung mehr und mehr zugunsten der Position der Heilung ausschlägt. (Für die in Ruhe und anständiger Tradition dahinschlummernden Christen aus kirchlichen oder hochkirchlichen Kreisen ist das sowieso kein Thema.)

Nachdem diese Zumutung von einigen mit Mühe und Not gerade bewältigt war, wiewohl diese immer noch erhebliche theologische Bauchbeschwerden deswegen haben und das eher zulassend und wohl oder übel hinnehmend ertragen, traf in den letzten Jahren eine neue Offenbarung die Christen, die die einen elektrisierte und die anderen noch mehr verstörte. Ich spreche von der Verkündigung, daß der Herr auch die Armut, den Mangel und die materiellen Defizite auf sich genommen hat.

Das war etlichen dann doch zu viel. Ich habe in der letzten Zeit sehr häufig das Entsetzen der Gläubigen über diese Extreme vernommen. Die besonneneren Leiter unter den Warnern vor dieser Theologie geben wohl zu verstehen, daß an ihr gewisse Berechtigung sei. Aber insgesamt schieße sie, so sagen sie, weit übers Ziel hinaus und sei ein Beweis für einen gefährlichen Kurs ins Abseitige, weil Diesseitige.

Schlachtrufe wie „Das Wohl steht vor dem Heil", „Christentum — eine Lustreligion zur Beseitigung materieller Defizite", „Cadillac-Glaube gegen Volkswagen-Glaube", „Einbruch des säkularen Denkens in die Gemeinde", „Unterwanderung durch

New-Age-Philosophie" usw. waren in den letzten Monaten zu hören.

Wie schwer ist es doch offenbar für die Gemeinde Jesu, die Wahrheit zu finden! Dabei haben wir alle die Möglichkeit der Überprüfung solcher Anschauungen in der Schrift.

Es konnte nicht ausbleiben, eine Gegenbewegung mußte emporkommen. Sie rief: „Zurück zum Kreuz!" Gerade vor wenigen Tagen habe ich einen solchen pamphletartigen Brief erhalten, in dem der Schreiber (gegen mich) am Schluß ausruft: „Ich will das Kreuz, wovon die Bibel spricht, hochhalten und mich mit denen, die der Herr ruft, bei ihm bergen." Das ist ein guter Satz. Und genau diesen Satz, der eigentlich eine Kampfansage an mich darstellen sollte, will ich in diesem Buch in allen Variationen verfolgen.

Die neue Wertschätzung des Kreuzes

Ich lade den Leser ein, mit mir das Leidens- und Kreuzigungsgeschehen unseres Herrn zu untersuchen, um sonderlich in ihm, jedoch auch im Kontext aller anderen Aussagen der Schrift zu diesem Thema zu erkennen, was Jesus alles für uns getan hat. Wir wollen die Erlösung mit ihren präzisen Inhalten festmachen an der Mitte des Geschehens, eben am Kreuz. Aber indem wir die Einzelverdienste, die der Herr für uns durch sein Leiden und Sterben erworben hat, feststellen, wollen wir dann auch mit aller Hingabe im Glauben diese Verdienste als für uns erworbene Verdienste annehmen.

Dem Leidensgeschehen auf der Seite Jesu, das beschreibt, was Jesus alles für uns ertrug, muß eine Entsprechung auf unserer Glaubensseite gegenüberstehen. Das Kreuz bringt uns keine Erlösung und Erleichterung, wenn wir auf seine Auswirkungen auf uns nicht eingehen. Das kann jedoch nur durch Glauben geschehen und auf keinen Fall durch Leistung und erst recht nicht durch eine Wiederholung dessen, was der Herr für uns getan hat.

Wir müssen klar unterscheiden zwischen Jesus als unserem Erlöser, der für uns ans Kreuz ging und dabei unsere Lasten auf sich nahm, die wir durch unsere Schuld eigentlich selbst zu tragen hätten, und Jesus als unserem Beispiel, dem wir nachfolgen sollen.

An keiner Stelle lesen wir im Worte Gottes davon, daß wir mit Jesus mitleiden sollen in dem Sinne, daß wir unsere oder anderer Menschen Schuld auf uns laden, unsere oder anderer Menschen Krankheit auf uns nehmen, oder Angst, Not, Zerstörung, Einsamkeit, Unruhe und Verzweiflung tragen sollen. Das hat der Herr für uns getan. Aber es ist sehr wohl in der Schrift davon die Rede, daß wir seinem Beispiel an Liebe, Demut und Sanftmut nachfolgen und es lernend übernehmen sollen.

In dieser Schrift ist ausschließlich davon die Rede, was Jesus als Erlöser für uns getan hat. Wir beweisen nun unsere Liebe zu ihm dadurch, daß wir die Segnungen des Kreuzes dankbar und freudig im Glauben aufgreifen und dadurch den Sieg des Herrn in unserem Leben offenbaren, so daß der Vater alle Ehre bekommt und das Reich Gottes sichtbar gebaut werden kann als ein Zeichen für die, die es noch nicht kennen, aber dringend brauchen. Insofern wird bei den Aufzählungen der einzelnen Facetten der Erlösung immer wieder die Rede sein von unserer Aufgabe: Glauben. Das Wort Gottes sagt uns in Römer 14,23: „Was aber nicht aus dem Glauben geht, das ist Sünde." Dieses Wort ist der Schlüssel, der das Tor der Erlösung für uns öffnet. Wenn Erlösung bedeutet, daß sie uns von Jesus durch den Einsatz seines Lebens als fertiges und abrufbereites Heilsgut zur Verfügung gestellt wird, dann heißt das, daß wir unsererseits nicht zu produzieren, zu verändern oder zu ergänzen haben. Wir haben die Erlösung allein im Glauben abzuholen. Das ist u n s e r e „Leistung". Wir kommen über das Nehmen nicht hinaus!

Somit wird eine unmittelbare und auch sehr gewünschte Wirkung oder Auswirkung des glaubenden Umgangs mit den vielfältigen Erlösungsangeboten die sein, daß der Gläubige in eine große Ruhe und Gelassenheit hineinkommt, weil er viele jener Dinge, von denen er früher meinte, daß er sie selbst erzeugen oder bereitstellen muß, nicht mehr zu produzieren braucht. Jesus hat durch seine Erlösung die Geschenke bereitgelegt. Sie sind da, sie sind gebrauchsfertig. Allerdings lagern sie im Unsichtbaren. Jeder, der sie durch Belehrung erkannt hat, kann sie im Glauben einfach ergreifen. Dann gehören sie ihm, dann hat er sie, dann darf er sie genießen. Die Leistung, die Anstrengung, aber auch die eigene Ehre sind ausgeschlossen. Je ärmer und bedürftiger die Gläubigen sind, je größer ihr Defizit ist, um so mehr werden sie genötigt sein, sich in eigener Kraft zu helfen und um so weniger werden sie der Versuchung des Stolzes entrinnen können.

Für mich selbst war die Wahrnehmung, daß die Erlösung durch das stellvertretende Leiden unseres Herrn so viele unterschiedliche und abgrenzbare Einzelangebote von Heil, Segen und Befreiung enthält, außerordentlich gewinnbringend und inspirierend. Es tat meinem Glauben einfach gut, sich von da an auf präzisere Angebote unseres Herrn beziehen zu können. Ich sah das Lebensbejahende und Aufbauende in der Erlösung nun viel deutlicher, als ich die schönen Einzelfacetten in dem Gesamtbild genauer in Augenschein nehmen konnte und dabei deutlicher als vorher wahrnahm, wie für jede erdenkliche Alltagsanforderung und Verlegenheit doch ein zugehöriges Erlösungsangebot vorhanden ist. Dabei gab es auch, so muß ich zugeben, einige Entdeckungen für mich, die mich tatsächlich in Neuland des Erlösungsterritoriums hineinführten.

Kapitel 2

Bund, Erlösung und Vergebung der Sünden

Bevor wir nun im einzelnen die Schätze von Gottes Erlösung aufschließen, will ich noch ein Wort zur Terminologie sagen. Den zweiten Teil unserer Bibel, in dem der volle Aufschluß über das Handeln Gottes durch Christus an den Menschen gegeben wird, nennen wir ja nicht die neue Erlösung. Wir reden vom Neuen Testament. An anderen Stellen spricht das Neue Testament von sich als dem neuen Bund. Schon in den Zeiten des Alten Testamentes wird der neue Abschnitt der Offenbarung Gottes an den Menschen der neue Bund genannt.

Das, was der Herr für uns vorbereitet hat, ist so umfangreich, daß es kaum noch in den Begriff der Erlösung hineinpaßt. Es sieht vielmehr so aus, daß Erlösung oder Errettung ein Unterbegriff unter dem Begriff des neuen Bundes ist. Dieser Bund, der nichts anderes als ein göttlicher Vertrag mit uns ist, enthält eine große Anzahl von präzisen Paragraphen, die alle eins gemeinsam haben: Sie beschreiben, in welcher Breite uns der Herr beglücken will und daß die vertragliche Regelung dieser Beglückung so aussieht, daß es von ihm kostenlos als Gnade gegeben wird und von uns durch Glauben angenommen werden soll.

Es ist keine Gegenleistung erlaubt. In dem Augenblick, wo wir als Vertragspartner meinen, doch eine eigene Leistung beisteuern zu können oder zu dürfen, wird der Vertragsinhalt hinfällig.

Im Hinblick auf die große Breite von Heilsinhalten und Wohltaten, die der Herr durch den Preis seines Leidens und Sterbens als Fakten geschaffen hat, ist es sinnvoll, die Gesamtheit dieser Segnungen als den neuen Bund zu bezeichnen. Der Begriff Errettung beinhaltet eher das Befreitsein von alten Lasten und Bindungen. Aber im neuen Bund, von dem das Wort Gottes redet, gibt es nicht nur Befreiungen und Loslösungen, sondern auch Ermöglichungen und Autorisierungen.

In einer wunderschönen Passage in Jeremia 32 kommt dieser Aspekt der Breite der erlösungsbedingten Wohltaten, die Gott uns in seinem neuen Bund bereitstellt, besonders deutlich zum Ausdruck.

Jeremia 32,38-42
38 Sie sollen mein Volk sein, und ich will ihr Gott sein.
39 Und ich will ihnen einerlei Sinn und einerlei Wandel geben, daß sie mich fürchten ihr Leben lang, auf daß es ihnen wohlgehe und ihren Kindern nach ihnen.
40 Und ich will einen ewigen Bund mit ihnen schließen, daß ich nicht ablassen will, ihnen Gutes zu tun, und will ihnen Furcht vor mir ins Herz geben, daß sie nicht von mir weichen.
41 Es soll meine Freude sein, ihnen Gutes zu tun, und ich will sie in diesem Lande einpflanzen, ganz gewiß, von ganzem Herzen und von ganzer Seele.
42 Denn so spricht der Herr: Gleichwie ich über dies Volk all dies große Unheil habe kommen lassen, so will ich auch alles Gute über sie kommen lassen, das ich ihnen zugesagt habe.

Das ist ein Vertrag, wie wir ihn uns gefallen lassen. Gott hat einen Bund mit uns geschlossen, wonach er nicht ablassen will, uns Gutes zu tun. Dabei will er uns die Furcht des Herrn ins Herz legen, die uns befähigt, das Gute und Göttliche zu wollen und zu vollbringen und nicht von ihm zu weichen. Die nächsten beiden Verse bestätigen noch einmal, daß der Vertragsinhalt identisch ist mit dem Guten schlechthin. „Es soll meine Freude sein, ihnen Gutes zu tun“, um sie in das Land, das ja das gelobte und das gute Land ist, einzupflanzen. Der Herr redet an dieser Stelle sogar davon, daß er es von ganzem Herzen und von ganzer Seele tun will. Diesen Satz lesen wir sonst in der Schrift von uns, daß wir aufgefordert werden, den Herrn zu lieben und ihm von ganzem Herzen und ganzer Seele zu dienen. Schließlich wiederholt Gott es noch einmal: „... so will ich ... alles Gute über sie kommen lassen, das ich ihnen zugesagt habe.“

Innerhalb des Bundes, der ein umfassendes Angebot von Gutem für alle Lebens- und Bedürfnislagen vorsieht, ist die Erlösung von Sünde, Krankheit und manchen anderen Bindungen und Gebrechen wohl das Wichtigste, aber eben nur e i n Ausschnitt. Wir müssen dabei sehen, daß der Bund mehr enthält als das, was nach unserer bisherigen Anschauung Erlösung darstellt. Damit wird diese in nichts geschmälert, sie wird nur um Segnungen erweitert, die sich unter dem Erlösungsbegriff nicht mehr angemessen einordnen ließen. Wenn Gott von dem Guten redet, das ein Bestandteil des Bundes ist, dann meint er Gutes, was durch Jesus am Kreuz schon freigesetzt worden ist. Das Gute ist bereits da, es muß nicht erst aktuell in unserer Bedürfnissituation durch unser Gebet oder Flehen vom Herrn gefertigt werden.

Alles Gute als positives Gegenstück zu allem Schlechten, das wir gerade erfahren und erleiden, ist da. Die Erde ist wirklich voll von der Güte des Herrn und auch voll von den Gütern des Herrn, wie es bereits im Alten Testament prophetisch ausgesprochen worden ist. Jetzt sind wir gefordert, die Kunst des Nehmens zu entwickeln.

Somit wird sich so schnell nicht jene Situation einstellen können, daß wir uns als Kinder Gottes in irgendwelchen Mängeln und Nöten vorfinden, die entsprechende Wohltat oder das Gute vom Herrn begehren, diese aber gar nicht im Bund Gottes mit uns vorgesehen ist. Was wir wirklich an Gutem brauchen, ist durch diesen ewigen Bund schon für uns gesichert. Man muß das wissen, sonst kann man im aktuellen Bedürfnisfall niemals jenen notwendigen, beanspruchenden Glauben entwickeln.

Beginnen wir die Besprechung des Heils mit der Erlösung im engeren Sinne des Wortes, mit der Vergebung der Sünden. Die Vergebung unserer moralischen Schuld, die in erster Linie eine Schuld vor Gott und dann erst vor Menschen ist, verdient den Namen Erlösung mit Recht. Unsere Schuld bindet uns, sie zerstört uns, sie ist die Vorbereitung des Todes, denn Paulus nennt sie den Giftstachel des Todes. Sünde knechtet, Sünde macht krank, Sünde raubt Freude und Sünde trennt uns von dem heiligen Gott. Trennung von Gott ist indessen Trennung von der Quelle allen Lebens und aller Kraft.

Daß Gott uns durch das Leiden Jesu, das für uns geschah, Vergebung unserer Schuld anbietet, ist etwas Einzigartiges unter allen Religionen und Philosophien in der Welt. Weil es so einzigartig und unvergleichlich ist, deswegen ist Jesus und seine Wahrheit auch nicht eine Religion. Im 1. Petrus 2,24 heißt es: „... welcher unsre Sünden selbst hinaufgetragen hat an (wörtlich: in) seinem Leibe auf das Holz, auf daß wir, der Sünde abgestorben, der Gerechtigkeit leben."

Die Vergebung unserer Sünden geschah nicht auf dem Verordnungswege. Es war Gott nicht möglich, die reale Existenz von Sünden durch eine verbale Erklärung aus dem Wege zu schaffen. Jesus mußte sich schon selbst, nachdem er Mensch geworden, dabei aber Gottes Sohn geblieben war, die Sünden aufladen und mit ihnen beladen ans Kreuz gehen, um als einer, der voll von Sünde war, am Kreuz zu sterben. Jesus konnte erst sterben, nachdem er die Sünden in sich aufgenommen hatte. Vorher war er grundsätzlich unfähig zum Sterben. Als die Juden ihn früher töten oder steinigen wollten, etwa in seiner Heimatstadt Nazareth, ging er mitten durch sie hindurch, als ob sie nicht da wären und keinen Widerstand leisten könnten.

Indem er unsere Sünden auf sich genommen hat, hat er den Weg zu Gott dem Vater frei gemacht, so daß es jetzt keinen Grund mehr gibt, daß wir für unsere Sünden von einem zürnenden Gott Strafe befürchten müßten. Die Strafe liegt auf ihm, auf daß wir Frieden hätten. Wir gehen frei aus, weil Jesus für uns diese grausige Last getragen hat.

Wer als Sünder zu Jesus gekommen ist, um bei ihm die Lasten seiner Schuld abzulegen, der wird innewerden, daß Erlösung etwas Reales ist. Gott nimmt ihm diese bedrückende Schuld von den Schultern und aus dem Herzen heraus. Danach wird sich der Friede Gottes in dem Glaubenden ausbreiten. Millionen Menschen über viele Generationen haben dies als beglückend erlebt.

Wie wird uns das zuteil? Allein durch Glauben! Glauben heißt doch, daß wir das, was wir noch nicht fühlen und sehen, was uns aber als Gnadenangebot vorgelegt wird, ergreifen, weil wir denjenigen, der es uns vorlegt, als verläßlich und vertrauenswürdig ansehen. Wir glauben die Realität der Erlösung, bevor wir sie erleben, weil wir dem Wort glauben, das uns davon berichtet. Indem wir gemäß unserem Glauben die vergebende Hand des Vaters ergreifen, wird uns die Erlösung zuteil.

Die Erlösung geht indessen weiter und der Bund, den Gott durch seinen Sohn Jesus mit uns geschlossen hat, ist noch viel umfassender, als das, was der Sünder erlebt, wenn er zum Herrn kommt, Buße tut (Buße heißt einfach nur Umkehr) und im Glauben die Gnade des Herrn annimmt. Der Leser möge mir glauben, daß ich nichts, aber absolut nichts an dem Heilsgut der Erlösung in dem beschriebenen Sinne vermindern oder relativieren will. Ich preise Gott für die Realität der Errettung. Aber ich freue mich, daß Jesus durch sein Leiden und Sterben noch viele weitere Geschenke für uns erworben hat.

Wenn wir die Beschreibung der Gemeinde Jesu, wie wir sie in manchen Schriftworten vorfinden (zum Beispiel in Epheser 5,27 oder Jesaja 62,1-2), mit der vorhandenen Wirklichkeit der Gemeinde Jesu heute oder der letzten Jahrhunderte vergleichen, dann wird deutlich, daß das nicht alles sein kann. Dort lesen wir: „... auf daß er sie sich selbst darstellte als eine Gemeinde, die herrlich sei, die nicht habe einen Flecken oder Runzel oder etwas dergleichen, sondern daß sie heilig sei und unsträflich." (Epheser 5,27). So, wie viele Christen heute leben oder auch nur vegetieren, mögen sie vielleicht gerade noch über die Runden kommen oder mit Mühe und letzter Kraft das Jammertal dieses Lebens durchschreiten, um dann nach ihrem Tod in die himmlische Herrlichkeit einzugehen. Aber mit dieser Heilsausrüstung können wir nicht ein Beispiel triumphalen Lebens auf Erden werden, unsere Umwelt nicht für unseren Herrn interessieren und ihm nicht in Kraft und Schönheit entgegengehen, wenn er wiederkommt.

Wie war doch noch einmal der Bund, den Gott mit uns geschlossen hat? Er will nicht ablassen, uns Gutes zu geben. Sehen wir zu, was er uns noch bieten will.

Kapitel 3

Erlösung zum Gehorsam

Im Hebräerbrief finden wir zweimal eine zusammenfassende Darstellung des Hauptinhaltes des neuen Bundes, die gleichsam eine Definition desselben darstellt. Beide Kennzeichnungen der Natur des neugewordenen Menschen in Christus sind revolutionär.

Hebräer 10,16-17
16 „Das ist der Bund, den ich ihnen machen will nach diesen Tagen", spricht er: „Ich will mein Gesetz in ihr Herz geben, und in ihren Sinn will ich es schreiben,
17 und ihrer Sünden und ihrer Ungerechtigkeit will ich nicht mehr gedenken."

Hebräer 8,6-12
6 Nun aber hat er ein besseres Amt erlangt, wie er ja auch Mittler eines besseren Bundes ist, der auf besseren Verheißungen steht.
7 Denn wenn der erste Bund untadelig gewesen wäre, würde nicht Raum für einen anderen gesucht.
8 Denn Gott tadelt sie und sagt: „Siehe, es kommen die Tage, spricht der Herr, daß ich mit dem Hause Israel und mit dem Hause Juda einen neuen Bund machen will;
9 nicht wie der Bund gewesen ist, den ich gemacht habe mit ihren Vätern an dem Tage, da ich ihre Hand ergriff, sie auszuführen aus Ägyptenland. Denn sie sind nicht geblieben in meinem Bund; darum habe ich ihrer auch nicht wollen achten, spricht der Herr.
10 Denn das ist der Bund, den ich machen will mit dem Hause Israel nach diesen Tagen, spricht der Herr: Ich will geben mein Gesetz in ihren Sinn, und in ihr Herz will ich es schreiben und will ihr Gott sein, und sie sollen mein Volk sein.

11 Und wird keiner lehren seinen Nächsten noch jemand seinen Bruder und sagen: Erkenne den Herrn! denn sie werden mich alle kennen von dem Kleinsten an bis zu dem Größten.

12 Denn ich will gnädig sein ihrer Ungerechtigkeit, und ihrer Sünden will ich nicht mehr gedenken."

Wir müssen die außerordentliche Bedeutung dieser beiden Schriftworte verstehen. Sie kennzeichnen in der kürzestmöglichen Form die herausragenden Wahrheiten und Tatsachen im neuen Bund. In beiden Definitionen erscheint am Ende – und man muß sagen, fast als die weniger bedeutsame Tatsache – der Hinweis darauf, daß Gott unserer Sünden und unserer Ungerechtigkeit nicht mehr gedenken will. Aber in beiden Beschreibungen des neuen Bundes hat eindeutig die Darstellung der Tatsache, daß Gott uns sein Gesetz in unseren Sinn und in unser Herz schreiben will, die Hauptbetonung.

Bitte bedenke, was das eigentlich bedeutet. Wenn der Heilige Geist selbst das Neue beschreibt, das mit dem Neuen Testament zu unserer Lebens- und Erlösungserfahrung geworden ist, dann wird ausgerechnet hervorgehoben, daß das Gesetz und das Wort Gottes nicht mehr vor uns ist, sondern nun auf einmal in uns, daß es ein Teil unserer Person ist, daß es in unser Herz gegeben und in unseren Sinn geschrieben ist. So akzentuiert der Heilige Geist das Neue im neuen Bund!

Es ist so, als ob Gott sagen will: Die Zeit der Anstrengung ist vorbei. Ihr müßt nicht mehr mit Bemühen und großer Konzentration alle eure Kräfte zusammenziehen, um die von mir vorgegebenen Normen zu erfüllen. Das macht mein Wort – ja, es heißt sogar mein Gesetz – in euch.

Hier ist mit Sicherheit nicht das mosaische Gesetz gemeint, sondern das Gesetz des Glaubens (Römer 3,27), das Gesetz des Geistes (Römer 8,2) und das Gesetz Christi, welches das Liebesgesetz ist, gleichbedeutend mit dem königlichen Gesetz (Galater 6,2; 1. Korinther 9,21; Jakobus 2,8). Das Wort, das Jesus selbst ist, kommt in uns hinein, um in uns und für uns zu wirken. Es will uns befähigen, die Gebote Gottes zu erfüllen, die wir jetzt nicht mehr in unserer eigenen Gehorsamskraft zu erfüllen brauchen.

Der entscheidende Punkt ist, daß Gott eine göttliche Kraft in unser Herz und sogar in unser Denken und unseren Verstand (Sinn) gesetzt hat, wodurch der Gehorsam leicht wird.

Daß das tatsächlich der entscheidende Punkt ist, wird besonders anhand von Hebräer 8 augenscheinlich, denn dort lesen wir (Vers 8 b-9): „Siehe, es kommen die Tage, spricht der Herr, daß ich mit dem Hause Israel und mit dem Hause Juda einen neuen Bund machen will; nicht wie der Bund gewesen ist, den ich gemacht habe mit ihren Vätern an dem Tage, da ich ihre Hand ergriff, sie auszuführen aus Ägyptenland. Denn sie sind nicht geblieben in meinem Bund; darum habe ich ihrer auch nicht wollen achten, spricht der Herr." Und dann kommt die Beschreibung des neuen Bundes mit der krönenden Aussage, daß ab nun das Gesetz in unserem Sinn und unserem Herzen ist.

Aus diesem Zusammenhang geht doch klar hervor, daß Gott selbst gesehen hat, daß die Gehorsamsfähigkeit der Gläubigen im Alten Testament nicht ausreichend war, obwohl er sie in dem geschilderten Fall bei der Hand genommen hatte, um sie in das gelobte Land hineinzuführen. Aber es waren rebellische und abtrünnige Bestrebungen in ihnen, die das alttestamentliche Volk verführten, sich gegen Gott zu stellen und ihren eigenen Wünschen und Zielen nachzufolgen. Der Abfall und die Rebellion als Folge ihrer Untreue, das ist das hier beschriebene Problem. Dem soll nun Abhilfe geschaffen werden.

Wie kommt diese Abhilfe zustande? Indem das Wort nicht mehr auf Tafeln vor ihren Augen geschrieben erscheint, sondern in ihr Herz geschrieben ist. Aber das ist nicht nur ein anderes Wort für die uns Christen sattsam bekannte und dann etwas blaß erscheinende Erkenntnis oder Wahrheit, daß wir ein neues Herz bekommen haben. So lautet die Kennzeichnung des Neuen eben nicht!

An dieser Stelle wird nicht das neue Herz beschrieben. Das geschieht an anderer Stelle. Hier wird das Wort (Gesetz genannt) beschrieben, das für uns wirksam wird, wenn es unser Herz erfüllt. Sagen wir es noch einfacher, vielleicht aber dadurch auch angreifbar: Nicht wir selbst sollen gehorsam sein, sondern das Wort in uns, das Jesus ist, bewirkt es. Natürlich macht Jesus das nicht unabhängig von uns — das wäre in der Tat eine naive und lächerliche Verdrehung der Wahrheit —, sondern es geschieht nur in dem

Maße, wie wir uns durch Glauben mit dem Wort verbinden, so daß es zu unserer wahren Natur wird.

Jesus um unserer Gesetzlosigkeit willen verwundet

Wir hatten uns vorgenommen, die Erlösungstatsachen überwiegend in der Beschreibung des Leidens Jesu im Alten und im Neuen Testament aufzuspüren. Gibt es nun eine Entsprechung für diesen Sachverhalt in der Leidensbeschreibung unseres Herrn? Wir finden sehr gewichtige Hinweise von beweisendem Charakter, wie ich meine, in dem uns wohl vertrauten Wort in Jesaja 53,5 a:

> **Aber er ist um unsrer Missetat willen verwundet und um unsrer Sünde willen zerschlagen.**

Missetat, so sagt die Fußnote in manchen Bibeln, bedeutet eigentlich Abfall und Abtrünnigkeit. Das ist nicht die Beschreibung einer stattgehabten Tatsünde als einzelnes Ereignis, das ist etwas viel Grundsätzlicheres in unserer Haltung. Im Hebräischen steht hier das Wort „pesha", was soviel heißt wie Rebellion, Revolte, Gesetzlosigkeit und Bruch der Beziehung. Das ist also das negative Gegenstück zu der neuen Situation im neuen Bund. Früher konnten die Menschen gar nicht gehorsam werden. In ihnen gab es eine negative Kraft, die auf das Heraustreten aus dem Bund und Rebellion und Abtrünnigkeit gegen Gott angelegt war. Und diese zerstörerische Haltung von Rebellion und Abtrünnigkeit hat der Herr auf sich genommen, weswegen er verwundet werden mußte.

Das ist ein Befund von außerordentlichem Wert. Er wird im neuen Testament in seiner Bedeutung so hoch angesiedelt, daß er in der Beschreibung des neuen Bundes an herausragender Stelle erscheint. Ich glaube, daß diese Entdeckung von außerordentlich praktischer und seelsorgerlicher Bedeutung ist. Wir sollten sie nicht schmälern und in unserer schon vorhandenen Theologie einfach untergehen lassen, indem wir sie sprachlich und vorstellungsmäßig schnell mit dem in Einklang bringen, was wir schon wissen oder was so ähnlich klingt.

Wir wissen zum Beispiel, daß Jesus, der das Wort ist und insofern auch das neue göttliche Gesetz in sich trägt, mit der Wiedergeburt in unser Herz hineinkommt. Er wohnt im Glauben in unserem Geist, durch den wir eine Heimstätte Gottes werden. Zugegeben, die Erläuterung dieser Auswirkung des neuen Lebens mit Gott ist formal identisch mit den Inhalten von Hebräer 8 und Hebräer 10. Aber hier wird etwas sehr Spezifisches herausgehoben, was nicht schon in der vertrauten Formulierung „Jesus in uns" mit ausgedrückt ist. Jesus, der in uns wohnt, hatte, sofern dieses Wort alles beschreibt, was damit verbunden ist, eigentlich in uns keine Arbeit. Hier jedoch (Hebr. 8,10) sagt uns das Neue Testament, daß Jesus als das göttliche Wort und das göttliche Gesetz für uns und in uns die Befähigung bewirkt, in dem neuen Bund zu bleiben, treu zu sein und Gott zu gehorchen. Das ist der springende Punkt. Und das ist erregend.

Diese Wahrheit eröffnet neue Perspektiven über den Gehorsam der Gläubigen, über die Kraft zur Nachfolge und zum Lebenswandel und auch über die Betonungen in unserer Verkündigung. Wenn es nämlich stimmt, was diese beiden Bibelstellen im Verbund mit dem ausführen, was der Originaltext in Jeremia 31 und 32 dazu sagt, dann ist noch mehr Hoffnung für die Gemeinde Jesu vorhanden, als schon gegeben ist. Dann bietet sich hier die Möglichkeit, durch die richtige Belehrung den Gläubigen den Weg zu weisen zu einem Umgang mit dem Worte Gottes, der nicht strapaziös ist, sondern leicht, beglückend und auch fruchtbar.

Wir wissen ja aus dem Neuen Testament, daß der neue Bund nicht Gehorsam fordert, sondern Glaubensgehorsam. Wir werden gehorsam durch Glauben, was unser Reagieren auf das Wort Gottes ist. Wer direkt, also unter Umgehung des Glaubens, gehorsam werden will, bewegt sich von vornherein auf den Bahnen der Sünde. Denn es gilt immer noch, daß das, was nicht aus Glauben kommt, Sünde ist.

Wir wissen aus der Beschreibung von Abrahams Leben (Hebräer 11,8), daß Abraham glaubte und dann gehorsam wurde und auszog in ein Land, das er nicht kannte. Bei unserem Gehorchen muß also immer der Glaube mitspielen. Wir glauben zuerst und werden dann dadurch gehorsam. Weil aber Glaube beim Gehorsam mit einbezogen ist, ist auch das Wort beteiligt, denn unser Glaube beruht auf dem Wort, das wir in unser Herz gelassen haben. Genauer ausgedrückt kommt der Glaube aus dem bewußten Hinhören auf das Wort.

Insofern sehen wir große Ähnlichkeiten zu den Linien an Lehre und Deutung des Gehorsams der Gläubigen im neuen Bund. Aber das hier ist noch markanter und zugepitzter. Das kann kaum überbetont werden, weil es in der Selbstbeschreibung des neuen Bundes offensichtlich die Mitte der neutestamentlichen Offenbarung ist.

Für diejenigen unter meinen Lesern, die noch Bedenken haben, dem zu folgen, weil ihnen das irgendwo doch nicht zentral genug im Evangelium angesiedelt zu sein scheint, sei gesagt, daß das Wort oder Gesetz in uns ja im Grunde identisch ist mit Jesus in uns. Von dort gehen alle möglichen Verbindungen zu anderen Aussagen der Schrift, wie etwa diesen: „. . . Christus in euch, die Hoffnung der Herrlichkeit." (Kolosser 1,27 b) oder „Ich bin der Weinstock, ihr seid die Reben. Wer in mir bleibt und ich in ihm, der bringt viel Frucht; denn ohne mich könnt ihr nichts tun." (Johannes 15,5). Die formalen und inhaltlichen Ähnlichkeiten dieser Aussage zu sehr vielen anderen sind gegeben. Aber hier, ich betone es noch einmal, wird uns eine herausragende Hilfe für ein göttliches Leben gegeben. Darauf sollten wir nicht verzichten: Jesus versteht sich als das neue göttliche Wort und Gesetz, das uns zum Gehorsam befähigt.

Die größte Nähe dieser herausgestellten Wahrheit zu anderen uns im Neuen Testament vertrauten Schriftstellen drückt sich in dem Wort von Paulus in Galater 2,20 aus: „Ich lebe; doch nun nicht ich, sondern Christus lebt in mir. Denn was ich jetzt lebe im Fleisch, das lebe ich im Glauben an den Sohn Gottes, der mich geliebt hat und sich selbst für mich dargegeben."

Dieses Wort beschreibt exakt jene Identifikation von Jesus und uns, die wir bereits in den beiden Schriftstellen aus dem Hebräerbrief vorfanden. Paulus sagt von sich, daß er lebt, aber er ergänzt das sofort mit dem Hinweis, daß es nun doch nicht er selbst sei, der lebe, sondern Christus in ihm. Das heißt doch, daß unser Ich, das lebt, die Mitte unseres Wesens, identisch ist mit Christus in uns.

Dementsprechend fährt Paulus auch fort und ergänzt, daß sein Leben in Wirklichkeit ein Leben im Verbund mit Jesus ist, an den er glaubt. Man könnte auch – oder muß sogar – formulieren: Unsere Ich-Identität ist in letzter Konsequenz eine Jesus-in-mir-Identität oder eine Jesus-und-ich-Identität, sofern wir bewußt an Jesus glauben. Die zentrale Mitte unserer Persönlichkeit wird nicht durch unser eigenes Ego allein, sondern durch unser Ich und den im Glauben eingeladenen Herrn Jesus bestimmt und konstituiert.

Das ist ein gewichtiger Befund von grundsätzlicher Bedeutung: Der Mensch in Christus ist identisch mit Christus in ihm. Beide leben in einem wechselseitigen Verbund, so daß es eine Art Verfehlung unserer Existenz ist, wenn wir uns allein mit unserem natürlichen Ego ausdrücken und leben wollen.

Befähigung zum Gehorsam und Furcht des Herrn

Wenn wir diesen Befund in die beiden oben zitierten Schriftworte aus Hebräer 8 und Hebräer 10 einsetzen, dann erkennen wir noch deutlicher, daß Jesus in uns, an den wir glauben, uns zur Fähigkeit gemacht worden ist, gehorsam, treu und Gott ergeben zu sein.

Die beiden Zitate aus dem Hebräerbrief sind zwei Schriftworten aus dem Propheten Jeremia entnommen. Die eine Textstelle steht in Jeremia 31,31-34 und ist weitgehend gleichlautend mit den Worten aus Hebräer 8 und 9. Die zweite prophetische Ankündigung des neuen Bundes haben wir in Jeremia 32. Hier ist allerdings ein neuer Aspekt enthalten:

Jeremia 32,40-42
40 Und ich will einen ewigen Bund mit ihnen schließen, daß ich nicht ablassen will, ihnen Gutes zu tun, und will ihnen Furcht vor mir ins Herz geben, daß sie nicht von mir weichen.
41 Es soll meine Freude sein, ihnen Gutes zu tun, und ich will sie in diesem Lande einpflanzen, ganz gewiß, von ganzem Herzen und von ganzer Seele.
42 Denn so spricht der Herr: Gleichwie ich über dies Volk all dies große Unheil habe kommen lassen, so will ich auch alles Gute über sie kommen lassen, das ich ihnen zugesagt habe.

Ich hatte bereits im vorigen Kapitel darauf hingewiesen, daß der Bund Gottes mit uns Kindern des Neuen Testamentes einen erregenden Inhalt hat. Gott will uns Gutes erweisen und nicht aufhören, uns ununterbrochen mit seiner göttlichen Güte zu segnen. Aber noch ein weiterer Gesichtspunkt ist in diesem Bund enthalten, der genau den Gedanken aufgreift und sogar akzentuiert, den wir im Hebräerbrief schon gefunden haben: Gott will uns die Furcht des Herrn in unser Herz geben.

Die Furcht des Herrn ist nichts anderes als die biblische Bezeichnung für die Grundhaltung, daß wir Gottes Wort und Willen mit innerster Überzeugung und von ganzem Herzen respektieren und anerkennen und daß wir die Gebote nicht nur hinsichtlich des formalen Ausdruckes von Gottes Willen zu erfüllen suchen, sondern auch den Geist und das göttliche Grundanliegen, das sich hinter den Geboten verbirgt, verstehen und beherzigen wollen.

Die Furcht des Herrn ist eine Formulierung und Größe, die in der gesamten Bibel immer wieder vorkommt und von größter Tragweite und Bedeutung ist. Es ist schlechterdings kaum möglich, die Bedeutung dieses Begriffes der Furcht des Herrn zu übertreiben. Hier finden wir nun einen hochinteressanten Aspekt: Die Furcht des Herrn ist als Befähigung zum Gehorsam ein Teil des Gesamtpaketes der Erlösung!

Gott sagt uns, daß er den Gläubigen des neuen Bundes die Furcht vor ihm ins Herz geben will, so daß sie nicht mehr von ihm weichen. Haben wir es vernommen? Der Herr gibt uns die Furcht des Herrn ins Herz. Das heißt, wir müssen sie nicht in uns entwickeln oder in eigenem Bemühen und in eigener Kraft entfalten. Die Furcht des Herrn wird gegeben!

Für die Leser, die mit dem Begriff nicht vertraut sind, möchte ich durch Verweis auf die beiden hauptsächlichen Referenzstellen der Schrift kurz den Inhalt der Furcht des Herrn erläutern.

Psalm 34,12-15

12 Kommt her, ihr Kinder, höret mir zu! Ich will euch die Furcht des Herrn lehren.

13 Wer möchte gern gut leben und schöne Tage sehen?

14 Behüte deine Zunge vor Bösem und deine Lippen, daß sie nicht Trug reden.

15 Laß ab vom Bösen und tu Gutes; suche Frieden und jage ihm nach!

Sprüche 8,13

Die Furcht des Herrn haßt das Arge; Hoffart und Hochmut, bösem Wandel und falschen Lippen bin ich feind.

Nach der Definition dieses Begriffes in diesen beiden Bibelstellen enthält die Furcht des Herrn vier Hauptgesichtspunkte:

1. Wir sollen vom Bösen ablassen und das Gute tun.
2. Wir sollen unsere Zunge vor Bösem behüten und die Lippen, daß sie nichts Verkehrtes reden.
3. Wir sollen den Frieden suchen und ihm nachjagen.
4. Gott haßt Hoffart und Hochmut, das heißt, er liebt die Demut.

Diese hier aufgezeigten Grundhaltungen umschließen nicht nur alle Gebote, sondern drücken auch den Herzenszustand aus, in dem wir die Gebote erfüllen sollen. Es geht bei der Furcht des Herrn nicht nur um das äußerliche, korrekte Befolgen von Geboten, sondern vor allem darum, daß wir den Sinn der Gebote verstehen und das Herzensanliegen Gottes respektieren, in Abhängigkeit von ihm und im Freisein von Lüge, Selbstgerechtigkeit und Herrschaftsgelüsten vor ihm zu wandeln. Die Auswirkungen der Furcht des Herrn sind nach vielfältigen Schriftaussagen gewaltig. Von ihrem Vorhandensein wird die Offenbarung neuer Erkenntnisse und die Begegnung mit Gott abhängig gemacht (Apostelgeschichte 10,1-48). Sie ist als Voraussetzung mit beteiligt an der stetigen Neuerfüllung mit dem Heiligen Geist (Epheser 5,21). Sie bestimmt darüber, ob der Segen Gottes im Hause, auf den Familien und über dem Besitz ruht (Psalm 112; Psalm 128; Psalm 34). Sie ist die entscheidende Voraussetzung dafür, daß der Schutz Gottes uns bewahren kann (Psalm 34,8).

Die Furcht des Herrn ist ein anderes Wort für die Grundsatzentscheidung, gehorsam zu sein. Aber die entscheidende Aussage in diesem Zusammenhang ist noch einmal die Beteuerung des Herrn, daß er uns die Furcht vor ihm ins Herz gibt. Die Furcht des Herrn ist nicht eine hochstehende sittliche Voraussetzung, an der wir wegen unseres begrenzten sittlichen Vermögens schier verzweifeln müßten. Sie wird uns als Bedingung für viele andere Segnungen gegeben. So erkennen wir die umfassende Fürsorge Gottes für seine Kinder. Er bewirkt nicht nur das Ausfüllen allen Mangels und aller einzelnen Wohltaten, er bewirkt in uns sogar die Voraussetzungen für derartige Segnungen.

Das tat der Herr für uns. Auch das ist ein Ausdruck von Erlösung. Aber nun ist wieder unser Teil gefordert. Der Herr hat gegeben, wir müssen nun nehmen. Nehmen heißt, wie ich immer wieder betont habe, glauben. Wenn das Wort sagt, daß alles, was nicht aus Glauben geht, Sünde ist, dann heißt das umgekehrt, daß ohne Glaube nichts läuft.

Jesus als das lebendige Wort und sogar das Gesetz in unserem Herzen, durch das wir befähigt werden, gehorsam zu werden — denn das war ja überhaupt der springende Punkt in dieser Entdekkung — bedarf des Glaubens, daß er überhaupt so für uns wirksam werden kann. Nach dem Wort aus Römer 14,23 gibt es keinen Aspekt des Lebens und der Nachfolge, der glaubensfrei sein darf. So wollen wir davon ausgehen, daß die Beschreibung dieser Erlösungsqualität, wenn sie im Glauben akzeptiert und in unseren Dienst gestellt wird, uns zur Bundestreue, zum Gehorsam und sogar zur Furcht des Herrn befähigt — und all das mit Leichtigkeit, weil es ja angenommene Erlösung ist!

Wir wollen noch einmal durchgehen, was in jedem einzelnen Fall eines von uns entdeckten Einzelaspektes der Erlösung erforderlich ist, um Glauben in uns freizusetzen. Zunächst hören wir das Wort. Wir lesen es nicht nur, sondern wir lassen es, während wir es lesen, auf unser inneres Ohr einwirken (es kann auch das physische Ohr sein). Wenn wir den Segen und Nutzen des wunderbaren Angebotes wirklich verstanden haben, werden wir so begeistert darüber sein, daß es uns immer wieder anregt, uns mit diesem Angebot zu beschäftigen.

Wir bewegen anschließend das Wort in unserem Herzen, wie Maria es tat, und betrachten dabei dieses Angebot von allen Seiten, wodurch wir immer mehr Gefallen daran finden werden und immer stärker von ihm entzündet sein werden. Wir brüten über dem Wort, wir bedenken es, wir sinnen darüber nach, wir meditieren darüber, wir lassen es dabei auf unser Herz einwirken, ja, wir nehmen es in unser Herz auf. Schließlich sprechen wir es mit unserem Mund aus und gelangen damit zu dem Willensentscheid, daß wir es nicht mehr allein bei dem Angesprochensein oder Überwältigtsein bewenden lassen, sondern daß wir uns entscheiden, das Wort fest als göttlich verbürgte Zusage zu nehmen und damit zu leben. Damit beginnt der Augenblick des Handelns, was sich zunächst im Reden äußert, dann auch häufig im Unterlassen von eigenen Werken, und sich schließlich darin beweist, daß man im Sichtbaren so reagiert, wie man glaubt.

Dieser Prozeß ist mit Zeit verbunden und soll zu einer wirklichen Begegnung zwischen uns und dem Wort führen, weil er erst dann aus sich selbst heraus Glauben in uns freisetzt. Der erste Erfolg dieses Glaubens ist Friede und Ruhe. Das drückt sich eben schon darin aus, daß wir bestimmte andere Formen von eigener hektischer Leistung unterlassen. Ist das nicht ein schönes göttliches Prinzip, daß das Handeln als Ausdruck unseres Glaubens als erstes Resultat ein großes Quantum von eigenen, energieraubenden Handlungen erübrigt und verhindert?

Sind wir zur Glaubenserfahrung gekommen, dann wird das Heilsangebot wirksam. Wir halten dabei fest, was ich an anderer Stelle ausführlich besprochen habe, nämlich daß der Glaube keine eigenständige und unabhängige menschliche Leistung ist, die wir hinzutun müssen, sondern eigentlich nichts anderes darstellt als die bewußte Hinwendung zum Wort, das dadurch wirksam wird. Das Hinhören auf das Wort entbindet als erstes Produkt Glauben an dasselbe. Danach folgt, wenn wir diesen Glauben angenommen haben, das eigentliche Resultat. Das Resultat, um das es in diesem Fall geht, ist die Erfahrung, daß der Nachfolger Jesu erntet, was ihm das Wort verheißt. Er kann mit Leichtigkeit, ohne titanische Bemühungen, gehorsam werden, weil das göttliche Gesetz (Jesus in uns, der jetzt nicht mehr arbeitslos ist) das für ihn leistet.

Ich glaube, daß dieses Ergebnis überwältigend schön, aber auch nötig ist. Ich wüßte nicht, wie sich das Volk Gottes sonst auf jene Entwicklungshöhe steigern sollte, von der im Worte Gottes die Rede ist. Aber der Heilige Geist hat Vorsorge getroffen. Wenn es sich herumspricht, daß Jesus uns nicht nur ein unglaublich reichhaltiges Heil bewirkt hat, sondern uns auch die Befähigung mitgegeben hat, dieses Heil zu ergreifen und festzuhalten, dann werden eben viele zugreifen.

Wir finden also schon ganz am Anfang unserer Entdeckungsfahrt durch den Inhalt des neuen Bundes einen faszinierenden Ausblick. Gott offenbart uns nicht nur eine schöne und mannigfaltige Landschaft von Erlösungsformen, er bietet uns auch als Teil der Erlösung die Fähigkeit an, dieses Panorama von Heil zu beschreiten und zu genießen. Gehorsam ist keine Leistung, zu der nur einige fähig sind. Gehorsam ist ebenfalls ein Geschenk.

Kapitel 4

Gott gibt das Wollen

Was nützen uns und auch Gott alle Formen und Varianten der Erlösung, wenn wir sie nicht begehren? Sollte es auch eine Erlösung unseres Willens geben? Kann das überhaupt möglich sein, wenn doch der Wille seiner Natur nach unser Beitrag sein muß, mit dem wir unser Ja oder Nein zu dem, was uns vorgelegt wird, formulieren?

Es ist eine Tatsache, die wir gerade am Leidensweg des Herrn erkennen können, daß Gott durch Jesus auch etwas für unseren Willen getan hat. Ohne diesen Beitrag hätte der gesamte Vertragsinhalt des neuen Bundes eine entscheidende Lücke. Denn es wohnt eine gewisse Starrheit und Zögerlichkeit, wenn nicht gar Angst vor der Entscheidung in uns, die uns daran hindert, zu dem reich gedeckten Tisch von Gottes Heilsgeschenken zu schreiten. Wir brauchen die Befähigung oder zumindest die Nachhilfe zum Wollen. Natürlich muß die Entscheidung letztlich unsere bleiben, sonst wäre es keine freie Entscheidung, aber sie wird durch göttliche Vorbereitung und Beihilfe so entscheidend erleichtert, daß wir formulieren können: Es gibt eine Erlösung für den Willen.

Ohne diese Erlösung des Willens bedürfte es titanischer und übermenschlicher Anstrengungen, um uns aus unserer Lethargie und Apathie zu befreien zur Inanspruchnahme der vollen Erlösung.

Daß Errettetwerden und Heilwerden eine wirkliche, konzentrierte Willensentscheidung voraussetzt, sagt uns die wohlbekannte Stelle in Philipper 2,12: „... schaffet, daß ihr selig (errettet) werdet, mit Furcht und Zittern."

Das ist also die Beschreibung jenes Maßes an Willenskraft, die aus der Schau Gottes nötig ist, um Errettung oder Heilung zu erfahren. Man kann sie nicht so nebenbei mitnehmen. Es bedarf einer außerordentlichen Willensanstrengung, die schier mit Furcht und Zittern einhergeht, um den Weg der Errettung zu beschreiten.

Das entspricht durchaus den Aussagen des Wortes Gottes an anderer Stelle. So wird uns zum Beispiel gesagt (Sprüche 10,24): „... was die Gerechten begehren, wird ihnen gegeben." Oder in Psalm 20,5 lesen wir: „Er gebe dir, was dein Herz begehrt ..." In beiden Fällen ist im Hebräischen durchaus das ausgedrückt, was das deutsche Wort „begehren" beinhaltet: ein starkes und forciertes Wünschen. Man kann aus vielfältigen Schriftzeugnissen regelrecht eine Theologie des konsequenten Begehrens aufstellen, die hervorragende praktische Resultate bewirken würde. Wollen und Begehren ist unerläßlich.

Aber wer bringt schon dieses Maß an Willenskraft auf? Der Text in Philipper 2,12-13 sagt uns weiter: „... Denn Gott ist's, der in euch wirkt beides, das Wollen und das Vollbringen, zu seinem Wohlgefallen."

Wollen und Begehren muß sein, aber wir werden durch Gott befähigt zu wollen und sogar zu vollbringen. Hier steht es schwarz auf weiß, daß Gott bei dem Akt des Wollens – aber auch des Vollbringens – behilflich ist.

Die göttliche Hilfe beim Vollbringen haben wir bereits kennengelernt. Es ist das göttliche Gesetz in uns, das durch die Wiedergeburt und die Erfahrung des Heiligen Geistes in uns hineingekommen ist und uns befähigt, den Bund Gottes zu halten. Die Erfahrung der Befähigung zum Gehorsam, geschildert im vorigen Kapitel, ist gleichbedeutend mit der Befähigung zum Vollbringen. Glauben heißt ja Handeln. Nur fehlte noch die Hilfe zum Wollen. Der Philipperbrief stellt uns in Aussicht oder geht sogar davon aus, daß wir eine Unterstützung unserer Willenstätigkeit bekommen müssen. Gott wirkt auch unser Wollen.

Gott bewirkt dieses Wollen nicht an unserer Stelle. Es bleibt unser Wollen. Aber es wird von ihm flankiert, unterstützt, ernährt und in Gang gesetzt. Diese göttliche Förderung des Wollens erfolgt so lange, bis wir einen Punkt erreichen, an dem wir mit unserer Entscheidungsfreiheit dann bestimmen, ob wir diesen Ablauf wünschen und unser weiteres Ja dazu geben und gleichsam die Frucht des Wollens empfangen oder ob wir dem nicht weiter Raum geben. Niemand geht also auf Grund seiner Willensunfähigkeit zugrunde! Es gibt keine vorgegebene grundsätzliche Unfreiheit zum Wollen.

Das ist eine der wunderbarsten Botschaften aus dem Neuen Testament. Niemand muß in Anbetracht dieses umfangreichen und schönen Vertragswerkes, das Gott uns vorlegt, sagen: „Wo fange ich nur an? Ich bin so verwirrt. Das ist zu viel, als daß ich mich entscheiden könnte. Das ist zu unübersichtlich und zu schwierig." Solche Ausreden gelten nicht mehr, oder nur für denjenigen, der unbedingt im alten Leben bleiben will.

Wann und wie hat der Herr unserem Wollen diese Hilfestellung gegeben? Auch diese Form der Erlösung muß ja in dem Leiden unseres Herrn an irgendeiner Stelle repräsentiert sein. Das Wollen steht am Anfang einer Aufgabe, dementsprechend finden wir den Bezug auf unseren Willen bei Jesus am Anfang seines Leidensweges.

Lukas 22,39-43
39 Und er ging hinaus nach seiner Gewohnheit an den Ölberg. Es folgten ihm aber seine Jünger.
40 Und als er dahin kam, sprach er zu ihnen: Betet, auf daß ihr nicht in Anfechtung fallet!
41 Und er riß sich von ihnen einen Steinwurf weit und kniete nieder, betete
42 und sprach: Vater, willst du, so nimm diesen Kelch von mir; doch nicht mein, sondern dein Wille geschehe!
43 Es erschien ihm aber ein Engel vom Himmel und stärkte ihn.

Im Leiden unseres Herrn gibt es keinen Augenblick und keinen Abschnitt, der nicht einen Bezug zu uns hat. Er litt ja für uns. Als er im Garten Gethsemane erleben mußte, wie seine Jünger ihn, vom Schlaf überwältigt, mehrfach im Stich ließen, erlebte er dann schaudernd, wie sein eigener Vater ihm das Leid und das Erlösungshandeln auferlegte, was ja ein Belastetsein mit Sünde bedeutete. Er fragte den Vater, ob dieser das wolle, oder ob er nicht lieber diesen Kelch, voll von Schmerz, Leid, Bitterkeit und Sünde, von ihm nehmen möge. Das war der Augenblick, in dem

Jesus hätte nein sagen können. Aber er sagte: „... doch nicht mein, sondern dein Wille geschehe!"

Vor Jahren hatte ich einmal in einer Ausführung von Dr. Cho gelesen, wie er diese Schriftaussage als die Grundlage der Erlösung zum Wollen erlebte. Das hatte mich damals schon bewegt, ist aber in der letzten Zeit, in der ich die ganze Weite der Erlösung entdeckt habe, für mich noch einmal sehr wichtig geworden. Ich erlebe eine ungeheure Geborgenheit darin, daß Jesus an alles gedacht hat. Jede mögliche Störung und Erschwerung in unserer Nachfolge ist in seinem Leidensweg berücksichtigt.

Wir müssen die „Mechanik" des Heils sehen. Für jede Befreiung, Erleichterung und Erlösung, die wir durch das Heilsangebot unseres Herrn erfahren, mußte Jesus jeweils das negative Gegenstück erleiden. Das Kreuz ist der große Austausch. Weder Gott der Vater noch Jesus konnten mit irgendeinem Machtwort Erlösungsfreundlichkeiten für uns herbeischaffen. Die Erlösung und die Breite von allen Wohltaten, die in ihrer Gesamtheit den neuen Bund ausmachen, sind in allen Einzelheiten jeweils dadurch zustande gekommen, daß Jesus jede teuflische Plage oder Last, von der wir befreit worden sind, ausdrücklich auf sich nehmen mußte.

So hat er auch das Erschrecken vor einer neuen Aufgabe, das schwere bis unmögliche Wollen und die Anfangsreibung für alle Abläufe auf sich genommen. Deswegen sagte er zu seinem Vater, der ihm ja alles auferlegt hatte: „... doch nicht mein, sondern dein Wille geschehe!"

Möglicherweise hat manch ein Leser bei der letzten Aussage, daß das Leid unserem Herrn von Gott dem Vater auferlegt worden ist, ein Unbehagen verspürt. Aber es verhält sich tatsächlich so, denn Jesaja 53,10 a sagt: „So wollte ihn der Herr zerschlagen mit Krankheit." Der Herr ist in diesem Fall der Vater, der seinen Sohn mit Krankheit zerschlagen wollte (wörtlich: er hatte Wohlgefallen daran, ihn mit Krankheit zu zerschlagen).

Als Jesus im Garten Gethsemane im Gebet mit seinem Vater sprach, sah er das ganze Grauen der konzentrierten Sünde der Menschheit und ihre Auswirkungen und erschauderte davor. Das war ein Berg von Leid und Schmerz, wie kein Mensch ihn je vor sich sah und bewältigen mußte. Hier bot sich ihm die Möglichkeit zum

Fliehen oder auch zur Rückkehr zum himmlischen Thron an. Aber es war eine Möglichkeit, die wegen der Liebe des Vaters und auch wegen der Liebe Jesu zu uns Menschen von vornherein ausgeschlossen war. Weil es keinen anderen Weg der Erlösung für uns Menschen gab, deswegen unterstellte Jesus seinen Willen dem des Vaters. In diesem Augenblick wurde eine Bahn für unseren Willen geschlagen. Wir sind seitdem mit unserem Willen nicht mehr allein gelassen. Es gibt eine machtvolle göttliche Unterstützung für unseren Willen.

Seitdem ist nicht nur einfach für das Heil gesorgt, seitdem wird uns auch die Willenskraft gegeben, alle Teilaspekte der Erlösung zu beanspruchen. Halleluja, wir sind willensfähig und in der Lage, unseren Willen in Richtung auf das göttliche Angebot in Gang zu setzen.

Weil der Vater Wohlgefallen hatte, seinen Sohn mit Sünde und Krankheit zu schlagen, und weil der Sohn seinen Willen dem Willen des Vaters unterstellte, muß Nachfolge keine qualvolle, schwierige und mühsame Sache sein. Wenn verkündigt, gelehrt und geglaubt wird, daß Gott durch Jesus etwas für unsern Willen getan hat, werden wir eine ganz neue Dimension von Freiheit im Umgang mit den Geschenken Gottes erfahren. Wir müssen eben nur wissen, daß die Erlösung so weit geht. Es darf der Zustand nicht fortdauern, daß das Heil vielen Menschen angeboten wird, und doch nur eine Minderheit imstande ist, es zu ergreifen, weil die anderen auf Grund ihrer Willensschwäche auf der Strecke geblieben sind.

Von Gottes Seite ist das so nicht gemeint. Er unterbreitet uns im Hinblick auf die Schwäche des menschlichen Willens ein weiteres Angebot aus dem Schatz seines Heils, das wir nur zu ergreifen haben. Das Verfahren kennen wir bereits. Es ist die Aktivierung unseres Glaubens.

Die Beschäftigung mit den Verheißungsworten aus Philipper 2,12-13 und Lukas 22,42 bzw. deren Entsprechungen in den anderen Evangelien ist der Anfang der glaubenden Besitzergreifung dieser Form der Erlösung. Lassen wir diese Worte auf uns einwirken, bejahen wir ihren Inhalt, erkennen wir die guten Absichten unseres Herrn mit uns an und bekennen wir unsererseits, daß wir Hilfe brauchen und nicht genug Willen haben, so wird wieder derselbe, bereits mehrfach beschriebene Sog stattfinden. Das Wort wird uns an sich ziehen, und wir werden das Verlangen haben, es in unser Herz aufzunehmen, wo es dann seine ganze glaubenserzeugende Kraft entfaltet. Ist der Glaube in uns aufgegangen, wird das Wort wirksam. Erst dann kann es beweisen, daß es das schafft, was es verheißt.

Das darf nicht ein einmaliges Geschehen bleiben. Wir müssen, wenn wir von Gott in weitere Herausforderungen hineingestellt werden, immer wieder neu aus dem Schriftzeugnis unsere Willenskraft ableiten. Es darf eigentlich gar nicht anders sein. Denn es darf ja keinen glaubensfreien Raum in unserem Leben geben. Gott nimmt in seinem Eifer nicht hin, daß es einen Bereich in unserem Leben gibt, wo wir ganz alleingelassen sind und alles mit der eigenen Kraft bewerkstelligen müssen. Das gilt auch und erst recht für unsere Willensfähigkeit.

Natürlich drückt sich in unserer Willensfunktion auch jeweils die Entscheidung aus, die dem Zünglein an der Waage entspricht. Wohin sie sich neigt, in diese Richtung wird der Wille tätig. Das ist jene schwer zu beschreibende Mitte unserer Willensfähigkeit, in der wir entscheiden, ob wir die Willensbeihilfen des Herrn annehmen oder ausschlagen. Diese Entscheidung kann uns der Herr nicht abnehmen. Er kann uns zwar willig machen, mit ihm in eine bestimmte Richtung zu gehen, aber dann werden wir doch zu einem Punkt kommen, wo wir in absoluter innerer Freiheit das Nein oder Ja für seine Empfehlungen oder Ermöglichungen finden, für das wir dann volle Verantwortung tragen. Jesus hat alle Zutaten zu unserer Befähigung zum richtigen Wollen bereitgelegt, aber er nimmt uns das Wollen nicht ab.

Ich möchte anraten, das unverzüglich zu erproben. Dieses Buch soll uns zeigen, was Gott alles für uns getan hat, um uns anzureizen, die Geschenke in Anspruch zu nehmen. Verbinde das Angebot mit Glauben – die Bibel redet davon, das Wort mit Glauben zu vermengen –, erwarte nicht unbedingt eine Instant-Erfahrung, und du wirst erleben, daß Gott zu seinem Wort steht. Durch stetiges und glaubendes Beanspruchen göttlicher Willenskraft kommt über Tage und Wochen ein innerer, kaum merklicher Prozeß in Gang, an dessen Ende dann die erstaunliche selbstverständliche Entschlossenheit und Fähigkeit steht, den Willen Gottes tun zu wollen und auch zu können. Es ist möglich, mit Hilfe dieser Zusagen auch an den Stellen in unserem Alltagsleben zu wollen, wo wir bis jetzt gescheitert sind. Wir müssen nicht vor unseren Bergen von Schwierigkeiten und Herausforderungen kapitulieren! Wir erblicken sie, aber dann schauen wir weg auf den Herrn und holen uns von ihm das Wollen und anschließend das Vollbringen!

Diese beiden Erlösungsangebote gehören zusammen: Das ermöglichte Wollen und das Vollbringen. Das ist „das Gesetz in uns", durch das wir die Bundestreue einhalten und gehorsam werden können.

Ich sehe, daß hier ganz neue Aspekte der Nachfolge vom Heiligen Geist angeboten werden. Schon jetzt wird für den Leser erkennbar sein, daß Jesus einen umfassenden Plan mit vielen konkreten Ausgestaltungen erworben und zuvor durchlitten hat, damit Erlösung erfahrbar und für unsere Umgebung sichtbar wird. Es darf nicht so bleiben, wie es bis jetzt den Anschein hatte, daß die Christen zwar eine wichtige Starterfahrung (die Bekehrung) gemacht haben, sich aber anschließend in allen praktischen Alltagsanliegen genauso abmühen müssen wie der Rest der Menschheit. Das ist nicht biblisch, das ist nicht göttlich gewollt, das ist die Folge der Verführung durch die Theologie des Teufels, dem wir es gestattet haben, das Bild der Erlösung drastisch zu schmälern. Wir leben aber jetzt in der Stunde des Heiligen Geistes, dessen Hauptaufgabe darin besteht, herauszustellen, was Jesus für uns getan hat und die Beschreibung dieses Tuns im Worte Gottes zu interpretieren. Die Gemeinde Jesu, die das ergreift, wird anders sein und wird sich zu ihrer wahren Größe und Schönheit erheben.

Kapitel 5

Durch seine Wunden seid ihr geheilt

Das ist ein schöner, für viele aber auch problematischer Aspekt des Leidens und Sterbens Jesu. Kaum ein theologischer Inhalt ist in den Reihen der wiedergeborenen Christen so umstritten wie die Tatsache, daß Jesus nicht nur unsere Sünden auf sich genommen hat, sondern auch unsere Krankheiten getragen hat. Aber das Erlösungswerk Jesu ist nicht aufteilbar in einen Bereich, der jetzt und unbedingt gilt und in einen anderen Teil mit eingeschränkter oder erloschener Bedeutung. Hier einige Kernworte der Schrift zu diesem Thema.

1. Petrus 2,24
... welcher unsre Sünden selbst hinaufgetragen hat an seinem Leibe auf das Holz, auf daß wir, der Sünde abgestorben, der Gerechtigkeit leben; durch welches Wunden ihr seid heil geworden.

Matthäus 8,16b-17
16 b ... und er trieb die Geister aus durch sein Wort und machte alle Kranken gesund,
17 auf daß erfüllt würde, was gesagt ist durch den Propheten Jesaja, der da spricht: „Er hat unsre Schwachheit auf sich genommen, und unsre Krankheit hat er getragen."

Jesaja 53,4
Fürwahr, er trug unsre Krankheit und lud auf sich unsre Schmerzen. Wir aber hielten ihn für den, der geplagt und von Gott geschlagen und gemartert wäre.

Diese Aussagen sind eindeutig. Sie sind für jeden Anwendungsfall und auch zeitlich unbegrenzt gültig. Heilung gehört uns.

Heilung gehört dir. Nimm sie, schlag sie nicht aus. Verachte den Preis nicht, den Jesus bezahlen mußte.

Das Wort sagt uns eindeutig, welchen Preis Jesus bezahlte, damit wir von Krankheit befreit würden. Es waren seine Verwundungen, seine Striemen, die durch Menschen und Umstände zugefügten Verletzungen seines Körpers. Es waren wohl auch die Krankheiten selbst, die er auf sich genommen hatte, und zwar nicht symbolisch, sondern real.

Jesus, der strahlende Sohn Gottes, der wahre Mensch und sicher auch der ideale Mensch in Kraft, Schönheit und Erscheinungsweise, muß so unter dem Leid, das er auf sich nahm, und unter der Veränderung durch Krankheiten, die er am Kreuz trug, entstellt worden sein, daß er nicht mehr als Mensch erkennbar war. Deswegen sagt uns das Wort (nach der Übersetzung von Green):

> **Jesaja 52,14**
> **Wie sich viele über ihn entsetzten, weil seine Gestalt häßlicher war als die anderer Menschen und sein Aussehen unähnlich dem der Menschenkinder.**

Jesus war so häßlich und war so verunstaltet worden, daß er nicht mehr als Mensch erkennbar war. Das war die Folge der Übernahme unserer körperlichen, aber auch gewiß der seelischen Krankheiten.

Heilung ist schon geschehen

Die Evangelien berichten uns nun in großer Breite, daß Jesus gegeißelt und gequält wurde und ihm eine Dornenkrone auf sein Haupt gelegt wurde, die ebenfalls zu Verwundungen führte. Die Nägel hatten am Kreuz seine Hände und Füße durchbohrt, und obendrein wurde er von Hunger und Durst und der Sonne geplagt. Das ist alles schon geschehen. Das sind abgeschlossene Fakten, die bereits Geschichte geworden sind. Deswegen ist auch die Heilung aller unserer Krankheiten von Gottes Seite her s c h o n g e s c h e h e n (Vergangenheit). Der Vater hatte Wohlgefallen daran, seinen Sohn mit Krankheit zu schlagen. Das heißt, Jesus wurde krank gemacht. Er war der Einzige, der je durch Gott selbst krank gemacht wurde. Und das geschah, damit wir unsere Krankheit nicht zu tragen haben. Es reicht aus, wenn er krank war.

Dementsprechend stellen alle uns im Neuen Testament gegebenen Verheißungen über Heilung die Heilung als etwas in Aussicht, was bereits bewirkt ist. Insofern sind diese Schriftworte eigentlich keine Verheißungen, sondern Beschreibungen von vollendeten Tatsachen. Selbst die Heilungen, die Jesus in der Zeit seiner irdischen Wirksamkeit vollzog, erfolgten im Hinblick und im Vorgriff auf seine Kreuzeserfahrung. Das sagt die Textstelle in Matthäus 8,17 aus, in der ein Bezug zwischen den aktuellen Heilungen, die der Herr damals bewirkte, und seiner Kreuzeserfahrung hergestellt wird.

Matthäus 8,16-17
16 Am Abend aber brachten sie viele Besessene zu ihm; und er trieb die Geister aus durch sein Wort und machte alle Kranken gesund,
17 auf daß erfüllt würde, was gesagt ist durch den Propheten Jesaja, der da spricht: „Er hat unsre Schwachheit auf sich genommen, und unsre Krankheit hat er getragen."

Die Heilung, die der Herr uns gibt, wird nicht irgendwoher aus dem Wohlwollen Gottes und seiner Menschenfreundlichkeit bezogen, sondern mußte am Kreuz für uns erworben werden. Was für uns, auf der Seite der Menschen, Gnade ist, war auf Gottes Seite ein Handel und ein Austausch. Er gab seine Gesundheit und Reinheit hin, nahm unsere Krankheit auf sich, damit wir mit seiner aufgegebenen Gesundheit Heilung erfahren.

So liegt nun dieses Heilungsangebot in abgeschlossener, aber unsichtbarer Form vor, und immer mehr Menschen erfahren es. Sehr viele Gläubige erleben es aber auch nicht. Das löst manche Provokation aus und stellt einen Stachel des Ärgernisses dar. Sie erleben es nicht, weil es nicht gelehrt wird. Es wird nicht gelehrt, weil es von den Verkündigern selbst nicht geglaubt und erfahren wird. Weil es nun von den Lehrern nicht verkündigt wird, werden es die Gemeindemitglieder nicht empfangen können. Wenn dann doch vereinzelt jemand in seiner Not die Warnungen der Lehrer mißachtet, erlebt er häufig doch keine Heilung, weil die alte verkehrte Lehre noch in seinem Herzen ist. Er empfängt das, was er wirklich glaubt. Und er glaubte ja nicht daran, daß Heilung zur Verfügung steht.

Die göttliche Heilung von Krankheitsleid wird uns nicht durch das aktuelle Wohlwollen Gottes zuteil, das manchmal als Gnade zur Verfügung steht und manchmal vielleicht nicht. Hinter dem Heilungsangebot Gottes steht eine ausgeprägte Lehre der Heiligen Schrift mit fest umrissenen Wahrheiten. Es gibt ein Anrecht auf Heilung, das wir kennen müssen, um durch gefestigte Kenntnis dieser Heilungswahrheit den zugehörigen Glauben aufbauen zu können. Mit einzelnen verzettelten Gebetsaktionen, aus Angst und Verzweiflung geboren, kann man keine Erfahrung der Heilung machen. Es ist wichtig, daß wir davon ausgehen, daß Jesus die Heilung bereits erwirkt hat.

Heilung ist im Prinzip überhaupt nicht durch Bitten zu empfangen! Die Bitte der Menschen und auch der Gläubigen an Gott, etwas für sie zu tun, beinhaltet ja doch, daß er es noch nicht getan hat. Wer Jesus um Heilung bittet, drückt damit aus, daß er dran sei, etwas zu tun. Das widerspricht aber den Tatsachen, die wir grade jetzt untersuchen. Jesus hat das Seine schon getan. Er hat alle Krankheiten getragen. Im unsichtbaren Raum sind sie erledigt, weil von ihm weggetragen. Es gibt keinen Grund mehr, Jesus zu bemühen, daß er tätig werden möge. Jetzt sind wir dran!

Der Leser weiß bereits, was damit gemeint ist. Wir sind dran, jetzt nicht zu bitten oder zu flehen, sondern in Würdigung der Tatsache, daß Jesus jede Krankheit geheilt hat, im Glauben (mit oder ohne Gefühle, mit oder ohne sofortige Manifestation) diese Tatsache anzuerkennen, sie zu bejahen und zu beschließen, daß Heilung jetzt uns gehört.

Diese Zusammenhänge, die denkbar einfach und in ihrer logischen Schlüssigkeit unwiderlegbar sind, werden aber in den meisten Gemeinden so nicht gelehrt. Sie werden nicht nur nicht gelehrt, sondern sie werden mit einem umfangreichen theologischen Argumentationsaufwand relativiert, bestritten und bekämpft. Das ist die Misere im Leibe Jesu weltweit, besonders im westlichen Abendland.

Unser Denken ist voll von Unglauben und den Ergebnissen einer scheinchristlichen Philosophie, die angereichert ist mit Infragestellungen biblischer Positionen. Unser Zweifel, die Angst und auch die Enttäuschung nach vergeblichen Versuchen, Heilung zu erfahren, haben zusammen mit unserem gewaltigen Stolz, der die schuldhafte Abwesenheit von Heilung nicht ertragen kann, dazu geführt, daß wir ein Gebäude von Scheinargumentationen und Pseudobeweisen errichtet haben, wonach Heilung keineswegs für jeden da sei. Dieses imposante Gebäude besteht aus Lüge, Verdrehung und geistlicher Arroganz. Weil wir nicht geglaubt haben, haben wir nicht erfahren, was das Wort sagt. Weil wir das nicht ertragen konnten, haben wir daraus eine Lehre gemacht, daß Heilung gar nicht von Gott vorgesehen sei oder sich nur gelegentlich bzw. im Ausnahmefall ereigne.

Aber Heilung ist immer noch für einen jeden da, der in der Wahrheit leben will. Laßt uns das ganze Gefüge von theologischer Lüge und erlebter Enttäuschung als Folge dieser Lüge beiseite tun. Wenn wir unser Herz und unser Bewußtsein mit den Worten füllen, die von der von Jesus erworbenen Heilung aller Krankheit sprechen, treten wir in die Voraussetzung der Heilung hinein. Natürlich kann man an der Heilung besonders deutlich erkennen, ob unser Glaube gewirkt hat oder nicht. Man sieht am Resultat oder an seiner Abwesenheit, ob der Glaube vorhanden und wirksam war oder nicht. Hierin liegt die Herausforderung für uns.

Das Heilungsangebot des Herrn ist zunächst einmal ein geistliches Angebot. Am Anfang ist nichts sichtbar. Wieder muß Glaube unsererseits dazukommen und sich mit dem Wort Gottes vermengen, so daß die Worte zur Außenerfahrung werden. Indem wir sehen, daß Heilung so ganz selbstverständlich eine Form der Erlösung unter vielen anderen ist, wird es uns leichter fallen, auch in einer solchen Art von Herausforderung Gott zu vertrauen. Aber geistliche Angebote müssen im Glauben empfangen werden. Andernfalls bleiben sie unwirksam.

So bedarf der Christ, der möglicherweise eine längere Fehlprägung durch verkehrte Theologie hinter sich hat, eines doppelten Entschlusses: Zunächst muß er sich selbst ein Wasserbad des Wortes verordnen, um in einer derartigen Reinigung seiner Gedanken die alte Philosophie und das alte Denken aus seinen Gedanken und seinem Herzen zu entfernen. Das ist fast der schwierigste Anteil. Anschließend muß er ganz praktisch und sehr einfach seinen Glauben anhand der Verheißungen entwickeln. Wir kennen bereits das Verfahren: Auf das Wort hören, immer wieder hinhören und ihm absolute Priorität einräumen; die Ohren ihm zuneigen, das Herz total auftun. Anschließend die Worte, die Begriffe und das, was hinter ihnen steht, in innerer Anschauung zum Sehen bringen und es im Herzen bewegen, bis das ganze Bewußtsein davon erfüllt ist. Wenn wir dann, angefüllt mit diesen Glaubensinhalten, das aussprechen, was wir im Herzen haben und anschließend entsprechend handeln, dann ist die Heilung im Unsichtbaren da und wird auch in Kürze, das heißt innerhalb von Sekunden bis Tagen oder Wochen, sichtbar werden.

Ohne daß ich in die Einzelheiten gehen will, möchte ich zur Vervollständigung auf die beiden hauptsächlichen Heilungsarten hinweisen. Der ideale und beste Weg der Heilung ist der, daß der Gläubige im eben beschriebenen Sinne seinen eigenen Glauben durch Aneignung der Heilungszusagen aufbaut und so Heilung erfährt. Der andere Weg besteht darin, daß wir, die wir im Glauben stehen und die Realität des Heiligen Geistes kennen, auf dem Wege der operierenden Gabe der Heilung durch die in uns wohnende Heilungssalbung anderen, die Jesus noch gar nicht kennen oder ganz am Anfang ihres Glaubensweges sind, durch Handauflegung die Heilung vermitteln. Der letzte Weg führt in aller Regel zu einer sofortigen und oft spektakulären Heilung. Aber nicht in jedem Fall stellt sich hier Heilung ein. Dagegen führt der Weg, bei dem der Kranke selbst Glauben für die Heilung aufbringen muß (sie läuft hier in Form eines Prozesses ab), in jedem Fall zur Heilung. Heilung gehört wirklich uns. Heilung ist ein Bestandteil der Erlösung. Halleluja!

Kapitel 6

Durch seine Schwachheit sind wir stark

Die Grunderfahrung der leidenden Menschheit – Schwachheit – ist von Gott nicht übersehen worden. Jesus hat unsere Schwachheit getragen, als er litt.

Matthäus 8,17 b
Er hat unsre Schwachheit auf sich genommen und unsre Krankheit hat er getragen.

Diese Erlösungstatsache, denn eine solche ist es, redet in unsere vielfältigen Befindlichkeiten von Lähmung, schneller Erschöpfbarkeit und Schwäche hinein. Weil solche Zustände allgegenwärtig sind und häufig einen schleichenden Verlauf nehmen, sind sie schwerer zu erfassen und zu definieren, als das bei umschriebenen körperlichen Krankheiten möglich ist.

Da die Übergänge von der normalen Müdigkeit und der natürlichen Erschöpfung zu abnormer Schwäche fließend sind, leiden viele Menschen unter den Phänomenen schneller Ermüdbarkeit, Erschöpfung und fortwährender körperlicher vegetativer Schwäche, ohne sich das zu vergegenwärtigen. Viele kämpfen dagegen, sie mühen sich gegen die Müdigkeit ab. Aber je länger sie es versuchen, um so müder werden sie, weil der Kampf gegen Schwachheit Kraft kostet, die ja fehlt. Vereinzelt erleben sie Erfolge und sind dann erfreut, um nachher erneut Opfer der Schwäche zu werden. So bewegen sich viele Menschen von Resignation zu

Durchhalteparolen, während andere Schwachheit als Teil ihres Wesens und als unvermeidbares Schicksal akzeptieren.

Doch wir wissen: Auch für Schwachheit gibt es Erlösung. Jesus hat, wie das Wort sagt, die Schwachheit auf sich genommen, um dann anschließend schwach zu werden. Deswegen starb Jesus (der ja unter viel besseren seelischen und körperlichen Voraussetzungen als die andern beiden Mitgekreuzigten in die Prozedur der Kreuzigung hineinging) eher als diese. Er hatte eben unsere Schwachheit auf sich genommen, und sie beschleunigte den Prozeß des Leidens und des Todes.

Die Beseitigung von Schwachheit und das Hineintreten in Stärke ist also das Angebot Gottes, nachdem der Herr die Schwachheit auf sich nahm. Wir sind geneigt zu glauben, daß die Verwandlung von Schwachheit in Stärke ein längerer Prozeß ist. Auch wenn die Erfahrung des Starkwerdens mit Zeit verbunden sein mag, also etwas Prozeßhaftes an sich hat, so ist sie doch nichts anderes als die Annahme eines Geschenks.

Wir müssen grade im Hinblick auf diesen Anteil von Erlösung die Natur der Erlösung vor Augen haben. Alles, was Inhalt der Erlösung ist, ist als fertiges göttliches Angebot vorhanden. Es muß nicht entwickelt werden und uns über längere Prozesse angepaßt werden. Es ist da. So steht die Stärke für uns, die wir schwach sind, so ausdrücklich zur Verfügung, daß das Wort Gottes dazu erklärt: „Der Schwache spreche: Ich bin stark!“ (Joel 4,10 b).

Der Schwache darf nur dann sagen, daß er stark sei, wenn die Stärke in ihm ist. Die Stärke kann nur in ihm sein, wenn sie herbeigeschafft worden ist. Die Beschaffung von Stärke braucht aber eine Quelle. Das ist Golgatha.

Als Jesus für uns die Schwachheit ertragen hat, hat er im Austausch seine Stärke bereitgelegt. Nun müssen wir wieder im Glauben diese Stärke gegen die vorhandene und gefühlte Schwachheit austauschen. Was Jesus für uns erworben hat, liegt, wie alle anderen Angebote, im unsichtbaren Raum vor und ist in unserem wiedergeborenen Geist angelegt und enthalten. Wirksam wird dieses Angebot jedoch erst dann, wenn wir unsern Glauben hinzutun. Ein wesentlicher Bestandteil des Glaubens ist nun das bekennende Aussprechen dessen, was wir glauben. Deswegen soll der Schwache sagen: „Ich bin stark“.

Das ist kein psychologischer Selbstbetrug, sondern hat einen Wahrheitsuntergrund. Der Schwache kann sagen, daß er stark ist, weil die Stärke in ihm ist. Er fühlt sie nicht, er spürt sie nicht, aber wenn er ein Schwacher in Jesus ist, dann ist er potentiell stark und geistlich faktisch stark.

Wenn das Herz eines Schwachen voll ist von der Tatsache, daß Jesus seine Schwachheit auf sich genommen und damit weggenommen hat, also Stärke verfügbar ist, kann er das aussprechen, was er glaubt. Das Bekennen als solches, ohne daß es aus einem mit Glauben gefüllten Herzen genommen wird, bringt nichts. Das Herz sollte schier überquellen von dem Glaubensinhalt. Denn nicht das Bekennen allein verschafft uns Stärke, sondern das Bekennen auf Grund des Glaubens verwandelt unsere Schwachheit in Kraft.

Gott will uns stark sehen. Das trifft auch zu im Hinblick auf die Aussagen des Wortes Gottes im 2. Korintherbrief über den Segen der Schwachheit als Voraussetzung zur Stärke.

2.Korinther 12,9-10
9 Und er hat zu mir gesagt: Laß dir an meiner Gnade genügen; denn meine Kraft ist in den Schwachen mächtig. Darum will ich mich am allerliebsten rühmen meiner Schwachheit, auf daß die Kraft Christi bei mir wohne.
10 Darum bin ich guten Mutes in Schwachheit, in Mißhandlungen, in Nöten, in Verfolgungen, in Ängsten, um Christi willen; denn wenn ich schwach bin, so bin ich stark.

Auch hier geht es darum, daß Stärke unser Endziel sein soll. Schwachheit hat in sich keinen Nutzen und ist dementsprechend auch keine geistliche Tugend. In dem Zusammenhang der eben zitierten Verse ist Schwachheit definiert als die Erfahrung des Begrenztseins und auch Bedrängtseins durch die Verfolgungen um Jesu willen. Hier ist an keiner Stelle von Schwachheit im Sinne von Krankheit oder einer seelischen Innen-Befindlichkeit die Rede, die ihre Ursache in eigenen Unzulänglichkeiten hat. Erst recht ist nicht die seelisch-körperliche Asthenie (neurotische Grunderfahrung der Lebensuntüchtigkeit) gemeint — auch nicht die Folge von Krankheit in Form von Schwäche im vegetativen Erleben oder eingeschränkter Körperkraft.

Jesus hat nicht die Schwachheit auf sich genommen, damit wir sie glorifizieren. Damit stellen wir uns gegen sein Erlösungswerk und verdrehen die Begriffe. Schwachheit um Jesu willen im Sinne von Verfolgungsleiden muß demnach begrifflich getrennt werden von Schwachheit als Folge von Sünde und Krankheit. Diese ist durch den Glauben zu überwinden, während erstere hinzunehmen ist, bis ihre Aufgabe an uns erfüllt ist.

Noch einmal: Stärke ist durch das stellvertretende Tragen unserer Schwachheit das Angebot Jesu an uns. Wir fragen nicht, ob wir die Stärke schon fühlen, ob sie merklich durch unseren Körper hindurchströmt, ob wir uns frisch fühlen — wir stellen fest, daß sie in der Tiefe unseres Geistes vorhanden ist, und wir setzen den aus dieser Überzeugung kommenden Glauben der gefühlten Schwäche entgegen.

Ich habe viele Male in meinem Leben Schwachheit durch Glauben und Handeln im Glauben überwunden. Schwachheit, der man sich ergibt, nimmt zu. Schwachheit, die man bereits überwunden sieht (nicht überwunden fühlt), muß weichen, wenn man sich im Glauben und im Handeln dagegenstellt.

Kapitel 7

Sieg über den Tod

Wir wissen alle, daß Jesus den Tod besiegt hat. Aber vielleicht ist den meisten Christen gar nicht klar, daß dieser nicht durch die Auferstehung besiegt worden ist, sondern durch den Tod Jesu. Indem Jesus den Tod geschmeckt hat, hat er ihn von uns weggenommen. Immer wieder müssen wir uns, damit wir die geistlichen Zusammenhänge verstehen, vergegenwärtigen, daß am Kreuz ein Austausch erfolgte. Wir wurden nur deswegen vor allen Formen von Leid und Untergang bewahrt, weil der Herr diese Leidenserfahrungen auf sich genommen hat. Den stellvertretenden Charakter des Leidens unseres Herrn dürfen wir keinen Moment aus dem Blick verlieren.

Durch seine Auferstehung hat der Herr den Sieg über *seinen* eigenen Tod erfahren, indem Gott ihn mit der Kraft des Heiligen Geistes aus dem Reich des Todes herausgeholt hat. Aber die Entmachtung und Überwindung *unseres* Todes geschah durch seinen Tod.

Der Sieg über den Tod hat mehrere Aspekte:

- Jesus hat den geistlichen Tod, die Entfremdung von Gott, besiegt.
- Jesus hat den ewigen Tod, der identisch ist mit ewiger Verdammnis im Feuersee, besiegt.
- Und schließlich hat der Tod des Herrn auch unser irdisches Sterben so verändert, daß es nicht mehr ein gewöhnliches Sterben, sondern ein sieghaftes Übergehen in die Herrlichkeit Gottes ist.

Dementsprechend sagt Jesus von sich:

Johannes 11,25-26
25 Ich bin die Auferstehung und das Leben. Wer an mich glaubt, der wird leben, ob er gleich stürbe;
26 und wer da lebet und glaubet an mich, der wird nimmermehr sterben ...

Wer an Jesus glaubt, stirbt nicht, obwohl er stirbt. Das Sterben hat seinen Charakter des Untergangs und des Verlustes eingebüßt. Ihm eignet nichts mehr von dem Tod der Ungläubigen, die ihm ausgeliefert sind und für die er das Ende von allem Schönen und Lebendigen ist.

In den Evangelien wird uns der Tod des Herrn wie folgt beschrieben:

Markus 14,34
... Meine Seele ist betrübt bis an den Tod;...

Markus 15,37
Aber Jesus schrie laut und verschied.

Dem Tod des Herrn ging ein grausamer Todeskampf voraus, in dem seine Seele mit dem Tode rang. Sie war so betrübt und belastet, daß sie schon in Gethsemane in die Gewalt des Todes kam. Am Kreuz starb dann der Herr, nachdem er seinen Geist Gott in die Hände gegeben hatte, auch körperlich.

Seitdem ist das Sterben der Gläubigen, sofern sie auf der Höhe dieser Wahrheiten wandeln, verändert. Wenn die Heiligen Gottes ihr Leben beenden, soll das unter unnachahmlichen und glorreichen Bedingungen erfolgen! Sie sterben, aber ihr Tod ist der Eingang in die Herrlichkeit Gottes, die viele von ihnen schon auf dem Sterbebett erblicken.

„Ich will ihn sättigen mit langem Leben und will ihm zeigen mein Heil", sagt der Psalmschreiber und beschreibt damit die Umstände des Todes der Heiligen Gottes (Psalm 91,16). Sie sterben nicht vor der Zeit und sie sterben auch nicht nach einem langen schmachvollen Leben des Elends, der Krankheit und des Wanderns durch ein Jammertal. Sie sind gesättigt vom Leben und sie haben all das erfahren, was uns dieses Leben bieten kann, wenn wir mit Jesus gehen. Die Steigerung ist nur in der himmlischen Herrlichkeit möglich. So erleben sie das Hingehen zum Herrn nicht als den qualvollen Einschnitt des Sterbens, bevor sie ihren Auftrag erfüllt haben. Nein, ich glaube, sie gehen in Freude über zu ihrem Herrn. In der Stunde des Heimgangs wird die um sie versammelte Familie den Wohlgeruch von Freude und die Gegenwart der Herrlichkeit Gottes ebenfalls wahrnehmen und nicht im Stande sein, in maßlose Trauer und Verzweiflung auszubrechen.

Jesus erlitt nicht nur den Tod und das Sterben, sondern auch die Qual des Sterbens wie kein anderer vor ihm. Deswegen sind die Modalitäten unseres Todes, wenn wir als Gerechte Gottes sterben, so gänzlich anders als bei den Nicht-Erretteten.

Obendrein besagt dieses Wort im Kontext anderer Schrifterklärungen etwas über den Zeitpunkt unseres Todes. Auch das ist festgelegt, damit wir uns im Fall einer Bedrohung durch vorzeitigen Tod darauf beziehen können. Wir sollen nicht mit dreißig, auch nicht mit fünfzig oder sechzig Jahren zu unserem Herrn gehen. Wir sollen alt und lebenssatt sterben.

Weil der Tod besiegt ist, deswegen können wir in unserer Nachfolge ohne Angst vor ihm leben. Wir wissen, unser Herr ist das Leben in Person, und er ist gekommen, um uns Leben und sogar Leben im Überfluß zu verschaffen (Johannes 10,10).

Der letzte Feind, der vernichtet wird, ist der Tod (1. Korinther 15,26). Jetzt ist er bereits besiegt, aber vernichtet und verschlungen in den Sieg wird er, nachdem der Herr wiedergekommen ist. Der Tod ist noch da, aber er wirkt als ein Besiegter. So mißbraucht ihn Gott bei seinen Kindern und benutzt ihn dazu, daß er uns den Übergang in die uns zustehende jenseitige Herrlichkeit verschafft. Er wirkt noch, aber für uns, die wir Gott kennen, nicht zum Schrekken und zur Qual, sondern als Beförderer in die himmlische Herrlichkeit.

Aus der Vergangenheit haben wir von einigen Fällen gehört, wo Männer und Frauen Gottes, die mit dem Herrn wandelten, im hohen Alter glorreich zum Herrn übergingen. Ihre Familie war um sie versammelt, als sie zu einem festgelegten Zeitpunkt, den der Herr ihnen häufig schon Stunden oder Tage vorher genannt hatte, in vollem Bewußtsein und in Frische zum Herrn heimgingen, während sie ihn, noch auf Erden befindlich, schon in einer himmlischen Vision sahen. Das, so glaube ich, wird ein Muster sein, wie in

Zukunft die Gerechten immer häufiger und dann regelhaft heimgehen werden.

„Tod, wo ist dein Stachel? Hölle, wo ist dein Sieg? Aber der Stachel des Todes ist die Sünde; die Kraft aber der Sünde ist das Gesetz.“ (1. Korinther 15,55-56). Indem die Sünde von Jesus getragen worden ist, weil er zur Sünde gemacht worden ist und das Gesetz von der Gnade abgelöst worden ist, hat der Tod in seiner alten Form seine Methode verloren. Die Methode des Todes war Sünde, indem die Sünde als Stachel (griechisch: Giftstachel und Stachelstock) tätig war und durch Verletzung den Tod herbeiführte. Die letzte Ursache für die Kraft der Sünde ist das Gesetz, das nicht nur die Beschreibung der göttlichen Normen, sondern im Alten Testament auch der Weg zur Gerechtigkeit in dem Sinne war, daß die Gläubigen die göttlichen Moralgesetze halten sollten, um dadurch vor Gott zu bestehen.

Die Gerechten Gottes werden aber nicht durch moralische Anstrengung gerecht, sondern durch Gnade, wodurch die Sünde ihre Kraft einbüßt und der Tod seinen Schrecken. Die glorreiche Botschaft des Neuen Testamentes lautet: Der Tod wird mißbraucht, weil Jesus ihn in all seinen Qualen erlitten hat. Unser Sterben ist nicht die Erlösung von einem schmerzreichen Dasein, sondern der Übergang von dieser Herrlichkeit zu mehr Herrlichkeit.

Erlösung aus dem Tod und Erlösung zum Tod

Es mag merkwürdig klingen, aber es gibt ein Erlöstsein zum Tode. Wir berühren damit ein Gebiet der biblischen Lehre, das für die allermeisten Christen dunkel ist, weil sie eine verkehrte Vorstellung von dem biblischen Verständnis vom Menschen haben und weil ihr Vermögen, sich Wahrheiten innerlich zu veranschaulichen, dabei reichlich strapaziert wird.

Auch in diesem Fall gehe ich davon aus, daß der Heilige Geist jedem willigen Leser verständlich machen wird, was Jesus an Gutem bewirkt hat. Daß es eine Erlösung zum Tode gibt, ist eine sehr wichtige Aussage, die wir einigen biblischen Worten entnehmen werden. Auch in diesem Abschnitt soll es um beglückende Aspekte der Erlösung gehen und nicht um eine theoretisch-theologische Diskussion. Ich will deswegen am Ende dieses zunächst schwierig erscheinenden Abschnittes dem Leser erneut den Nachweis verschaffen, daß das Wort Gottes ungemein praktisch ist. Ich glaube sogar, daß ihm aus diesem Kapitel bestimmte Hilfen zuteil werden, die ihm durch keinen anderen Teil des gewaltigen theologischen Lehrgebäudes der Heiligen Schrift zuteil werden können.

Im Neuen Testament, sonderlich in den Schriften von Paulus, ist mehrfach vom Tod, Sterben, Gekreuzigt-Sein in so unterschiedlicher Bedeutung die Rede, daß man ohne gewissenhafte Ordnung dieser Aussagen verwirrt werden muß. Es gibt mehrere Schichten des Verständnisses von Tod, die einem erst dann verständlich werden, wenn man die Grundzüge der biblischen Lehre vom Menschen kennt und dann die Bezüge dieser Lehre zur neutestamentlichen Theologie des Sterbens sieht. Bestimmte, praktisch besonders wichtige Aspekte dieser Lehre vom Menschen werden eigentlich erst durch die gewissenhafte Untersuchung neutestamentlicher Aussagen über den Tod möglich. Ich will Schicht für Schicht die wichtigsten Anteile dieser Lehre kennzeichnen und voneinander abheben.

In Sünden geistlich tot sein

Durch den Sündenfall ist die Beziehung der Menschen zu Gott so stark gestört worden, daß das Wort Gottes den Status des natürlichen Menschen ohne Jesus als geistlich tot bezeichnet.

> **Epheser 2,1**
> **Auch ihr waret tot in euren Übertretungen und Sünden.**
>
> **Epheser 2,5 a**
> **(Gott hat) auch uns, die wir tot waren in den Sünden, samt Christus lebendig gemacht, ...**
>
> **Kolosser 2,13**
> **Und er hat euch mit ihm lebendig gemacht, die ihr tot waret in den Sünden und in eurem unbeschnittenen Fleisch, ...**

Indem nun in Epheser 2,1 gesagt wird: „Auch ihr waret tot in euren Übertretungen und Sünden“, wird klar gemacht, daß die

Menschen nicht etwas Totes an sich hatten, sondern daß sie als Personen tot waren. Aber es kann kein körperlicher und seelischer Tod gewesen sein, weil diese Funktionen ja nachweisbar auch vor der Bekehrung zu Jesus vorhanden waren. Es liegt ein geistlicher Tod vor. Dieses geistliche Sterben wird von Gott vor dem Sündenfall als Folge von verbotenem Tun angedroht.

1. Mose 2,17 b
... denn an dem Tage, da du von ihm issest, mußt du des Todes sterben.

Demgemäß sagt auch Paulus in Römer 6,23, daß die Bezahlung der Sünde der Tod ist.

Die Menschen ohne Jesus, die in ihren Sünden und Übertretungen tot sind, sind also geistlich tot. Ihre Beziehung zu Gott ist erloschen. Der geistliche Tod bedeutet in erster Linie, daß die Beziehung und Gemeinschaft mit Gott und die direkte Wahrnehmung seiner göttlichen Worte und Werte durch die Vermittlung unseres Geistes erloschen ist. Der geistliche Tod ist ein anderes Wort für Trennung von Gott. Aber damit ist auch das spezifisch göttliche Leben — der Strom seiner Impulse und lebenschaffenden Energien hinein in unsere Person — zum Stillstand gekommen. Gottes Instanz in uns, unser Geist, hat seine Funktion aufgegeben.

Das Fleisch regiert — die Garantie des Scheiterns

Was geschieht nun mit der „Rest-Person"? Diese Person ist ja bezüglich ihrer geistlichen Qualität tot. Aber natürlich lebt sie noch im Hinblick auf ihre seelischen und körperlichen Funktionen. Es handelt sich gleichsam um eine reduzierte Person, deren Mitte — der Geist — erloschen ist. Sie wird nun aber von einer Ersatzmitte, der Seele, geführt. Die Bibel nennt eine solche Person den natürlichen Menschen oder den alten Menschen. Die neue identitätgebende Mitte des natürlichen Menschen, der geistlich tot ist, kommt durch das Zusammenwirken von Seele und Leib zustande, und wird von der Schrift Fleisch genannt.

Der Geist, wie ihn Adam und Eva früher von Gott empfangen hatten, lebte aus Gott und auf Gott hin, die Seele lebt aus der eigenen Kraft und nur für sich selbst. Sie ist grundsätzlich unabhängig!

Unsere Seele als das fleischliche Ersatz-Ego erweist sich in allen ihren Äußerungen als autonom und will ständig und bei allen Aufgaben bezeugen, daß sie ohne fremde Hilfe und ohne Gott das Ziel erlangen kann.

Diese Sucht nach Selbstbestätigung und der stetige Drang, sich zu beweisen, gehen so weit, daß unser Fleisch (die autonome Seele mit Anteilen von körperlichen Trieben und Begierden) sich nicht scheut, den Nachweis seiner Kompetenz an den höchsten Normen (dem göttlichen Moralgesetz) vollziehen zu wollen. Indem es sich an dem göttlichen Gesetz von absoluter Sittlichkeit versucht, um an ihm den Triumph der eigenen Fähigkeit und Überlegenheit zu erfahren, muß es doch immer wieder scheitern, weil es grundsätzlich dem Gesetz nicht genügen kann. Das Fleisch braucht wegen seines Dranges nach Unabhängigkeit eine Herausforderung, einen Maßstab oder eine Aufgabe, an dem es seine vermeintliche Kraft messen und beweisen kann. Es vergreift sich dabei an den höchsten Normen, an denen es immer wieder scheitern wird.

Das göttliche Gesetz ist die Kraft der Sünde, indem der alte Mensch in seiner Unabhängigkeit, die ja die Sünde in reinster Form ist, sich von ihm herausgefordert sieht, um es zu meistern, zu erfüllen und dann schließlich doch daran zugrunde zu gehen. Deswegen sagt das Wort Gottes:

1. Korinther 15,56
Aber der Stachel des Todes ist die Sünde; die Kraft aber der Sünde ist das Gesetz.

Noch eine Form des Todes: Ohne das Gesetz ist die Sünde tot

Das Gesetz fordert mit seiner Anwesenheit die fleischlich orientierte Seele, den alten Menschen, zu Höchstleistungen heraus und verstärkt somit die Sünde, weil sich unser Fleisch durch den Versuch, das Gesetz zu halten, immer weiter von Gott entfernt. Das Fleisch kann nicht anders, als aus seiner Grundhaltung der Unabhängigkeit heraus stetig neue Sünden zu produzieren, auch und gerade wenn es göttliche Ziele verfolgt. Wir wollen diese Aussagen mit einigen biblischen Feststellungen belegen:

Römer 7,5.8-11
5 Denn solange wir im Fleisch waren, da waren die sündlichen Lüste, welche durchs Gesetz sich erregten, kräftig in unsern Gliedern, dem Tode Frucht zu bringen.
8 Es nahm aber die Sünde Anlaß am Gebot und erregte in mir jegliche Lust; denn ohne das Gesetz ist die Sünde tot.
9 Ich aber lebte vormals ohne Gesetz; als aber das Gebot kam, ward die Sünde lebendig,
10 ich aber starb; und es fand sich, daß das Gebot mir zum Tode gereichte, das mir doch zum Leben gegeben war.
11 Denn die Sünde nahm Anlaß am Gebot und betrog mich und tötete mich durch dasselbe Gebot.

Römer 8,7 b
... weil das Fleisch dem Gesetz Gottes nicht untertan ist; denn es vermag's auch nicht.

In diesen schwer verstehbaren biblischen Abhandlungen werden einige bemerkenswerte Feststellungen getroffen:

- Der geistlich tote Mensch lebt. Er lebt aber ohne Gott und als geistlich reduzierte Person mit einem Ersatz-Ich!
- Das Fleisch ist grundsätzlich nicht imstande, das Gesetz Gottes zu erfüllen, wiewohl es dies laufend zu beweisen sucht.
- Das Fleisch (unser alter Mensch) erlebt eine Anregung und Stimulierung seiner Sucht zur Unabhängigkeit und seiner Selbstverherrlichung durch das Gesetz.
- Insofern ist das Gesetz die Kraft der Sünde.
- Wenn das Fleisch agiert oder reagiert, muß demnach immer und grundsätzlich Sünde daraus resultieren. Es sündigt, wenn es sich nicht um Gottes Gebote kümmert, und es sündigt noch mehr, wenn es versucht, sie zu erfüllen. Das Fleisch ist prinzipiell nicht zum Guten fähig.
- Ohne das Gesetz ist die Sünde tot. Wenn es keine göttliche Norm gibt, dann gibt es auch keinen Maßstab, an dem man sich beweisen kann, und keinen Maßstab für eine Verurteilung. (Hier liegt also eine weitere Form von Tod vor. Die Sünde ist ohne Gesetz nicht wirksam oder nur in einer Art unwirksamem Wartezustand vorhanden und insofern tot.)

– Dementsprechend gibt es auch eine Sünde, die lebendig wird, was eben durch das Erscheinen des Gesetzes geschieht.
– Dennoch ist das Gesetz nicht böse, sondern heilig. Denn es beschreibt die göttlichen Normen, die in sich gut sind.

Römer 7,14
Denn wir wissen, daß das Gesetz geistlich ist; ich aber bin fleischlich, unter die Sünde verkauft.

Das Gesetz wird uns nicht wegen seiner Qualität zum Verhängnis, sondern wegen des grundsätzlichen Unvermögens der Seele, es in eigener Kraft erfüllen zu können.

Das göttliche Gesetz verleitet unsere Seele zu dem Versuch, es erfüllen zu wollen. Dabei erzeugt es das Gegenteil, nämlich sündhafte Lüste und Begierden. Diese durch das Gesetz erregten Lüste und Begierden wirken in unserem Leib und bringen dem Tode Frucht (Römer 7,5). Mit einem Wort, unser altes Fleisch-Ego hat grundsätzlich nicht die Möglichkeit, das Gesetz zu erfüllen. Will es dies doch tun, werden dadurch nur die Vorbereitungen zum physischen Tod über Anregung von fleischlichen Begierden und Entwicklung von krankheitlichen Störungen beschleunigt.

Bei diesen Abläufen ist noch nichts von Erlösung festzustellen. Dennoch sind die hier gefundenen Gesetzmäßigkeiten sehr wichtig, weil ihre spätere Umkehrung durch die Gnade Jesu hochinteressante Aspekte eines siegreichen Lebens beinhaltet.

Aber was sind die bisher gefundenen Gesetzmäßigkeiten? Beim natürlichen Menschen, der im Fleische wandelt und von seiner autonomen Seele angetrieben wird – weil der göttliche, Orientierung gebende Geist erstorben ist – liegt ein Dreierverbund vor: Seele (Fleisch), Gesetz und Sünde kommen immer zusammen vor. Die Seele ist zum Guten nicht fähig, sie ist autonom, das heißt, unabhängig von Gott, und lebt damit grundsätzlich in der Sünde. Diese Sünde verstärkt sich und wird dann zur anrechenbaren und schuldhaften Sünde, wenn sich die Seele an dem göttlichen, absoluten Gesetz mißt, um daran ihren Stolz zu offenbaren und auch daran zu scheitern. Und so erzeugt sie statt des Nachweises der Überlegenheit die Vorboten und die Frucht des Todes. Es kommt zu seelischen und vegetativen Verwüstungen und schließlich dann zum körperlichen Tod.

Ein Toter muß sterben

Solange das Fleisch lebt und das Sagen hat, weil der Geist tot ist, und solange durch diesen Zustand ständig neue sündhafte Lüste in unserem Körper entstehen, wird die Sünde leben, weil das Gesetz das Fleisch ständig zu weiteren Bemühungen in die verkehrte Richtung antreibt. Es muß ein neuer Mensch her, der ganz anders aufgebaut ist und dessen Identitätsmitte nicht mehr das Fleisch ist. Das Fleisch, also das seelische, autonome Ersatz-Ego, muß weg. Das Wort Gottes sagt uns in einer grundsätzlichen Offenbarung, daß das Fleisch nicht imstande ist, Gerechtigkeit durch Halten des Gesetzes herbeizuführen. Wie kann das Problem gelöst werden?

Es geht nicht ohne Tod. Der alte Mensch, der sich allein durch die autonomen seelischen Impulse steuerte, muß sterben.

Kolosser 3,3
Denn ihr seid gestorben, und euer Leben ist verborgen mit Christus in Gott.

Römer 6,4.6
4 So sind wir ja mit ihm begraben durch die Taufe in den Tod, damit, gleichwie Christus ist auferweckt von den Toten durch die Herrlichkeit des Vaters, also sollen auch wir in einem neuen Leben wandeln.
6 ... weil wir ja wissen, daß unser alter Mensch samt ihm gekreuzigt ist, damit der Leib der Sünde aufhöre, daß wir hinfort der Sünde nicht dienen.

Der alte Mensch, der Wandel im Fleisch, unser altes Fleisch, unser seelisches Ersatz-Ego, sie bezeichnen ein und dasselbe, nämlich unsere gefallene und unabhängige Innenperson, die sterben muß. Und sie ist, wenn wir Jesus Christus im Glauben als unseren Herrn angenommen haben, mit ihm gestorben. Dieser Vorgang ist von ungeheurer Tragweite. Er verändert unsere menschliche Innenstruktur.

Wir müssen genau untersuchen, was eigentlich gestorben ist. Natürlich sind nicht die körperlichen Reaktionen und die seelische Funktionsfähigkeit gestorben. Gestorben ist nur die Leitungsinstanz der Seele, durch die diese die Gesamt-Persönlichkeit bestimmt und dirigiert hat. Es ist demnach eine neue Art von Leben entstanden! Dementsprechend heißt es in Römer 6,4 wörtlich:

„. . . also sollen wir in einer Neuheit des Lebens – und zwar des göttlichen Lebens (Zoe) – wandeln." Mit dem Absterben des alten Fleisch-Egos entstand eine neue Art von Leben und eine neue Art von Person. Deswegen diese ausdrückliche Heraushebung der Neuheit des Lebens in Römer 6,4. Die neue Art des Lebens, die dadurch entstanden ist, werden wir anschließend untersuchen.

Aber zunächst einmal brauchen wir aus dem Worte noch weiteren Aufschluß darüber, wie dieses Absterben des autonomen seelischen Ichs eigentlich zustande kommt.

> **2. Korinther 5,14:**
> **Denn die Liebe Christi dringet uns (ergreift oder bedrängt uns), da wir dafür halten, daß, wenn einer für alle gestorben ist, so sind sie alle gestorben.**

Wir werden von der Liebe Christi erfaßt und durchdrungen, wenn wir davon ausgehen und es so sehen: Wir sind alle gestorben, weil Jesus *für uns* gestorben ist. Jesus ist also nicht nur gestorben wie alle anderen Menschen auch sterben, sondern er ist *für uns* gestorben. Wenn jemand für einen anderen stirbt, dann stirbt er an seiner Stelle und zu dessen Gunsten. Das ist die eine Aussage.

Das zweite Prinzip, das wir diesem Vers entnehmen, ist das Prinzip der Identifikation. Indem der Vers sagt, daß wir davon ausgehen und dafür halten, daß er für uns gestorben ist, erklären wir unsere Billigung dieses stellvertretenden Sterbens und identifizieren uns damit. Insofern sind wir dann mit Jesus gestorben, weil wir seinen Tod als für uns geschehen ansehen und ihm dadurch Gültigkeit und Wirkung zuerkennen.

Das führt drittens dazu, daß wir mit der Anerkennung dieses Geschehens auch die Notwendigkeit der Beseitigung unseres alten Ichs ausdrücken und damit eine Bankrotterklärung aussprechen. Das ist dann die notwendige erklärte Demütigung, ohne die dieser gesamte Prozeß nicht wirksam würde.

Welche Auswirkungen hat nun dieser Tod auf die Bemühungen um Leben, Kampf gegen und Sieg über die Sünde und auf Gerechtigkeit? Im Römerbrief finden wir eine erstaunliche Aussage über die Bedeutung dieses Sterbens.

Römer 6,7
Denn wer gestorben ist, der ist gerechtfertigt und frei von der Sünde.

Römer 7,1-2.4
1 Wisset ihr nicht, liebe Brüder, ..., daß das Gesetz nur herrscht über den Menschen, solange er lebt?
2 Denn eine Frau ist an ihren Mann gebunden durch das Gesetz, solange der Mann lebt; wenn aber der Mann stirbt, so ist sie los vom Gesetz, das sie an den Mann bindet.
4 Also seid auch ihr, meine Brüder, getötet dem Gesetz durch den Leib Christi, damit ihr einem andern angehöret, nämlich dem, der von den Toten auferweckt ist, auf daß wir Gott Frucht bringen.

Wenn wir mit Jesus gestorben sind, indem wir im Glauben seinen Tod als für uns gültig anerkennen, dann ist auch unsere Bindung an das Gesetz aufgehoben. Aber nicht nur das, sondern wir sind auch gerechtfertigt und frei von der Sünde. Der Grund liegt darin, daß, wie wir gesehen haben, ein Bund zwischen unserer alten autonomen Seele, der Sünde und dem Gesetz vorliegt. Der Tod unseres alten Ichs löst nun offiziell diese gesetzliche Beziehung und Verpflichtung auf.

Weil die autonome Seele ihre Position eingebüßt hat, was das Wort Gottes als einen Akt des Sterbens und des mit Christus Gekreuzigt-Seins bezeichnet, und an ihrer Stelle der wiedergeborene Geist als die neue Leitungsinstanz unserer Person fungiert, haben die alten Kooperationspartner (das Gesetz und die Sünde) ihren Ansprechpartner (die Seele) verloren. Es ist eine neue Person mit einer neuen Innenstruktur und einer völlig neuen Art zu leben entstanden. Der neue Geist, der das neue Ich bildet, reagiert gänzlich anders als das alte Ich. Dieses war immer und grundsätzlich in einem selbstzerstörerischen Ansatz und in Selbstbeweisungssucht auf das Gesetz fixiert, das es selbst, in Unabhängigkeit und ohne Gottes Hilfe erfüllen wollte und an dem es scheiterte. Der neue, uns durch Wiedergeburt zuteil gewordene Geist orientiert sich gänzlich anders.

Der Tod des alten Menschen löst also die gesetzmäßige Beziehung zu den mosaischen Moralgeboten auf und nimmt insofern auch der Sünde den Einfluß auf die neue Person. Wer von neuem geboren ist und dabei seine alte Natur verloren hat, ist wirklich neu geworden. Es ist eine neue Schöpfung entstanden, die wesensmäßig anders ist als der alte Mensch. Der Zwang der Sünde unter dem Diktat des Gesetzes galt aber nur für den alten Menschen.

In diesem Buch geht es um den Nachweis von allen Anteilen und Auswirkungen der Erlösung, die wir dem Leidens- und Kreuzigungsweg Jesu verdanken.

Wir können als Zwischenresultat zunächst einmal festhalten, daß der Tod des alten Menschen ebenfalls dem Erlösungsgeschehen zuzurechnen ist. Welchen praktischen Gewinn diese Tatsache abwirft, werden wir erst am Ende dieser Untersuchung erkennen können.

Ein neuer Geist wird uns gegeben, und er ist Leben

Die im letzten Abschnitt zitierten Bibelstellen ließen schon erkennen, daß mit dem Tod des alten Menschen gleichzeitig ein schöpferisches Geschehen stattfindet. Der so mit Christus gestorbene Mensch tritt in eine neue Art zu leben hinein. Das Neuartige in der neuen Existenzweise liegt nun darin, daß er nicht mehr, wie in seiner Vorgeschichte, aus fleischlichen Antrieben seiner alten Seele dirigiert wird, sondern einen neuen Geist bekommt.

Man kann die Segnungen in ihrer Tiefe und Grundsätzlichkeit, die wir dem Erlösungswerk Jesu verdanken, nicht abhandeln und verstehen, ohne auf die wichtigsten anthropologischen Abläufe und Veränderungen im Rahmen dieses Prozesses einzugehen. Jesus gibt uns die entscheidenden Hinweise auf diese Umwälzungen in unserer Persönlichkeit zum Zeitpunkt der geistlichen Wiedergeburt:

Johannes 3,3-6
3 Jesus antwortete und sprach zu ihm: Wahrlich, wahrlich, ich sage dir: Es sei denn, daß jemand von neuem geboren werde, so kann er das Reich Gottes nicht sehen.
4 Nikodemus spricht zu ihm: Wie kann ein Mensch geboren werden, wenn er alt ist? Kann er auch wiederum in seiner Mutter Leib gehen und geboren werden?
5 Jesus antwortete: Wahrlich, wahrlich, ich sage dir: Es sei denn, daß jemand geboren werde aus Wasser und Geist, so kann er nicht in das Reich Gottes kommen.
6 Was vom Fleisch geboren wird, das ist Fleisch; und was vom Geist geboren wird, das ist Geist.

Um ins Reich Gottes kommen zu können, müssen wir von neuem geboren werden, was eine Geburt aus dem Wasser (Wort Gottes) und aus dem Geist Gottes darstellt. Was vom Fleisch geboren wird, ist Fleisch, und was vom Geist geboren wird, das ist Geist. Somit müssen wir folgern, daß zum Zeitpunkt der Wiedergeburt nur unser Geist von neuem geboren wird, weil es ja der Geist Gottes ist, der hier zusammen mit dem Wort Gottes als die wirksame Kraft und gebärende Person beschrieben wird.

Wer so von neuem geboren ist, ist wesensmäßig eine andere Person als er früher war und anders als alle anderen natürlichen, nicht wiedergeborenen Menschen. Aus dem Geiste Gottes wurde ihm ein eigener neuer Geist zuteil, der nun zum neuen Ich dieses neuen Menschen geworden ist. Der so gläubig Gewordene hat also nicht nur einen lebendigen Geist bekommen, sondern es ist darüber hinaus innerhalb des Gefüges seiner Personen-Innenstruktur zu einer Aufgabenumverteilung gekommen. Dabei wird dem Geist die Rolle zuerkannt, die ichtragende Mitte zu werden, die bis dahin bei der Seele lag.

1. Korinther 15,45 b
Der erste Mensch, Adam, „ward zu einer lebendigen Seele", und der letzte Adam zum Geist, der da lebendig macht.

Was hier zunächst nur über Jesus ausgesagt worden ist, gilt natürlich auch für uns, weil wir mit ihm gestorben und auferstanden sind, weil wir durch ihn die Gerechtigkeit Gottes bekommen haben und geworden sind, und weil er unser Bruder ist und wir mit ihm als Kinder Gottes zur selben Familie gehören. Wir sind nicht mehr eine lebendige Seele und erst recht nicht mehr eine gefallene lebendige Seele, sondern wir s i n d ein lebenschaffender Geist. Wohlgemerkt, wir haben nicht nur diesen Geist, sondern wir sind ein Geist, weil der durch das göttliche Geburtsgeschehen uns zuteil gewordene Geist, unser neues Ego, die neue Mitte unserer Person und damit das identitätschaffende Ich ist.

Im Römerbrief wird nun etwas über die Qualität dieses Geistes gesagt, was den allermeisten Christen unbekannt ist:

Römer 8,10
Wenn aber Christus in euch ist, so ist der Leib zwar tot um der Sünde willen, der Geist aber ist Leben um der Gerechtigkeit willen.

Zunächst ist davon die Rede, daß unser Leib tot ist. Das ist in der Tat eine sehr merkwürdige Aussage, die wir später aufgreifen wollen. Aber vom Geist wird gesagt, daß er Leben *ist*. Er ist nicht nur lebendig und er hat nicht nur Leben in sich, sondern er ist Leben! Von ihm kommen also die wichtigsten, lebenschaffenden Impulse, weil er eine Art göttliche Quelle von Leben in uns ist, die ununterbrochen göttliche Gerechtigkeit, göttliche Impulse und göttliche Kraft liefert.

Daß unser Geist Leben ist, sprengt entschieden die landläufigen Vorstellungen, die wir über die Qualität und Natur dieses Geistes haben. Die Lehre über unseren Geist ist in der Gemeinde Jesu offensichtlich unterentwickelt. Diese Töne, die Römer 8,10 anschlägt, sind unter uns kaum bekannt. Aber wir müssen sie zu Gehör bringen.

Unser neuer Geist, der uns durch die Wiedergeburt zuteil wird, hat eine viel größere Kraft und auch Rolle zugewiesen bekommen, als wir bis jetzt gesehen haben. Er ist Leben und schafft Leben.

2. Korinther 3,5-6
5 Nicht daß wir tüchtig sind von uns selber, etwas zu erdenken als von uns selber; sondern daß wir tüchtig sind, ist von Gott,
6 welcher uns auch tüchtig gemacht hat zu Dienern des neuen Bundes, nicht des Buchstabens, sondern des Geistes. Denn der Buchstabe tötet, aber der Geist macht lebendig.

Das Thema, um das es in diesen beiden Versen hauptsächlich geht, ist Fähigkeit (tüchtig sein). Die Fähigkeit zum Dienen im neuen Bund ist eine Fähigkeit unseres Geistes! Hier ist nicht vom Geist Gottes die Rede, sondern von *unserem* Geist! Der Buchstabe tötet. Das bedeutet, unsere alte seelische Natur, die durch gewissenhafte Befolgung von einzelnen gesetzlichen Regeln etwas bewirken will, scheitert und bringt den Tod. Aber der Geist, gemeint ist *unser* Geist, er macht lebendig. Hier wird also derselbe Gedanke aufgegriffen, den wir bereits aus Römer 8 kennen, nämlich daß unser lebendiger Geist Leben schafft und Befähigung bewirkt.

Bei den biblischen Aussagen, die wir jetzt verfolgen, ist jeweils nur von unserem aus dem Geist Gottes geborenen Geist die Rede. Viele Christen, ja ganze theologische Schulen, sind um den Ertrag dieser Wahrheiten gebracht worden, weil sie davon ausgegangen waren, daß hier jeweils vom Geist Gottes die Rede ist. Wenn eine solche falsche Voraussetzung vorliegt, kann daraus nur Verwirrung resultieren. Das geschieht etwa reichlich im Hinblick auf die bekannten Worte des Galaterbriefes, in denen von der Frucht des Fleisches und des Geistes die Rede ist.

Wenn wir die nachfolgenden Bibelworte im Licht der bisher gemachten Entdeckungen lesen und strikt davon ausgehen, daß es sich bei der hier vorkommenden häufigeren Erwähnung des Geistes jeweils um unseren Geist handelt, dann werden diese Bibelworte in völlig neuer Form zu uns reden:

> **Galater 5,22-23**
> **22 Die Frucht aber des Geistes ist Liebe, Freude, Friede, Geduld, Freundlichkeit, Gütigkeit, Glaube, Sanftmut, Keuschheit.**
> **23 Wider solche ist das Gesetz nicht.**

Unser Geist bringt, wenn er ungehindert seine Tätigkeit entfalten kann, die wunderbarsten Tugenden zustande, die in ihrer Summe nichts anderes als sieghaftes und fröhliches Christenleben in Überwindung aller Probleme darstellt. Der Nachsatz sagt uns dann, daß die so operierende Person, die durch ihren Geist lebt, vom Gesetz und damit auch vom Fluch des Gesetzes nicht erreicht werden kann.

Es ist aber entscheidend, daß wir auf den Geist setzen und nicht auf das Fleisch. Dementsprechend sagt das Wort Gottes:

> **Galater 6,8**
> **Wer auf sein Fleisch sät, der wird von dem Fleisch das Verderben ernten; wer aber auf den Geist sät, der wird von dem Geist das ewige Leben ernten.**

Unser Geist bringt einen reichen, Leben darstellenden Ertrag. Wir als an Jesus gläubige Christen sollen nur auf den Geist säen. Der Geist bringt nicht von alleine und ohne Vorbereitung den Lebensertrag. Es muß zunächst auf ihn gesät werden. Seine bloße Anwesenheit reicht also noch nicht aus. Ein Saat- und Erntegeschehen muß stattfinden. Die diesem Boden angemessene Saat ist der Samen des Wortes Gottes. Das Säen auf das Fleisch entspricht dem bemühten Lebensstil der Selbstverwirklichung durch Leistung.

Die Warnung vor dem Säen auf das Fleisch, die ja immerhin gegenüber Christen ausgesprochen wird, legt nahe, daß man trotz des stattgefundenen Sterbens des alten Menschen doch noch auf das Fleisch setzen und säen kann. Die Ernten einer solchen Saat, die auf dem verkehrten innermenschlichen Feld erfolgte, sind jedoch immer verheerend.

Damit wird ein großes Thema angekündigt, daß ohne die bisherige Vorarbeit überhaupt nicht verstehbar wäre und uns auch jetzt noch Vorstellungsschwierigkeiten aufgeben wird. Es soll uns im nächsten Abschnitt beschäftigen.

Im Geist leben und im Geist wandeln

Bisher war alles vergleichsweise leicht zu verstehen, sofern man sich erst einmal auf der richtigen Fährte von biblischer Argumentation bewegte. Die Hauptentdeckung war, daß mit dem Sterben des alten Menschen auch unsere Ansprechbarkeit für Sünde und Gesetz gestorben ist, so daß diese keine Gewalt und erst recht keine zwanghafte Macht mehr über uns haben. Diese wichtige Aussage von großer seelsorgerlicher Tragweite soll auch jetzt nicht relativiert werden. Aber dennoch müssen wir genau erkennen, unter welchen Bedingungen dieser Satz stimmt.

So ist es zunächst einmal für den Gläubigen wichtig, daß er tatsächlich vom Tod seines alten Fleisches und seines alten Ichs ausgeht. Deswegen fordert uns das Wort Gottes auf:

> **Römer 6,11**
> **Also auch ihr, haltet euch dafür, daß ihr der Sünde gestorben seid und lebet Gott in Christus Jesus.**

Wir sollen wissen und davon ausgehen, daß unser fleischliches Ego, das immer mit Anstrengung und in Selbstgefälligkeit Gerechtigkeit durch moralische Leistung erreichen wollte, tot ist. Wir sollen immer wieder mit dieser Tatsache rechnen. (Es wird hier im Griechischen ein Imperativ gebraucht, der die Stetigkeit und Wiederholung des Vorganges ausdrückt.)

Es reicht also nicht aus, in seinem alten Ich gestorben zu sein. Wir müssen auch *wissen*, daß unser altes Wesen tot ist und müssen es uns immer wieder sagen. Das ist deswegen besonders wichtig, weil wir andernfalls noch alte Anstrengungen und Konzepte fortführen könnten. Die Schrift hält es für möglich, daß man in seinem alten Fleisch gestorben ist, diesen Sachverhalt aber verkennt und deswegen so weiter lebt, als ob man mit Anstrengung und Leistung die Sünde besiegen müßte. Und in der Tat, so verhalten sich viele Christen.

Wenn jemand, der hohe Schulden auf der Bank hat, nicht weiß, daß der Sollstand auf seinem Konto mittlerweile durch einen Gönner ausgeglichen worden ist, wird er seinem Erkenntnisstand gemäß versuchen, die Schulden mit hartem Einsatz und viel Anstrengung, Überstunden und Entbehrungen abzuarbeiten. Es liegt also in sich ein Wert darin, zu wissen, was mit einem geschehen ist, damit man zum Beispiel nicht weiter vergebliche Anstrengungen unternimmt, Schulden abzutragen, die gar nicht mehr da sind. Das ist der Hintergrund der Aufforderung an uns, immer wieder neu davon auszugehen, daß unser altes fleischliches Ich mit Christus gestorben ist und wir insofern auch der Sünde gestorben sind. Deswegen gelten völlig neue Regeln für die Herausforderung der Sünde. Wer mit Christus gestorben ist, ist nicht nur eine neue Kreatur. Er braucht und darf sich nicht mehr selbst anstrengen. Das wissen viele Christen nicht.

Der Feind will uns glauben machen, daß abgesehen von neuen Gedankeninhalten und der Tatsache der Vergebung nichts Neues an uns geschehen ist. Wenn wir vergessen oder von Anfang an erst gar nicht wissen, daß wir mit Jesus gestorben und durch die Taufe sogar mit ihm begraben sind und insofern die Sünde gar keine Kraft mehr an uns hat, dann werden wir mit dieser Tatsache nicht rechnen und dementsprechend diese Wahrheit nicht als Grundlage unseres Glaubens nehmen können. Wir sind, haben und können das, wovon das Wort uns erklärt, daß wir es sind, haben und können – und was wir durch einen nachfolgenden Glaubensakt dann für uns beanspruchen. Es können also objektive göttliche Ermöglichungen und Befähigungen vorliegen, die aber dann, nur weil wir es nicht wissen und weil wir es auf Grund unseres Unwissens nicht glauben können, doch nicht wirksam werden.

Im Unterschied zur sichtbaren und dinglichen Welt sind die göttlichen Fakten der Erlösung, die Jesus für uns erworben hat und die uns der Heilige Geist zur Inanspruchnahme durch Glauben vorlegt, nicht von vornherein und automatisch wirksam, unabhängig davon, wie wir uns dazu stellen. Weil die göttlichen Angebote ihrer Natur nach ewig und unsichtbar sind, wiewohl sie sehr real sind, werden sie erst sichtbar und in der diesseitigen Welt wirksam, wenn sie als Wahrheit erkannt und im Glauben durch unser Herz hindurchgegangen sind.

Noch einmal: Alle göttlichen Angebote sind kraft ihrer göttlichen Natur zunächst in einer unsichtbaren, aber doch sehr realen Form vorhanden, die erst durch Erkenntnis und Glauben sichtbar, hörbar und fühlbar gemacht werden. Das gilt auch für den Tod des alten Menschen und das Gestorbensein gegenüber der Sünde. Deswegen redet die Bibel davon, daß wir uns für der Sünde gestorben halten sollen.

Jetzt bleibt noch die Frage, warum wir, nachdem wir mit Christus gestorben sind und durch die Wiedergeburt einen neuen Geist bekommen haben, überhaupt noch mit dem Fleisch rechnen können. Die Antwort hat zum Teil etwas mit der eben herausgestellten Gesetzmäßigkeit zu tun. Eine durch die Erlösung Jesu an uns vollzogene Veränderung wird erst dann wirksam und sichtbar, wenn sie im Glauben aufgegriffen worden ist. Vorher war sie unsichtbar und dem Status nach wohl vollzogen, hatte aber im Sichtbaren noch keine Auswirkungen.

Zusammen mit dieser Erklärung gibt es jedoch noch eine zweite Antwort. Der Tod des alten Menschen beschreibt ja nicht den Untergang der Seele oder des Leibes, ja nicht einmal des Fleisches, sondern nur das Aufhören der Dominanz und der Vorherrschaft der Seele. Die Mitte der Person, das eigentliche Ich, liegt nicht mehr in der Seele, sondern geht über auf den schöpfungsmäßig neu gewordenen Geist. Also, Seele, Leib und auch Fleisch bleiben erhalten. Es bleiben auch die alten Prägungen der Seele zunächst einmal erhalten. Sie werden keineswegs mit der Wiedergeburt automatisch gelöscht. Was die Wiedergeburt schlagartig und grundsätzlich an Veränderung in den Strukturen unseres Wesens vollzogen hat, muß nun auch im Sichtbaren deutlich werden.

Diese Entwicklung hat zwei Anteile und kann deswegen in beiden Anteilen gestört werden: Zum einen kann die Entfaltung und das Wachstum des Geistes gestört werden oder gänzlich unterbleiben, und zum andern kann unser Fleisch unter gewissen Bedingungen seine Dominanz praktisch beibehalten.

Wachstumsstörung unseres Geistes

Im ersten Korintherbrief wird uns vor Augen geführt, wie unser Geist in seiner Entwicklung gehemmt werden kann.

1. Korinther 3,1-3
1 Und ich, liebe Brüder, konnte auch mit euch nicht reden als mit geistlichen Menschen, sondern als mit fleischlichen, wie mit jungen Kindern in Christus.
2 Milch habe ich euch zu trinken gegeben, und nicht feste Speise; denn ihr konntet sie noch nicht vertragen. Auch jetzt könnt ihr's noch nicht,
3 weil ihr noch fleischlich seid. Denn wenn Eifersucht und Zank unter euch sind, seid ihr da nicht fleischlich und wandelt nach menschlicher Weise?

Ich habe auf diese Textstelle bereits in zwei meiner früheren Bücher hingewiesen, weil sie von außerordentlicher Bedeutung für das Verständnis der biblischen Anthropologie ist. Unser Geist repräsentiert das neue Ich, das unsere Identität prägt. Wenn wir von neuem geboren werden, wird unser Geist neu geboren. Als neugeborener Geist unterliegt er aber den üblichen Wachstumsbedingungen und -gesetzmäßigkeiten. Er hat seinen vollen Reifungszustand nicht gleich am Anfang, sondern entwickelt sich über mehrere Stadien erst im Laufe der Zeit und unter günstigen Einwirkungen darauf zu. Der wichtigste geistliche Wachstumsfaktor ist das Wort Gottes. Die Korinther, die Paulus in diesem Wort ansprach, waren zwar wiedergeborene Menschen und hatten insofern selbstverständlich den neuen Geist empfangen. Aber durch unzulängliche Ernährung mit dem Worte Gottes war dieser Geist nicht gewachsen. Diese Fehl-Ernährung war in ihrem Fall so gravierend, daß Paulus ihnen keine Zulagen an geistlicher Kost mit fortgeschrittenen Wahrheiten zumuten konnte. Sie reagierten darauf mit Unverträglichkeitserscheinungen. Er mußte also zunächst bei der göttlichen Milch der elementaren Glaubenswahrheiten bleiben.

Wegen dieser mangelhaften geistlichen Belehrung, an die sich die Korinther gewöhnt hatten, blieben sie geistlich unterentwikkelt. Wir müssen das mit klaren Worten ausdrücken, die uns die entsprechenden Anschauungen vermitteln können: Ihr Geist war so sehr auf einer kindlichen Entwicklungsstufe zurückgeblieben, daß er nicht die Gesamterscheinung ihrer Person prägte. Gemessen am Zustand des Geistes war das Fleisch, das durch den erstarkenden und wachsenden Geist diszipliniert, geprägt und geformt werden sollte, noch zu sehr in der ursprünglichen dominanten Verfassung.

Dementsprechend sagt Paulus, daß er mit ihnen wie mit jungen Kindern in Christus reden müsse, als ob sie noch fleischlich seien. Im weiteren Ablauf seiner Aussagen spricht er dann frei heraus, daß sie noch fleischlich sind, was er an ihrem zänkischen und eifersüchtigen Verhalten erkennen kann. Zu guter Letzt läßt er dann auch noch das Wort „noch" fallen und sagt gerade heraus, daß sie fleischlich sind und nach menschlicher Weise wandeln.

In diesem Abschnitt wird also in prägnanter Weise der Zusammenhang zwischen Wachstum des neuen Geistes und der Güte der geistlichen Ernährung durch das Wort Gottes dargestellt. Das Wort Gottes ist die einzig richtige Nahrung oder – um im Bild von Galater 6 zu bleiben – der angemessene Same für unseren Geist. Weil die Korinther geistlich nicht gewachsen waren, deswegen blieb ihr Fleisch faktisch in der alten Position der Dominanz. Dem Status nach „geistliche" Menschen waren faktisch fleischlich.

Hinter dieser Lehre steht die Erkenntnis, daß unser Fleisch keine endgültige, ein für allemal stattfindende Beseitigung erfährt. Das Fleisch wird indirekt durch die Förderung unseres Geistes entmachtet. Ist unser Geist in seiner Entwicklung gehemmt und kann nicht durch stetig zugeführtes Wort Gottes zu der ihm von Gott zugedachten Größe und Kraft finden, dann bleibt das Fleisch in seiner zerstörerischen und Verderben auslösenden Funktion.

So müssen wir auch die nächsten Worte verstehen, die diesen Sachverhalt im einzelnen verdeutlichen.

Galater 5,16-18.25

16 Ich sage aber: Wandelt im Geist, so werdet ihr die Lüste des Fleisches nicht vollbringen.

17 Denn das Fleisch streitet wider den Geist und der Geist wider das Fleisch; dieselben sind widereinander, daß ihr nicht tut, was ihr wollt.
18 Regiert euch aber der Geist, so seid ihr nicht unter dem Gesetz.
25 Wenn wir im Geist leben, so lasset uns auch im Geist wandeln.

Nun sind die Worte eindeutig verstehbar. Solange der Geist seine Stärke und Überlegenheit faktisch nicht gewonnen hat, gibt es innerpersönlich eine stetige Auseinandersetzung, die möglicherweise unentschieden bleibt und dann zur Lähmung führt. Deswegen sagt der Heilige Geist, daß wir nicht nur im Geist leben, sondern in ihm wandeln sollen, wodurch wir dem Geist die Befehlsgewalt zuerkennen und er dadurch selbstverständlich die Lüste des Fleisches unter Kontrolle hält, so daß sie gar nicht zur Realisierung gelangen.

Ich will diesen Sachverhalt noch einmal mit anderen Worten verdeutlichen, weil wir nicht genug Aufwand betreiben können, diese schwierigen, aber unser Leben verändernden Zusammenhänge zu erklären: Sobald unser neuer Geist, aus welchen Gründen auch immer, seine Arbeit und seinen Einfluß einstellt, ist sofort wieder die Dominanz der alten Seele und ihrer fleischlichen Regungen vorhanden. Das Fleisch selbst ist nicht abgeschafft. Seine grundsätzliche Leitungsfunktion ist aufgehoben, was es aber ignoriert, wenn der Geist seinen Dienst nicht antritt. Das Fleisch muß also ständig kontrolliert und beherrscht sein.

Das Wort Gottes sagt uns zwar an anderer Stelle, daß die Seele im Rahmen des Prozesses der Heiligung nicht in ihrer alten Form und Ausrichtung bleibt. Wir sollen sie durch Glauben und über die bewußt vollzogene Stärkung unseres Geistes disziplinieren, umprägen und so zur Heilung führen. Aber die eben zitierten Worte aus Galater 5 legen nahe, daß es dann, wenn der Geist seine prägende und orientierungsgebende Einflußnahme aufgibt, doch wieder zum Rückfall in die alten seelischen Regungen kommt, so daß sich am Ende das Fleisch in seiner ursprünglichen verderblichen Kraft durchsetzt.

In diesem Zusammenhang verschafft uns folgendes Schriftwort besondere Einblicke in diese Abläufe und dieses Kräftespiel von göttlichen Regungen und fleischlichen Bestrebungen:

Römer 8,13
Denn wenn ihr nach dem Fleisch lebet, so werdet ihr sterben müssen; wenn ihr aber durch den Geist des Fleisches Geschäfte tötet, so werdet ihr leben.

Wer sich als wiedergeborener Christ geistlich nicht angemessen ernährt, also geistlich schwach bleibt und insofern seinem Fleisch ein ungutes Gewicht in sich selbst verschafft, der beschreitet den Weg des Todes. Er wird eines Tages geistlich völlig absterben und wird möglicherweise, durch eine Kette von verkehrten Entscheidungen, Orientierungslosigkeit und Sünde, einen frühzeitigen physischen Tod erleben müssen, also auch im landläufigen Sinne sterben. Andererseits werden wir leben, und zwar im vollen Ausmaß der Bedeutung dieses Wortes, wenn wir durch den Geist die unguten Aktivitäten und Ziele des Fleisches, das nach wie vor existiert, aber unter der Kontrolle des Geistes ist, töten.

Eine Aussage ist in diesem Fall besonders wichtig: Wir töten die niedrigen und verderblichen Regungen unseres Fleisches nicht durch den Einsatz unseres Willens, sondern durch unseren Geist! Der Geist ist Leben, und der Geist verschafft uns den stetigen Zustrom von Gerechtigkeit und Gottes Kraft und Vermögen. Wir bekämpfen Sünde und fleischliche Regungen samt böser Gelüste und Triebe nicht durch einen stetigen seelischen Kampf, indem wir uns ständig gegen diese stemmen und sie mit heiligem Eifer abwehren. Nein, wir lassen einfach unseren Geist wirken, aus dem sich Ströme des Lebens und der Gerechtigkeit ergießen, die die Sünde unterlaufen. Er muß nur ausreichend stark sein, was eine Ernährungsfrage ist!

So müssen wir darauf achten, daß wir, die wir dem Status nach Menschen des Geistes sind, auch der Erscheinung nach geistlich sind und nicht fleischlich. Entscheidend ist in diesem Zusammenhang nicht so sehr unser Status, sondern unsere Einstellung. Deswegen spricht Römer 8,5: „Denn die da fleischlich sind, die sind fleischlich gesinnt; die aber geistlich sind, die sind geistlich gesinnt."

Vielleicht müßte man dieses Wort umgekehrt lesen: Wer seiner Einstellung nach fleischlich gesinnt ist, ist auch fleischlich, obwohl er einen wiedergeborenen Geist hat. Insofern ist „geistlich sein" nicht nur eine Statusfrage, sondern auch davon abhängig, ob man dem Geist durch das willentlich angenommene Wort Gottes zur Dominanz verholfen hat.

> **Römer 8,6-8**
> **6 Aber fleischlich gesinnt sein ist der Tod, und geistlich gesinnt sein ist Leben und Friede.**
> **7 Denn fleischlich gesinnt sein ist Feindschaft wider Gott, weil das Fleisch dem Gesetz Gottes nicht untertan ist; denn es vermag's auch nicht.**
> **8 Die aber fleischlich sind, können Gott nicht gefallen.**

Eine fleischliche Gesinnung, die nur bei einem verkümmerten oder unterentwickelten Geist möglich ist, hat verhängnisvolle Folgen. Sie bedeutet schlicht das Vorherrschen des geistlichen Todes, was eine Störung der Beziehung zu Gott zur Folge hat. Darüber hinaus drückt sich darin sogar eine Feindschaft gegen Gott aus und eine Haltung, in der wir Gott nicht gefallen können.

Die Aussagen über das fleischliche Verhalten der Korinther beweisen uns, daß bei ihnen noch geistliches Leben, wiewohl auch unterentwickelt, vorlag. Die Schilderung ihres Zustandes, wie wir sie hier in Römer 8,6-8 vorfinden, beschreibt wohl den Übergang zu einer Situation, wo das reduzierte geistliche Leben allmählich erlischt.

Die Macht unseres Geistes

Die biblische Lehre über den Menschen ist nur scheinbar schwierig und unverstehbar. Wenn wir ihre Grundzüge einmal erfaßt haben und mit allen anderen benachbarten Glaubenswahrheiten verbinden, eröffnet sie erstaunliche Perspektiven für unsere Nachfolge. Diese wollen wir uns gleich mit aller Genüßlichkeit ansehen. Aber zunächst ziehen wir doch noch einmal eine Zwischenbilanz, damit wir die praktische Nutzanwendung nachher verfolgen können.

Das Wort Gottes unterscheidet offenbar zwischen dem legalen Sachverhalt der Wiedergeburt des neuen Geistes und dem Erstorbensein des alten Menschen auf der einen Seite und der praktischen Entwicklung dieser veränderten Statusverhältnisse mit einem erwachsenen und dominanten Geist und einer faktischen Entmachtung des Fleisches auf der anderen Seite. Die biblische Botschaft scheint im Hinblick auf die Förderung des Geistes sehr einfach zu sein: Wir müssen uns nur das Wort Gottes (die Ernährung für unseren Geist) in allen wichtigen Anteilen, die etwas aussagen über unsere neue Identität, einverleiben. Dadurch kommt es zur Entfaltung des Geistes, der dann Leben ist. In dem Maße, wie unser Geist stark wird und schließlich sogar erwachsen ist (!), wird es leicht sein, den Kampf gegen die Sünde aufzunehmen und zu bestehen.

Daraus dürfen wir für die Verkündigung und die Anleitung der Christen folgern, daß alle Betonung auf die angemessene Belehrung der Gläubigen zu legen ist. Wenn diese durch das Wort Gottes belehrt werden, wer sie in Christus eigentlich sind und was mit ihnen geschehen ist und wie sich ihre Entwicklung vollziehen soll, dann wird diese Entwicklung auch nicht aufzuhalten sein. Die gesamte Katastrophe der Christenheit, die sich über Jahrhunderte in einem Zustand von Kläglichkeit, Inkompetenz und Schwäche befunden hat, ist letztlich dadurch zu erklären, daß die Gläubigen keine gediegene biblische Lehre bekommen haben, auf die hin sie sich geradlinig zu jener größeren Stärke haben hinentwickeln können, die ihnen dem göttlichen Vorsatz nach eigen sein soll. Ihre Stärke sollte sich nicht darin beweisen, daß sie Gehorsamskünstler werden, sondern darin, daß sie durch einen wohlgenährten und starken Geist göttliche Stärke bekommen.

Das Wort Gottes sagt uns in Galater 4,1: „Solange der Erbe unmündig ist, ist zwischen ihm und einem Knechte kein Unterschied, ob er wohl ein Herr ist aller Güter." Der Mündigkeitsbegriff, der hier eingeführt und im 1. Johannes 2,12-14 ausgeführt wird (Ich verweise in diesem Zusammenhang auf mein Buch „Das Erbe der Erwachsenen"), bringt in diese Überlegungen noch einen neuen Gesichtspunkt hinein. Mündig ist nach der zuletzt genannten Textstelle jener Gläubige, in dem das Wort Gottes bleibend vorliegt, der dadurch stark ist und den Feind überwunden hat. Die Mündigen sind also die Menschen des Wortes, die es in einem solchen Umfang ständig in sich halten und sich von ihm prägen lassen, daß sie stark sind und sich dem Feind ständig überlegen erweisen. Mündigkeit bedeutet doch, erwachsen zu sein. Die vollkommene Freiheit und das Recht der Selbstverfügung hat ein Mensch erst dann, wenn er mündig oder erwachsen geworden ist. Auch der geistliche Mensch, dessen Geist zum Zustand der Mündigkeit heranreifen muß, hat seine volle geistliche Überlegenheit erst mit dem Erreichen dieser Reifungsphase. Erst mit dem geistlichen Erwachsensein ist die geistliche Persönlichkeit im Vollbesitz ihrer Rechte, Fähigkeiten und Kräfte. Mündig sein und einen ausgebildeten Geist haben ist ein identischer Sachverhalt.

Wenn ein Nachfolger Jesu diese Höhe seiner geistlichen Entwicklung erreicht hat, was, ich sage es noch einmal, bei angemessener Ernährung für alle erreichbar sein wird, dann tritt er in einzigartige Bedingungen des Lebens, Siegens und Genießens hinein. Jetzt erst wird in vollem Maße deutlich, was die Erlösung, die Jesus am Kreuz vollzog, bewirkt hat. Der Geist in einem Menschen, der genaugenommen er selbst ist, ist Leben (Römer 8,10). Dieser Geist macht lebendig und fähig (2. Korinther 3,6), und durch ihn kann der Gläubige die negativen Taten und Antriebe, wie böse Begierden und Gelüste, töten. Und er wird dann leben (Römer 8,13).

Diese Aussagen werden unser Glaubensleben revolutionieren, sofern wir sie mit einer gewissen Vorstellung verbinden. Dementsprechend sagt uns ja auch das Wort Gottes in Römer 6,17: „Gott sei aber gedankt, daß ihr Knechte der Sünde gewesen seid, aber nun gehorsam geworden von Herzen dem Bild der Lehre, welchem ihr ergeben seid.“ Ich möchte meinen Leser auffordern, diese Zusammenhänge immer wieder mit innerer Anschauung durcharbeiten, bis sie ihm bildhaft vor Augen stehen.

Dem Inhalt nach wollen uns die zusammengetragenen biblischen Gedanken verdeutlichen, daß wir nicht eine Position innehaben, in der wir mit stetigen Anstrengungen, großem Willenseinsatz und viel geistlicher und seelischer Energie die Sünde bekämpfen müssen. Es gibt dementsprechend erstaunlich wenige Aussagen im Neuen Testament, in denen wir aufgefordert werden, uns in den Kampf gegen die Sünde zu stellen. Der Sieg über die Sünde erfolgt gänzlich anders. Er ist durch das Opfer Jesu am Kreuz schon grundsätzlich geschehen und wird in unserem Alltag durch das Vorhandensein unseres starken Geistes ausgetragen. Wir besiegen nicht einzelne sündhafte Neigungen, sondern wir erweisen uns auf Grund unseres mündigen Ichs, das heißt auch durch einen dominanten Geist, einfach als der Sünde überlegen.

Das entspricht einer sehr interessanten seelsorgerlichen Erfahrung, die ich immer wieder machen konnte. Neubekehrte junge Christen, denen alle Angebote des schnellen Wachstums wie Taufe im Geist, Befreiungsdienst und dergleichen gemacht wurden, können sehr häufig durch solche punktuellen Einzelhilfen nicht in den Zustand der Reife, des Friedens und des Glaubensgehorsams geführt werden. Es gibt da nämlich diese weitere wichtige Komponente: Sie müssen, oder vielleicht besser gesagt, sie brauchen nur ihre neue Existenzweise als Menschen mit einem wiedergeborenen Geist mit dem Worte Gottes zu untermauern und ständig zu durchdringen. Nach einer gewissen Zeit entsteht wie von alleine (in Wirklichkeit über den starken Geist, der Leben ist) die neue stabile Person, die vielfältige Versuchungen, Herausforderungen und alte sündhafte Prägungen überwinden kann.

Es kann nicht stark genug betont werden: Der Kampf des einzelnen Gläubigen gegen die Sünde oder ganze Komplexe von zwanghaften sündhaften Neigungen erfolgt nicht über bemühte willentliche Anstrengungen in einzelnen Gehorsamsschritten. Der Sieg erfolgt über den Geist, aus dem die Gerechtigkeit Gottes strömt.

Römer 8,3-4
3 Denn was dem Gesetz unmöglich war, weil es durch das Fleisch geschwächt war, das tat Gott: er sandte seinen Sohn in der Gestalt des sündlichen Fleisches und um der Sünde willen und verdammte die Sünde im Fleisch,
4 auf daß die Gerechtigkeit, vom Gesetz gefordert, in uns erfüllt würde, die wir nun nicht nach dem Fleische wandeln, sondern nach dem Geist.

Wir müssen nur im Geist wandeln, und aus unserem Geist wird die Gerechtigkeit Gottes strömen, die uns befähigt, gehorsam zu sein. Unser Geist ist die Stätte und Instanz Gottes in uns, die Leben ist und Leben und göttliche Kraft für alle Alltagsbelange zur Verfügung stellt.

Es ist unser Geist, der in seiner erwachsenen, stabilen und reifen Ausbildungsform die Verhältnisse bestimmt. Gott kommuniziert mit uns durch seinen Heiligen Geist über unseren Geist.

Unser Geist und Gottes Geist

Bis jetzt war ausschließlich von unserem Geist die Rede, was ich immer wieder herausgestellt habe, damit keine Verwechslung mit dem Begriff des Heiligen Geistes, des Geistes Gottes oder des Geistes Christi zustande kommt.

Aber alle Vorgänge in unserem Wesen, besonders diejenigen, die das Wachstum unseres Geistes betreffen, gehen nur unter der stetigen Förderung des Heiligen Geistes vonstatten.

Römer 8,9
Ihr aber seid nicht fleischlich, sondern geistlich, wenn anders Gottes Geist in euch wohnt. Wer aber Christi Geist nicht hat, der ist nicht sein.

Zweifelsfrei ist hier von Gottes Geist die Rede, der in uns wohnt, was sich nicht auf das Innewohnen von Gottes Geist in und nach der Bekehrung bezieht, sondern einen Bezug hat zu dem ständigen Wohnen des Heiligen Geistes in uns auf Grund der Taufe im Geist und des Erfüllt-Bleibens mit dem Heiligen Geist. Nur wer so ständig von Gottes Geist bewohnt wird, der gehört ihm wirklich an. Ich verstehe darunter, daß unter einer solchen Voraussetzung eine so intensive Beziehung zu Gott gegeben ist, daß regelrecht von einem Angehören oder In-Besitz-Haben die Rede ist.

Im Hinblick darauf werden vom Worte Gottes zwei wichtige Gedanken eingeführt:

Römer 8,10-11
10 Wenn aber Christus in euch ist, so ist der Leib zwar tot um der Sünde willen, der Geist aber ist Leben um der Gerechtigkeit willen.
11 Wenn nun der Geist des, der Jesus von den Toten auferweckt hat, in euch wohnt, so wird derselbe, der Jesus Christus von den Toten auferweckt hat, auch eure sterblichen Leiber lebendig machen durch seinen Geist, der in euch wohnt.

Selbst unter der Voraussetzung, daß Christus durch seinen Heiligen Geist in uns wohnt, gilt doch, daß unser Leib im Hinblick auf die Sünde tot ist. Das ist zunächst schwer verstehbar, weil ja auf keinen Fall ein physischer Tod im Sinne des Erliegens des biologischen Stoffwechsels gemeint sein kann. Wenn wir uns aber daran erinnern, daß leibliche Regungen und Triebe ein Teil des Fleisches sind und daß dieses grundsätzlich auf Unabhängigkeit von Gott ausgerichtet ist, dann verliert dieses Wort seinen befremdlichen Klang. Der Leib ist in dem Sinne tot, daß ihm keine Herrschaftsansprüche zukommen, womit er auf die Sünde reagieren und an sie appellieren würde.

In Vers 11 des zitierten Abschnittes ist nun, das muß ausdrücklich vermerkt werden, vom Heiligen Geist die Rede. Dieser Geist hat eine belebende Funktion und Aufgabe, wenn er in uns wohnt. Er entfaltet dann eine ähnliche Wirkung, wie Gott sie gegenüber seinem Sohn Jesus bewies, als er ihn von den Toten auferweckte. Aber die Wirksamkeit des Heiligen Geistes in uns bezieht sich interessanterweise auf das Lebendigmachen unserer sterblichen Leiber.

Wir erkennen unschwer hier die Gegenposition zu der Aussage aus Vers 10, daß unser Leib um der Sünde willen tot ist. Wir hatten diese Aussage zunächst so gedeutet, daß der Leib als Teil des Fleisches nicht mehr das Sagen hat. Aber wir müssen uns auch für das Verständnis offen halten, daß dem Körper göttliche Kräfte mangeln. Möglicherweise gelten beide Deutungen. Es soll auch am Leibe die göttliche Lebensenergie wirksam werden, so daß nicht alle erlösungsbedingten göttlichen Prozesse allein in der Unsichtbarkeit unseres Geistes ablaufen. Der Heilige Geist wirkt den Todesprinzipien und den Todeskräften in unserem Leib entgegen, indem er über unseren Geist dem Körper göttliche Energien zuführt. Wir dürfen also davon ausgehen, daß die enge Zuordnung der Begriffe „unser Geist“ und „Gottes Geist“, die wir hier und in anderen Textstellen finden, bedeutet, daß unser Geist in stetigem Kontakt mit dem Geiste Gottes steht und dieser über unseren Geist auf uns einwirkt, um uns so einem stetigen Fluß von Kraft, Freude und Gerechtigkeit auszusetzen. Das ist die Beschreibung eines Weges zur Heilung des Körpers.

Wir sind dem Gesetz gestorben

Bis jetzt haben wir im wesentlichen nur die anthropologischen Positionen und Entwicklungen in uns untersucht, wie wir sie der Offenbarung der Schrift verdanken. Alle diese Erkenntnisse sind tatsächlich nur Wissen durch Offenbarung. Es gibt weit und breit keine menschliche Quelle, die uns darüber Aufschluß geben könnte. Diese Umwälzungen in unserer Persönlichkeit, die wir festgestellt haben, sind alle ein direkter Ausdruck des Erlösungshandelns Jesu am Kreuz. Insofern sind wir unserem Thema treu geblieben, wonach wir herausfinden wollten, was durch das Kreuz an neuen Erlösungswirklichkeiten in uns zustande kam.

Aber jetzt müssen wir die seelsorgerliche Bedeutung und die praktischen Auswirkungen für unser Alltagsleben stärker herausstellen. Ich habe bereits darauf hingewiesen, daß ein herausragendes Ergebnis unserer bisherigen Untersuchungen der Befund war, daß sehr viele Erwähnungen des Begriffes „Geist" im Neuen Testament, die von uns bisher stillschweigend auf den Heiligen Geist bezogen worden sind, unseren erneuerten und wiedergeborenen Geist meinen. Wir brauchen ein völlig neues Verständnis von der Macht und der zentralen Stellung unseres Geistes, sofern er zu seiner vollen Entwicklungshöhe und Stärke gefunden hat. Allein diese Entdeckung ist schon von großer Bedeutung und macht viele andere geistliche Erfahrungen erst verstehbar und verfügbar.

Wir leben durch den Geist in uns. Oder besser ausgedrückt: Weil wir in den Augen Gottes ein Geist sind, leben wir gänzlich anders, als unser eigenes Beurteilungsvermögen uns glauben machen will. Die Auseinandersetzung mit unserem Charakter – mit den Versuchungen, die an uns herangetragen werden, und der Verführung zur Sünde – kann, wenn wir das Neue Testament richtig verstanden haben, gänzlich anders verlaufen, als wir es bisher erlebt und erlitten haben.

Wer die neutestamentliche Lehre von *unserem Geist* richtig verstanden hat, wird als Verkündiger und auch als einfacher Nachfolger des Herrn ein ganz anderes Gewicht auf das Heranbilden seines Geistes durch Training im Worte Gottes und bewußte Prägung seiner Identität gemäß dem Worte Gottes legen. Wir werden dabei mit der Zeit eine zunehmende Sensibilität für die Regungen unseres Geistes entwickeln, indem wir feststellen, daß unser Geist, sofern er ernährt, erstarkt und mündig geworden ist, nicht Leistungen vollzieht, sondern von vornherein geschenkte Befähigungen vermittelt.

Genauso interessant und für die Lebensführung wichtig sind die Auswirkungen der Lehre, wonach unser alter Mensch mit Christus gestorben ist. Ich habe im Rahmen dieser Untersuchung einige Mühe darauf verwendet, dem Leser nachzuweisen, daß es einen festen Kooperationsverbund des alten Menschen (gleichbedeutend mit Regiment unseres Fleisches) mit dem Gesetz und der Sünde gibt. In Zuspitzung der festen Verbindung dieser drei Partner möchte ich jetzt noch auf einige Konsequenzen unseres Gestorbenseins mit Jesus hinweisen.

Ich will in diesem Zusammenhang auch noch einmal zusammenfassend herausheben, wer und was nun alles tot ist. (Der Leser mag ruhig schmunzeln, wenn er diese Formulierung liest. Die nachfolgende Todesbilanz ist ja genaugenommen sogar ein Grund zu lauter Freude.)

1. Unser alter Mensch mit all seinen Tendenzen, Belastungen und Zwängen ist gestorben

Römer 6,6
... weil wir ja wissen, daß unser alter Mensch samt ihm gekreuzigt ist, damit der Leib der Sünde aufhöre, daß wir hinfort der Sünde nicht dienen.

Dieser Satz beschreibt in seinem ersten Teil das geistliche Urereignis des Sterbens, in dessen Folge noch viele andere Todeserfahrungen eingeschlossen sind.

2. Wir sind dem Gesetz gestorben

Römer 7,4
Also seid auch ihr, meine Brüder, getötet dem Gesetz durch den Leib Christi, damit ihr einem andern angehöret, nämlich dem, der von den Toten auferweckt ist, auf daß wir Gott Frucht bringen.

Weil unser altes Fleisch gestorben ist, deswegen sind wir nach gut mosaischer Gesetzlichkeit auch befreit von dem Gesetz und ihm nicht mehr verpflichtet. Insofern sind wir gläubigen Christen, sofern wir nach dieser Art von Tod nachweislich im Geiste leben, dem Gesetz getötet. Das Gesetz ist nicht mehr Auftraggeber, Bezugsgröße und Methode, um uns Gerechtigkeit zu verschaffen.

Wir bekommen durch unsere Zugehörigkeit zu Jesus über den neuen Geist die göttliche Gerechtigkeit geschenkt, wodurch wir Gott leicht und ohne Anstrengung Frucht bringen können. Das heißt natürlich nicht, daß wir bewußt unmoralisch leben sollen, sondern daß wir aus einem gänzlich anderen Antrieb heraus mit Freuden und göttlicher Befähigung die Gebote Gottes erfüllen wollen, ohne davon unsere Gerechtigkeit abzuleiten. Diese ist uns durch die Grunderfahrung der Wiedergeburt gegeben worden.

Dem Gesetz gestorben zu sein, das bedeutet auch Immunität gegenüber der Verführung zum religiösen Reagieren. Wer erkannt hat, wie unangemessen Leistungsfrömmigkeit im Hinblick auf die völlig neue Lebensform ist, die wir durch die Wiedergeburt mit unserem neuen Geist und dem erstorbenen alten Menschen haben, der wird sich von allen religiösen Haltungen voll Ekel abwenden, weil er dann völlig durchschauen wird, wie sehr er damit in seine alte ungöttliche Lebensweise zurückfällt.

3. Wir haben unser Fleisch gekreuzigt

Der Begriff „Christus angehören", wie wir ihn im letzten Zitat gefunden haben, erscheint auch in der nächsten Textstelle. Wir erinnern uns daran, daß diese Formulierung dafür steht, daß unser Geist wohlentfaltet ist und wir Menschen des Wortes geworden sind.

> **Galater 5,24**
> **Welche aber Christus Jesus angehören, die haben ihr Fleisch gekreuzigt samt den Lüsten und Begierden.**

Der Leser möge darauf achten, daß in diesem Bibelwort im Unterschied zu dem Schriftwort von Römer 6,6 (das nächste Zitat) ausgesagt wird, daß w i r, die wir Christus Jesus angehören, unser Fleisch samt den Lüsten und Begierden gekreuzigt haben. Hier liegt eine abweichende Aussage vor, die unsere Aufmerksamkeit verdient. Bei den anderen Aussagen ist nirgends davon die Rede, daß wir Gläubigen selbst daran beteiligt sind, das Fleisch zu kreuzigen. Dort wird der Tod oder die Kreuzigung jeweils als von Jesus bewirkt beschrieben.

Indessen haben wir auch darauf zu achten, daß hier die Kreuzigung des Fleisches samt den Lüsten und Begierden, die durch uns geschehen ist, in die Vergangenheit gesetzt geschildert wird. Das bedeutet doch, daß wir nicht im Alltagserleben und in dem Bemühen, gehorsam zu werden, aktuell und aktiv unser Fleisch kreuzigen. Das Fleisch erweist sich als gekreuzigt, und zwar durch uns, sofern wir nur darauf achten, daß wir fest bei Jesus bleiben und ihm angehören.

Wir sind nicht nur in irgendeinem abstrakten und theologischen Sinne dem Fleisch gestorben. Wir erleben, daß unsere Lüste und Begierden ihre Macht über uns verloren haben! Das ist Erlösungsgut in schönster Form.

Wer in innerer Wahrhaftigkeit die Erlösungstaten Jesu glaubend voll auf sich bezieht und wer sich mit dem Worte Gottes füllt, so daß die prinzipiellen inneren Veränderungen dann zu tatsächlichen und sichtbaren werden, der wird von der Notwendigkeit befreit, sein Leben lang gegen Lüste, Begierden und manche andere zwanghafte Regungen und Süchte in sich zu streiten. Hier sind die Lehrer im Reiche Gottes gefordert, diesen Weg so plastisch und anschaulich wie nur möglich zu beschreiben, damit möglichst wenige Christen vergeblich und verzweifelt mit ihren alten oder immer wieder neu auftretenden Leidenschaften, Begierden und Schwächen kämpfen müssen. Ich halte sehr viel von einem offensiven Befreiungsdienst, sofern er sich im biblischen Rahmen bewegt. Aber auch die besten Angebote oder Erscheinungsformen des Befreiungsdienstes können das Beschreiten dieses Weges nicht ersetzen oder überflüssig machen.

4. Der Leib der Sünde hört auf

Eine ähnliche Konsequenz dieser Grunderfahrung, mit Jesus gestorben zu sein, vermittelt uns

> **Römer 6,6**
> **... weil wir ja wissen, daß unser alter Mensch samt ihm gekreuzigt ist, damit der Leib der Sünde aufhöre, daß wir hinfort der Sünde nicht dienen.**

Dazu will ich noch einmal das Wort aus Römer 6,7 in Erinnerung rufen, das wir bereits untersucht hatten: „Denn wer gestorben ist, der ist gerechtfertigt und frei von der Sünde."

Wenn der alte Mensch gestorben ist und wenn wir das wissen und glauben, dann ist mit ihm auch der Leib der Sünde erloschen, so daß wir nicht mehr der Sünde dienen müssen. Wir sind frei von ihr. Wenn Paulus davon ausdrücklich redet, daß der Leib der Sünde aufhöre, so will er damit zum Ausdruck bringen, daß der Leib seine verderbliche Funktion verloren hat, aus sich heraus immer wieder Sünden und Lüste zu produzieren. Jesus hat durch seinen Tod auch die Sünde im Fleisch verdammt (Römer 8,3). Die Heiligungslehre, wenn sie wirklich neutestamentlich sein will, kann von diesem Grundprinzip nicht absehen.

Es ist nicht eine Frage theologischer Haarspalterei, ob man diese Feinheiten an biblischer Erkenntnis nachvollziehen will oder nicht. Wir brauchen das exakte Wissen darüber, daß wir mit Jesus gestorben sind und Kenntnis davon, was das alles einschließt. Letztlich kann oder konnte nur der alte Mensch mit seinem Fleisch-Ego der Sünde dienen. Unser neuer Geist kann es gar nicht! Wenn wir das wissen und uns dementsprechend verhalten, indem wir bewußt in dem neuen Wesen des Geistes leben und diesen Geist mit dem Worte Gottes fördern, dann wird es einfach unsere Erfahrung werden, daß die Sünde ihre Macht über uns verloren hat und daß sie uns nicht mehr dazu verführen kann, ihr zu dienen.

Das besagt keineswegs, daß wir keine gedanklichen Sünden oder aktuellen Tatsünden mehr begehen. Auch diese werden sicherlich bei solchen gegebenen Voraussetzungen viel seltener werden. Aber gewiß werden wir den Nachweis erleben, den man in der Seelsorge tatsächlich erbringen kann, daß die Macht der Sünde, die sich in vielfältigen Zwängen gewalthaft und chronisch im individuellen Leben geäußert hat, gebrochen ist. Eine solche prozeßhaft ablaufende Erfahrung bewirkt eine ungeheure Ermutigung bei demjenigen, der sie erlebt und setzt darüber hinaus eine Fülle von weiteren geistlichen Erfahrungen und übernatürlichen Befähigungen frei.

Zu diesen Befähigungen, die dadurch erst zustande kommen können, gehört auch das Vermögen, dann für die Gerechtigkeit leben zu können.

1. Petrus 2,24a
... welcher (Jesus) unsere Sünden selbst hinaufgetragen hat an seinem Leibe auf das Holz, auf daß wir, der Sünde abgestorben, der Gerechtigkeit leben.

In diesem Satz liegt die Betonung nicht nur auf „Gerechtigkeit", sondern auch auf „leben". Wir sollen wirklich leben und nicht vegetieren. Die Fülle des Lebens ist abhängig davon, daß wir die ganze Bedeutung unseres Gestorbenseins erfassen und erfahren.

Ähnlich drückt das Galater 2,19 aus: „Denn ich bin durchs Gesetz dem Gesetz gestorben, damit ich Gott lebe; ich bin mit Christus gekreuzigt."

Letztlich war es das Gesetz selbst, das den Weg zu dieser Erfahrung des mit Jesus Gestorben-Seins eingeleitet hat. Denn das Gesetz hat die Sünde erst richtig entfacht, wodurch das Scheitern besonders deutlich geworden ist.

5. Die Welt ist uns und wir sind ihr gekreuzigt

Die letzte Auswirkung, die der Tod des alten Menschen nach sich zieht, beschreibt eine weitere Stelle im Galaterbrief:

Galater 6,14
Von mir aber sei es ferne, mich zu rühmen, als allein des Kreuzes unsers Herrn Jesus Christus, durch welchen mir die Welt gekreuzigt ist und ich der Welt.

Hiermit wird eine umfassende Immunität gegen die Verführung und Zerstörung durch die Welt beschrieben. Es liegt ein wechselseitiger Vorgang vor, indem zum einen wir unempfänglich geworden sind für die Verlockungen und Versuchungen der Welt, und zum anderen diese ihre Kraft verloren und ihren Reiz auf uns eingebüßt haben.

Laßt uns doch noch einmal anschauen, was gesunde Lehre mit mutiger Betonung der Auswirkungen der Erlösung in unserer Innenperson bewirken kann: Wir bekommen ein Verständnis für die überragende Bedeutung unseres Geistes, dem das Wort Gottes weitaus mehr Aufgaben zuerkennt, als das die bisher vorherrschende theologische Meinung gesehen hat. Mittels des Wachstums und Trainings des Geistes durch das Wort Gottes wird dieser befähigt, in unserer gesamten Person durch alle Schichten hindurch Leben und Gerechtigkeit ohne Anstrengung zu entfalten und Gehorsam zu ermöglichen. Die Zeit der Mühe und der tränenreichen und entbehrungsvollen Heiligungsanstrengungen ist vorbei, wenn man diese Lehre ergriffen hat und danach lebt.

Im Zusammenwirken unseres Geistes mit der Tatsache, daß unser alter Mensch gestorben ist, ergeben sich dann weitere Konsequenzen für den Aufbau unserer Persönlichkeit, das Wachsen unseres Glaubens und das Überwinden von charakterlichen Schwächen, Zwängen und gar Suchthaltungen. Wir haben entdeckt, daß wir nicht nur der alten Natur nach gestorben sind, sondern daß wir damit der Sünde gestorben sind, und mit ihr den Begierden und bösen Lüsten. Wir sind durch ein und denselben Vorgang auch dem Gesetz gestorben, das heißt, aus der Verpflichtung herausgenommen, ununterbrochen das Gesetz in eigener Kraft halten zu müssen. Und schließlich sind wir der Welt gekreuzigt, wie diese auch uns gekreuzigt ist. Hinter allen theologischen Aussagen stehen sofort die zugehörigen praktischen Erfahrungen und Charakterveränderungen.

Ich möchte immer wieder die Notwendigkeit der Erkenntnis von Heilstatsachen sehen und ihre glaubende Aneignung betonen. Ohne das Wissen, wie man sich die Erkenntnis im Glauben als Erfahrung verschafft, bleibt alles nur tote Theorie. Diese Betonung gilt, wie der Leser gemerkt haben wird, für die Thematik dieses Kapitels in gesteigertem Maße. Das Wort Gottes fordert uns auf, ein Gespür für die dramatischen Umschichtungen und Veränderungen in unserem Inneren zu entwickeln und auch ein Geistesbewußtsein zu entwickeln. Wir werden durch Annahme des uns gegebenen Offenbarungswissens und glaubende Aneignung dieser zunächst unsichtbaren Erlösungsfakten sehr bald, das heißt, schon in Tagen bis Wochen, eine Sensibilität für diese Realitäten entwickeln. Dadurch wird unser Lebensweg kraftvoller, sicherer, die Sünde wird an Macht verlieren und die göttliche Ausstrahlung mit dem Erweis des Übernatürlichen wird zunehmen. Das sind unvermeidbare gesetzmäßige Entwicklungen, die ich jedem Leser von Herzen wünsche.

Wir haben einen etwas schwierigen und langen Weg durch manche theologischen Garstigkeiten beschritten, aber sind jetzt belohnt: Gott hat durch das Sterben Jesu den Tod in mannigfaltiger Weise in unseren Dienst gestellt, wodurch er einem jeden Christen den Weg zum Überwinden, zur Charakterveränderung und zum Leben ermöglicht.

Kapitel 8

Erlösung von Armut, Mangel, Hunger und Entbehrung

Die Leitlinie dieses Buches ist klar. Der Leser hat es längst verstanden. Wir fragen nicht danach, was Menschen, Christen und Denominationen über Erlösung denken und sagen. Für uns ist maßgeblich, was das Wort Gottes sagt. Wir müssen uns nun einmal entscheiden, was die Quelle von Wahrheit ist. Ist es die Summe von Meinungen und Äußerungen, die Menschen und Christen im Verlauf von Jahrzehnten und Jahrhunderten zusammengetragen haben und die uns als Lehrgut der Tradition entgegentritt? Oder wollen wir nicht doch dabei bleiben, die Schrift als einzige Quelle von Wahrheit anzuerkennen?

Wir können uns entschließen, in entsetzlich langwierige und unergiebige Diskussionen mit jedermann oder gegen jedermann einzutreten, wenn es um den Punkt der Erlösung von Armut und Mangel geht, aber wir können uns auch dafür entscheiden, einfach bei den biblischen Feststellungen zu bleiben.

2. Korinther 8,9
Denn ihr wisset die Gnade unsers Herrn Jesus Christus, daß, ob er wohl reich ist, ward er doch arm um euretwillen, auf daß ihr durch seine Armut reich würdet.

Von welchem Reichtum ist hier die Rede? Meint Paulus etwa ein Reichsein an geistlichen Schätzen und Erfahrungen, durch die wir Vorsprung vor vielen anderen haben, die im irdischen Reichtum untergehen? Das könnte auch gemeint sein. Jedoch gibt der Kontext eindeutig zu verstehen, daß Paulus diese Aussage im Zusammenhang von Geld und Geldsammlungen machte und sie von uns demnach auch so zu verstehen ist. Das ist die Hauptaussage. Alle anderen Deutungen in Richtung auf geistlichen und seelischen Reichtum sind abgeleitete Aussagen.

Aber wir wollten ja jeden einzelnen Aspekt von Erlösung im Leiden des Herrn wiederentdecken. Wenn Jesus für uns Reichtum erworben hat, dann muß er unsere Armut und unseren Mangel getragen haben.

Als Jesus zwischen Himmel und Erde am Kreuz hing, war ihm aller Besitz weggenommen, seine Kleider verteilt oder verlost worden. Müde, hungrig und durstig hing er am Kreuz. Mangel und Entbehrung war in diesem Augenblick sein Schicksal. Diese Leidensbedingungen offenbaren augenscheinlich die Stellvertretungsnatur und den Austauschcharakter der Entbehrungen Jesu.

Das Kreuz des Herrn ist Symbol und Beschreibung von Armut, Mangel und Not. Bloß, ohne Schutz, nackt, hungrig und durstig war er der Sonne, den Todesqualen und den Blicken der Menschen ausgesetzt. Er, der die ganze Welt in ihrer Fülle und ihrem Reichtum geschaffen hatte, er war der Ärmste und der Elendeste unter allen Menschen. Er war ausgestoßen von den Menschen und von Gott (!) und bar jeglichen Schutzes durch Besitz und Umstände.

Gibt es einen deutlicheren Beweis dafür, daß der Sieg über qualvolle Lebensumstände, über Mangel und Plagen durch Mangel ein Teil der Erlösung ist? Kann man in Anbetracht der klaren Aussagen von 2. Korinther 8,9 auch nur noch einen Augenblick Zweifel daran haben, daß Jesus nicht nur die Sünden auf sich genommen hat, sondern auch ihre Folgen ertragen und dadurch besiegt hat?

Der Sachverhalt ist da. Aber wie wird er wirksam? Die Christenheit hat seit Jahrhunderten das Leiden des Gottessohnes ergriffen und schmerzvoll mitverfolgt, zumindest zu Zeiten, wenn es das Kirchenjahr vorschreibt. So ist unsere Tradition voll von dem Beweis des Mitleidens vieler Gläubiger mit dem Herrn. Die religiöse Atmosphäre in der Christenheit Europas ist bestimmt von dem Eindruck und der Pflicht, daß der Tod Jesu in Anteilnahme zu verfolgen und in Schmerzen zu begleiten sei. Die Ergebnisse seines Todes im Sinne von Befreiung von Armut und Mangel und der Befähigung, Reichtum und Wohlergehen zu genießen und weiterzureichen, muß dagegen wie ein Frevel erscheinen.

Aus diesen geschichtlichen Quellen und tragischen Mißdeutungen des Todes Jesu stammt dann wohl auch ein großer Teil der gesteigerten Aggression des Volkes Gottes gegenüber der Inbesitznahme von materiellen Segnungen auf Grund des Kreuzesleidens Jesu. Das geht manchen dann doch zu weit.

Aber wem und worin tun wir denn Unrecht, wenn wir beharrlich auf 2. Korinther 8,9 verweisen und eben auf das Kreuz, das uns so nachdrücklich sagt, wie der Herr Entbehrungen erlitten hat? Die biblische Theorie über den Austritt aus Armut und Mangel ist gegeben. Die Entsprechung im Leiden des Herrn ist nachweisbar. Das Wort Gottes sagt, daß Armut keine Tugend ist. Was brauchen wir mehr, um aus all dem die notwendigen Glaubensinitiativen zu folgern?

Der Text sagt: „... ihr wisset die Gnade unsers Herrn Jesus Christus". Es ist ein Teil der Gnade, die eben durch das Kreuzesgeschehen freigesetzt wurde, daß Armut nicht mehr sein muß. In unübersehbar vielen biblischen Aussagen wird uns verdeutlicht, daß Gott den Armen liebt, aber daß Armut im Widerspruch zu seinem Charakter und zu seinem Wesen steht. Armut ist keine biblische Tugend!

Reichtum kann mißbraucht werden und wird uns am Leben mit Jesus hindern oder es von vornherein verhindern, wenn Reichtum u n s hat. Aber man muß gar nicht reich sein, um doch habgierig zu sein. Die meisten armen Menschen sind über die Maßen habgierig, obwohl sie keine Reichtümer besitzen. Sie träumen davon, sie denken in diesen Begriffen, sie leben darauf zu, sie begehren es und unterliegen damit demselben Urteil über die Habgierigen wie jene, die reich sind und an Reichtum gebunden sind.

Unser äußeres Wohlergehen, das durch das Kreuz ermöglicht wird, soll eingebettet sein in einen bestimmten Umkreis von anderen Erfahrungen, wovon noch zu reden sein wird. Aber es bleibt dabei: Jesus hat jeden Mangel und jede Entbehrung auf sich genommen, damit wir reich werden können. Auch hier muß unterschieden werden zwischen dem, was Jesus als unser Erretter, und dem, was er als unser Vorbild tat. Unser Herr hatte in den drei Jahren seiner irdischen Wirksamkeit wohl kein festes Zuhause gehabt, kein Bett, das ihm gehörte, wo er sein Haupt hinlegen konnte. Aber er war nie arm. Er hatte stets das, was er und seine große Mannschaft brauchten. Hier ist der Ort, wo wir unsere Anschauungen prüfen müssen. Wollen wir alten Philosophien folgen oder unserem Herrn?

Obendrein kann die Gemeinde Gottes materiellen Segen im Überfluß gut gebrauchen. Fast alles, was mit dem sichtbaren Anteil des Reiches Gottes und seiner Expansion zusammenhängt, kostet Geld, viel Geld. Unser erstes Motiv im Hinblick auf den Gewinn von irdischen Schätzen sollte sein, daß wir damit das Reich Gottes finanzieren. Dieses Motiv sollte nicht nur eine edle Begleitströmung im Fluß unserer Motivation sein, sondern tatsächlich die führende Triebfeder.

Das Kreuz und die Schönheit

Ein bekanntes Lied der Christen heißt: „Er gab uns Schönheit statt Asche und Freudenöl statt Trauer". Der biblische Originaltext sagt genauer:

> **Jesaja 61,1a.3a**
> **1 Der Geist Gottes des Herrn ist auf mir**
> **3 ... zu schaffen den Trauernden zu Zion, daß ihnen Schmuck statt Asche, Freudenöl statt Trauerkleid, Lobgesang statt eines betrübten Geistes gegeben werden, ...**

Hat Schönheit die Qualität eines Erlösungsangebotes? Wenn wir dem von uns erkannten Prinzip des Austausches allen menschlichen Leids durch das Kreuz Jesu mit den zugehörigen Freuden und Segnungen folgen wollen, dann müssen wir die Frage mit „ja" beantworten.

> **Jesaja 52,14**
> **Wie sich viele über ihn entsetzten, weil seine Gestalt häßlicher war als die anderer Leute und sein Aussehen als das der Menschenkinder (wörtlich: ungleich den Menschenkindern), ...**

> **Jesaja 53,2**
> **Er schoß auf vor ihm wie ein Reis und wie eine Wurzel aus dürrem Erdreich. Er hatte keine Gestalt und Hoheit. Wir sahen ihn, aber da war keine Gestalt, die uns gefallen hätte.**

Wenn Jesus, der vollkommene Mensch, seine Schönheit und göttliche Ausstrahlung verlor, weil er sich mit unserer Sünde und deren Folgen auf Körper, Seele und Aussehen identifizierte, dann muß für uns ein neuer Zugang zur Schönheit gegeben sein. Heil und Heilung machen schön. Wenn die Erlösung in das Herz einer Person Eingang findet und wenn das Wort Gottes anschließend sein Werk der Umgestaltung und Heiligung vollbringt, resultiert daraus ein neues, ein erlöstes Erscheinungsbild des Gläubigen.

Es kann gar nicht anders sein, Schönheit ist zumindest eine Außenwirkung der Erlösung. Indem es aber der biblische Bericht für richtig erachtet, die Veränderung an der Gestalt unseres Herrn so drastisch darzustellen, dürfen wir daraus die Hoffnung ableiten, daß der Herr tatsächlich nicht nur das Trauern beenden will und uns Schmuck anlegen möchte, sondern seiner Braut zu einem makellosen Aussehen verhelfen will, so daß an ihr keine Runzeln und Flecken erkennbar sind.

Geistliche Reinheit ist schön und wird dann, wenn sie anhält, zu einer seelischen und körperlichen Blüte der Heiligen Gottes führen müssen.

Nun erhebt sich am Ende doch noch die Frage, ob das auch ausdrücklich im Sinne eines Glaubensaktes begehrt werden darf, oder ob wir uns damit begnügen müssen, daß sich das Heil indirekt nach einiger Zeit in unserem Gesicht und in unserem Auftreten reflektieren wird. Hier will ich mich doch ein wenig zurückhalten. Ich würde mich nicht wundern, wenn wir eines Tages den exakten Schriftbeweis haben, daß es erlaubt sei, so zu begehren und zu glauben.

Wenn uns das Wort Gottes diese beiden Rahmen gebenden Markierungspunkte gibt, daß Jesus nach seiner Identifikation mit unserer Sünde und unserer Krankheit häßlicher als alle Menschen wurde und andererseits dem Glaubenden alles möglich ist, dann ist es eigentlich nicht abwegig, dem Herrn auch dieses Anliegen vorzutragen. Wir kennen es ja nun zur Genüge aus dem Erscheinungsbild der Gemeinde Jesu, daß sie alle jene Segnungen erfährt, die gelehrt und danach im Glauben ergriffen werden. Wenn niemand die Möglichkeit eines solchen Segens aus dem Worte Gottes herauszulesen vermag, werden wir wohl bei dem alten Sachverhalt bleiben müssen, daß die Erlösten des Herrn hier und da ein wenig erlöster dreinschauen, aber ansonsten nichts Besonderes an ihnen zu erkennen ist. Aber es kann auch anders sein! Ich habe die ersten Berichte über die Anwendung dieser Wahrheit schon gehört.

Kapitel 9

Er wurde zur Sünde – Wir wurden die Gerechtigkeit Gottes

Jesus nahm auf sich unsere Sünden u n d unsere Abtrünnigkeit und Rebellion. Er trug für uns die Strafen der Sünde, die eben sein Leid darstellten. Seitdem gibt es Vergebung. Weil Jesus unsere Sünden getragen hat, deswegen kann er auf alle unsere Tat- und Haltungssünden den Gnadenerlaß gewähren. Auf Seiten Gottes gibt es in der Rechtsordnung der unsichtbaren Welt für jede Freisprechung von jeder einzelnen Sünde die entsprechende Leidenserfahrung. Jesus hat die Sünden mit ihren Folgen und Strafen auf sich genommen.

Das Wort Gottes redet indes nicht nur von den Sünden, die man tut und deren Auswirkungen im Charakter erkennbar sind. Es redet auch von d e r Sünde, von der Natur der Sünde, die im Menschen ist. Die Sünde als die Beschreibung einer Haltung und einer Kraft von Antigöttlichkeit und Ungerechtigkeit muß beseitigt werden, wenn eine bleibende Gemeinschaft mit Gott hergestellt werden soll. Die Sünden sind die Auswirkungen der Sünde. Möglicherweise hat die Sünde, wie einige biblische Aussagen nahezulegen scheinen, sogar einen personalen Charakter, wie wir es sicher von der Natur des Todes wissen.

2. Korinther 5,21 (wörtliche Übersetzung)
Denn er hat den, der von keiner Sünde wußte, für uns zur Sünde gemacht, auf daß wir würden in ihm die Gerechtigkeit Gottes.

Gott, der Vater, hat also Jesus zur Sünde gemacht. Jesus ist nicht Sünde geworden, als wäre das seine eigene Sündennatur.

Nein, er wurde zur Sünde gemacht. Jesus ließ sich dieses furchtbare Ding und Wesen, Sünde genannt, das von Korruption, Bosheit, Stolz und Unabhängigkeit getränkt ist und Aufstand gegen alles Gute und Göttliche in sich ist, auferlegen, mehr noch, er wurde vom Vater dazu gemacht. Aber all das geschah, damit wir die Gerechtigkeit Gottes werden!

Solange die Quelle von allen Sünden, die Sünde selbst, nicht beseitigt ist, kann es keinen endgültigen Frieden mit Gott geben. Aber Jesus hat das unfaßliche, tatsächlich über unser Verstehen hinausgehende Werk getan, daß er sich mit der Sünde identifizierte. Das ist der absolute Gipfel des Erlösungshandelns Jesu. Das geschah schon vor dem Kreuz, wohl im Garten Gethsemane, als Jesus sein Ja zu dem Kelch sagte, der voll von Leid, Bitterkeit und Sünde war. In dem Augenblick identifizierte sich Jesus mit der Sünde. Und dadurch kam die ganze Ungerechtigkeit der Menschheit auf ihn.

Diese Szene der Verbindung des ganz Reinen mit der Sünde als dem Inbegriff des ganz Bösen ist so grausig, daß sich das unserer Vorstellung entzieht. Was Erlösung bedeutet, wird uns nie stärker und beeindruckender bewußt sein, als wenn wir uns vergegenwärtigen, daß Jesus – die göttliche Gerechtigkeit in Person – für uns zur Sünde gemacht wurde. Indessen ist der dadurch auf unserer Seite freigesetzte Segen auch über die Maßen kostbar und für viele unfaßlich: Wir werden dadurch die Gerechtigkeit Gottes!

Dieses Resultat ist so einzigartig und unverstehbar, daß sich manche Übersetzer gesträubt haben, diesen Begriff einfach so ins Deutsche zu übertragen. In der Tradition der verkehrten Übersetzung (Gerechtigkeit, die vor Gott gilt), verkannten dann die Gläubigen über Jahrhunderte ihren Status' vor Gott. Sie sprachen davon, daß sie begnadigte Sünder seien. Aber das ist keine biblisch korrekte Beschreibung der Auswirkungen der Tatsache, daß Jesus für uns zur Sünde gemacht worden ist. Wir sind die Gerechtigkeit Gottes.

Ein begnadigter Sünder, das ist ein Sünder, der begnadigt ist. Aber er ist kraft dieser Formulierung immer noch ein Sünder.

Wir aber sind die Gerechtigkeit Gottes – zugegeben ein ungeheuerliches Wort –, womit wir das Typische und Wesentliche der Gottheit in uns haben und sind: seine Gerechtigkeit. Wenn Gott uns sieht, sieht er seine eigene Gerechtigkeit, die wir durch Jesus erworben haben. Auch hier liegt wieder ein Austausch vor.

Wo wir zulassen, daß unser Status geschmälert wird, lassen wir zu, daß die Auswirkungen unseres Status geringer werden. Wenn wir kühn und freudig dem zustimmen, daß wir durch Jesus die Gerechtigkeit Gottes geworden sind, dann werden wir auch alles andere, was die Gerechten empfangen sollen, freudig und ohne Zaudern begehren und erhalten.

Wenn aber Jesus durch unsere Sünde ungerecht gemacht worden ist, weil wir dadurch im strengen Austausch der Werte die Gerechtigkeit Gottes empfangen können und sogar werden sollen, dann muß ja Jesus, behaftet mit unserer Ungerechtigkeit, im Totenreich als Ungerechter gelebt haben. So sagt es auch das Wort, wenn es spricht:

> **1. Timotheus 3,16**
> **Und kündlich groß ist das gottselige Geheimnis: Er ist offenbart im Fleisch, gerechtfertigt im Geist, erschienen den Engeln, gepredigt den Heiden, geglaubt in der Welt, aufgenommen in die Herrlichkeit.**

Jesus mußte gerechtfertigt werden. Hier ist der Beleg dafür, daß er demnach zuvor außerhalb der Gerechtigkeit war. Nur der kann gerechtfertigt werden, der Rechtfertigung braucht, sie also nicht hat.

Gott tat das durch den Heiligen Geist, als Jesus in den Tiefen der Erde unter der Herrschaft des Teufels litt und damit dem Gerechtigkeitsbedürfnis seines eigenen Vaters Genüge tat. Er wurde gerechtfertigt – zumal er nicht in eigener Ungerechtigkeit litt, sondern in der der Menschen –, und anschließend wurde er auferweckt von den Toten und aus dem Bereich der Toten herausgenommen.

Dieser Vorgang ist so ungeheuerlich und geheimnisvoll, daß die eben zitierte Textstelle mit Recht begann: „Und kündlich groß ist das gottselige Geheimnis ..." Aber in demselben Ausmaß imponiert das Ergebnis, das uns dadurch zuteil wird. Wir werden durch ihn die Gerechtigkeit Gottes.

Das ist dann wieder eine Erlösungsqualität, die im Glauben ergriffen sein will. Nur wenige Anteile neutestamentlicher Lehre sind von so herausragender Bedeutung für die Praxis wie diese

Wahrheit, die uns sagt, daß wir frei sind von aller Form von Ungerechtigkeit, Schuld, Verdammnis und Verdammnisgefühlen. Wer das nicht weiß und es deswegen nicht glauben kann, der ist dazu verurteilt, in Schwäche, Unmündigkeit und Angst zu bleiben. Wenn die Gemeinde Gottes diese hoheitsvolle und würdevolle Berufung annimmt (was wiederum durch Glauben geschieht), wird sie in jene Bereiche von Kraft, geistlicher Gesundheit und die Dimension des Übernatürlichen hineinwachsen, die sie von Anfang an haben sollte und früher auch hatte.

Kapitel 10

Gemeinschaftsfähig durch das Kreuz

Die Menschen sind von Gott von Anfang an so geschaffen worden, daß sie auf Gemeinschaft angelegt sind. Nimmt man ihnen die Gemeinschaft, so können sie nicht mehr richtig leben. Sie werden nicht mehr richtig funktionieren, weil unser Nervensystem ohne die Erfahrung des Eingebettetseins in der Gemeinschaft auf die Dauer seinen Dienst nicht erfüllen kann.

Gott hatte den Menschen geschaffen, um mit ihm in ewiger Gemeinschaft zu leben, an der er sich selbst erfreuen wollte und die eine stetige Erquickung für den Menschen sein sollte. Als Adam und Eva sich der Sünde ergaben und damit dem Teufel unterordneten, ging diese Gemeinschaft sofort zu Bruch.

1. Mose 3,6 b-11

6 b Und sie nahm von der Frucht und aß und gab ihrem Mann, der bei ihr war, auch davon, und er aß.

7 Da wurden ihnen beiden die Augen aufgetan, und sie wurden gewahr, daß sie nackt waren, und flochten Feigenblätter zusammen und machten sich Schurze.

8 Und sie hörten Gott den Herrn, wie er im Garten ging, als der Tag kühl geworden war. Und Adam versteckte sich mit seinem Weibe vor dem Angesicht Gottes des Herrn unter den Bäumen im Garten.

9 Und Gott der Herr rief Adam und sprach zu ihm: Wo bist du?

10 Und er sprach: Ich hörte dich im Garten und fürchtete mich; denn ich bin nackt, darum versteckte ich mich.

11 Und er sprach: Wer hat dir gesagt, daß du nackt bist? Hast du nicht gegessen von dem Baum, von dem ich dir gebot, du solltest nicht davon essen?

Gott der Herr ging in der Abendkühle im Garten spazieren und rief nach Adam und Eva, um mit ihnen Gemeinschaft zu pflegen. Aber infolge der Sünde, zu der sie sich überreden ließen, war diese Gemeinschaft schon zerstört. Sie hatten Angst vor Gott, dieser faszinierenden, wohltuenden, aufbauenden und bestätigenden Person! Und sie empfanden Scham voreinander, was ebenfalls ein Ausdruck von gestörter Beziehung und der Wahrnehmung von Schutzlosigkeit ist. Wiewohl sie im Status eines Ehepaares standen, fühlten sie sich voreinander verwundbar, in ihrer Intimsphäre bedroht und ungeschützt.

Dieses sofortige Entstehen von Schamgefühl signalisiert, daß wir uns bei einer Störung der Gemeinschaft mit Gott allen möglichen Verwundungen und Beeinträchtigungen ausliefern. Aber der noch größere Schaden ist der des Alleinseins, dem dann sofort ein weiterer Schaden folgt, nämlich die Angst des Alleingelassenen und Einsamen vor der Gemeinschaft, die er eigentlich dringend sucht und braucht und die er doch meidet und zerstört.

Gott stellt sich gegen seinen Sohn

Nachdem der Mensch Gott verlassen hatte, gab es nur eine Möglichkeit, die Gemeinschaft zwischen Gott und Menschen wieder herzustellen: Der Vater mußte seinen Sohn Jesus mit all dem belegen, was zur Trennung von Gott und Menschheit geführt hatte, damit es einen Grund gab, Jesus zu verlassen. Auch hier war dieser grausame und unerbittliche Austauschmechanismus die einzige Möglichkeit für Gott, uns das wiederzuverschaffen und sogar noch zu steigern, was uns durch den Sündenfall verlorenging.

> **Matthäus 27,46b**
> **Jesus schrie laut und sprach: Mein Gott, mein Gott, warum hast du mich verlassen?**

Jesus wußte schon vorher, wie sein Leidensweg aussehen würde. Aber das Verlassensein vom Vater muß ihm dann, als es geschah, doch den größten Schmerz bereitet haben. Ich spüre hinter der Frage „warum?“ eigentlich nur den Aufschrei seines

Herzens: Bei allem, was ich erleide, tut das am meisten weh, daß du, geliebter Vater, deine Gemeinschaft mit mir aufgeben mußtest.

Bevor der Vater seinen Sohn verließ, mußte Jesus den Schmerz ertragen, daß er von Judas verraten wurde, von seinen Jüngern bei seinem Gebetskampf in Gethsemane mehrfach im Stich gelassen wurde, von Petrus dreimal verleugnet wurde und vom jubelnden Volk, das ihn zuvor mit Hosianna empfangen hatte, abgelehnt wurde. Es verstieß ihn und zog Barabbas, den Mörder, vor. Zerbruch von Beziehungen und Gemeinschaft, Verrat und Im-Stich-gelassen-Sein sind dem Herrn im Vor-Kreuzesgeschehen und am Kreuz wahrlich in diabolischem Ausmaß zuteil geworden.

Indem aber Jesus vom Vater verlassen wurde, was schon vor dem physischen Tod geschah, trat die Heilung der Beziehungen und der menschlichen Gemeinschaft ein. Am Kreuz hängend verschaffte er seiner Mutter Maria einen neuen Sohn, Johannes, der sich um sie kümmern sollte (Johannes 19,26-27). Von der Stunde an nahm sie dann der Jünger zu sich.

Durch das Verlassensein vom Vater wurde die Gemeinschaft zwischen Gott und Menschen wiederhergestellt.

1. Johannes 1,3
Was wir gesehen und gehört haben, das verkündigen wir euch, auf daß auch ihr mit uns Gemeinschaft habt; und unsere Gemeinschaft ist mit dem Vater und mit seinem Sohn Jesus Christus.

Indem wir von den Ereignissen von Golgatha und der Auferstehung hören und sie glauben, wird das, was uns von Gott trennte, hinweggenommen und wir können in eine neue und ewige Beziehung mit Gott dem Vater und dem Sohn eintreten.

Ist aber die Beziehung zu Gott wiederhergestellt, wodurch dann das reiche Leben Gottes in uns hineinströmt und uns mit Liebe, Wärme, Bestätigung und Freude ausfüllt, sind wir auch untereinander gemeinschaftsfähig. Das ist der Gedanke, der in 1. Johannes 1,3 ausgedrückt wird: Indem wir mit dem Vater und seinem Sohn Gemeinschaft haben, werden wir zur Gemeinschaft mit den Brüdern und Schwestern überhaupt erst befähigt.

Dazu gesellt sich dann noch der Heilige Geist, der der Vermittler zu Jesus und dem Vater ist und dem die Aufgabe übertragen ist, im

Jetzt und Hier unseres Lebens unser Helfer, Freund und Anwalt zu sein. Von ihm sagt das Wort Gottes in 2. Korinther 13,13: „Die Gnade unsers Herrn Jesus Christus und die Liebe Gottes und die Gemeinschaft des Heiligen Geistes sei mit euch allen!"

Es gibt eine Lösung für das Problem des Alleinseins. Wer durch Jesus erlöst ist und die Beziehung zum göttlichen Vater hat, soll dann noch den zusätzlichen und geradezu berauschenden Segen der Gemeinschaft mit dem Heiligen Geist erleben.

Gott ist erfahrbar. Wer Kind Gottes geworden ist und in die Segnungen des Kreuzes hineingetreten ist, kann nicht mehr von Einsamkeit und dem bohrenden Schmerz des Alleinseins geplagt werden. Man kann mit dem Heiligen Geist einen Umgang pflegen wie mit sichtbaren Menschen. Man spürt seine Gegenwart, man hört sein Reden, man nimmt die Liebe wahr, die von ihm ausgeht, so daß sich das Gefühl des Alleinseins einfach nicht einstellen kann.

Gemeinschaft ohne Klebrigkeit und seelische Bindung

Gemeinschaft als Auswirkung der Kreuzeserfahrung Jesu ist eine wunderbare Realität. Sie darf in der Lehre nicht weiterhin so unterbetont werden, wie es weithin geschieht. Die Gläubigen müssen wissen, daß Gemeinschaft mit Gott etwas Erfahrbares, Reales und sehr Schönes ist. Ohne diese Verkündigung können sie es nicht glauben, und ohne Glauben nicht erfahren.

Mit dem Kreuzesgeschehen hängt dann auch die Befähigung der Menschen zur Gemeinschaft untereinander zusammen. Ohne die Vermittlung der Gemeinschaft durch Jesus wären unsere Beziehungen untereinander nichts anderes als ein ständiges Ausnutzungsarrangement, in dem jeder den anderen darin zu übertrumpfen sucht, ihn auszunutzen und für eigene Zwecke zu mißbrauchen. Erst wer die Gemeinschaft mit Jesus erfahren hat und im Rahmen dieser Beziehung in einen Strom von Liebe, Gnade und Bestätigung getaucht und glücklich gemacht worden ist, kann im eigentlichen Sinne des Wortes Gemeinschaft pflegen. Er wird dann in seinen Beziehungen imstande sein zu geben und nicht mehr von dem Gedanken besessen sein: „Wie kann ich den anderen nutzen und von ihm nehmen?"

Deswegen sagt das Wort Gottes auch in 2. Korinther 5,16: „Darum kennen wir von nun an niemand mehr nach fleischlicher Weise; und ob wir auch Christus früher nach fleischlicher Weise erkannt haben, so erkennen wir ihn doch jetzt so nicht mehr." Die Gemeinschaft der Erlösten ist frei von aller seelischen Klebrigkeit und direkten Bindung aneinander. Das ist nicht Gemeinschaft, sondern Versklavung. Zwischen uns will und soll der Herr stehen, der uns bereichert, so daß wir nicht ständig von dem Gedanken gejagt werden, wie wir etwas bekommen können. Durch ihn haben wir schon bekommen, bevor wir in Beziehung zu Menschen treten können. Wir können geben. Das ist die nicht-fleischliche Gemeinschaft – die einzige Gemeinschaft, die diese Bezeichnung verdient.

Das ist die Antwort auf die Fülle von Beziehungsstörungen und Einsamkeit in den christlichen Gemeinden und gleichzeitig auch die Lösung für Eifersucht und Streit in den Reihen der Christen. Diese Resultate werden indessen wiederum nur durch Glauben ermöglicht. Die Beschreibung dessen, was am Kreuz geschehen ist, so großartig und bewegend es ist, bringt noch keine Ergebnisse. Jeder einzelne Segen, den wir dem Kreuz und dem Leidensweg des Herrn verdanken, muß im Glauben ergriffen werden. Ohne Glauben gehen wir leer aus.

Indem ich immer wieder auf die unerläßliche Notwendigkeit des glaubenden Zugriffs auf die Geschenke Gottes hinweise, soll dem Leser auch deutlich werden, wie wichtig der Glaube ist. Viele jener Anschuldigungen, die hämisch gegen die sogenannte Glaubensbewegung erhoben werden, greifen zu kurz. Ohne Glaube, ohne den Lebensstil des Glaubens, bleibt jede göttliche Zusage Theorie. Die Gerechten sollen leben, sie sollen sogar gut leben, aber die Gerechten leben aus Glauben.

Wenn die Gemeinde Not leidet, so geschieht es, weil sie nicht über den vorliegenden Reichtum an göttlichen Gaben belehrt wurde und/oder weil sie keine Instruktionen bekam, wie sie solche Geschenke in Besitz nimmt. Die Kunst des Nehmens ist die Kunst des Glaubens.

Wir dürfen gerade im Hinblick auf das große Leid der Einsamen und der Alten in unseren Gemeinden die Segnungen des Kreuzes im Hinblick auf Gemeinschaft mit Gott und mit Menschen nicht ungenutzt lassen. Kaum ein Anteil des göttlichen Bundes mit uns ist so stark im Leidensweg Jesu vertreten wie das Geschenk der Gemeinschaft auf unserer Seite und der Preis des Verlassenseins auf seiner Seite. Je klarer wir die Qualität dieses Heilsgeschehens mit seinen Hintergründen erkennen, um so eindeutiger und mutiger wird unsere Verkündigung werden und um so mehr Trost und Frieden werden die Kinder Gottes in dieser göttlichen Gemeinschaft erfahren. Gott hat alle Vorkehrungen dafür getroffen, daß niemand einsam bleiben muß. Durch das Kreuz Jesu sind wir alle eingeladen zu einer reichen und beglückenden Gemeinschaft mit Gott und dann auch mit seinen Kindern.

Kapitel 11

Durchs Kreuz zur Kindschaft

Römer 8,14-17
14 Denn welche der Geist Gottes treibt, die sind Gottes Kinder.
15 Denn ihr habt nicht einen knechtischen Geist empfangen, daß ihr euch abermals fürchten müßtet; sondern ihr habt einen kindlichen Geist empfangen, durch welchen wir rufen: Abba, lieber Vater!
16 Der Geist selbst gibt Zeugnis unserm Geist, daß wir Gottes Kinder sind.
17 Sind wir aber Kinder, so sind wir auch Erben, nämlich Gottes Erben und Miterben Christi, wenn anders wir mit leiden, auf daß wir auch mit zur Herrlichkeit erhoben werden.

Die Kindschaft, die wir durch das Kreuz im Glauben empfangen, ist die unmittelbare Folge des Verlassenseins Jesu durch den Vater. Es ist erstaunlich, daß es über diese Aspekte des neuen Bundes kaum Zweifel im Volk Gottes gibt. Wer durch Jesus wiedergeboren ist, weil er das alte Leben hinter sich gelassen hat und in Jesus ein neuer Mensch geworden ist, der weiß mit Selbstverständlichkeit, daß er sich Kind Gottes nennen kann. In der Erfahrung der Wiedergeburt werden wir gerecht vor Gott, bekommen Gemeinschaft mit ihm und, in einer Steigerung dieser Statusveränderung, werden wir aufgenommen in die Familie Gottes als Kinder des göttlichen Vaters.

Auch diese Erfahrung der Wiedergeburt zu einem Kind Gottes ist wieder der Ausdruck des am Kreuz geschehenen Austausches von Verbindlichkeiten. Wir, die wir in der Entfremdung von Gott lebten und keinen legalen Zugang zu ihm hatten, wurden deswegen zur Kindschaft Gottes geadelt, weil Jesus in der unterbrochenen Sohn-Vater-Beziehung von diesem verlassen werden mußte. Daß Gott, der Vater, seinen Sohn im Stich lassen mußte, schließt eine schwerwiegende Störung und Unterbrechung der Vater-Sohn-Beziehung ein.

Wenn wir das Kreuzesgeschehen genau untersuchen, merken wir, daß der Bruch der Beziehung zwischen Vater und Sohn nicht mit dem irdischen Tod Jesu erfolgte, sondern schon vorher. In Johannes 19,30 b lesen wir, daß Jesus sprach: „Es ist vollbracht! und neigte das Haupt und verschied." Aber in Vers 28 desselben Kapitels ist zu lesen: „Danach, als Jesus wußte, daß schon alles vollbracht war, auf daß die Schrift erfüllt würde, spricht er: Mich dürstet!"

Die Trennung war also schon vor dem eigentlichen physischen Tod unseres Herrn durch seine Identifikation mit der Sünde vollzogen. Deswegen konnte Jesus überhaupt sterben. So wurde uns dann durch diese Trennung unsere Kindschaft Gottes zuteil.

In Jesaja 53,10 finden wir dieselben Gedanken noch einmal ausgedrückt, wobei uns noch ein weiteres interessantes Detail mitgeteilt wird:

> **So wollte ihn der Herr zerschlagen mit Krankheit. Wenn er sein Leben zum Schuldopfer gegeben hat, wird er Nachkommen haben und in die Länge leben, und des Herrn Plan wird durch seine Hand gelingen."**

Gott hatte einen wunderbaren Plan in seinem Herzen, der von Jesus erfolgreich ausgeführt wurde. Er wollte nicht nur die Sünde der ganzen Welt durch das Leiden Jesu sühnen, sondern er wollte sich durch das Schuldopfer, das Jesus in Gestalt seines Lebens gegeben hatte, auch Nachkommen — Kinder — erschaffen. Indem hier von Schuldopfer die Rede ist, wird der interessante Aspekt eines Wiedergutmachungsgeschehens eingeführt. In der alttestamentlichen Opferordnung wurde zwischen Sünd- bzw. Schlachtopfern, die zur Sühnung der Sünde vorgenommen wurden, und dem Schuldopfer, das mehr den Gesichtspunkt der Wiedergutmachung enthielt, unterschieden. Dieses war in der Reihenfolge der einzelnen Opferhandlungen immer in einer nachgeordneten Position.

Wenn Jesaja 53,10 von Schuldopfer spricht, dann greift dieses Wort das eben genannte Prinzip auf. Der Sühnung unserer Sünden, die er in seinem Leib ans Kreuz hochtrug, folgte die Hingabe seines Lebens, was auch die Hingabe seiner Seele bedeutete, um dadurch im Sinne eines Wiedergutmachungsopfers den ursprünglich beabsichtigten Zustand zu ermöglichen und herzustellen. Gott wollte Kinder haben, nicht nur Geschöpfe.

An dieser Stelle hat, wie ich bereits angedeutet habe, die Christenheit erstaunlich wenig Mühe, sich als Kinder Gottes zu erleben. Woran liegt es? Ganz einfach an dem Sachverhalt, daß Gotteskindschaft als Folge der Vergebung unserer Sünde und unserer Wiedergeburt überall verkündigt und deswegen auch geglaubt wird.

Wir haben hier gleichsam wie in einem Naturexperiment den Nachweis, daß das, was gelehrt wird, auch geglaubt wird. Man müßte eigentlich denken, daß es den Christen besonders schwerfallen müßte, sich als Kinder Gottes zu verstehen, wenn man sich diesen kostbaren und über die Maßen erhabenen Status anschaut, der ja eigentlich in einem starken Gegensatz zu unserer sündhaften und gottfernen Ausgangsposition steht. Gleichwohl, das Wissen um dieses Privileg und dieses Selbstverständnis ist voll in den Herzen der Gläubigen etabliert.

Um wieviel größer wird dieser Gewinn und auch der Genuß sein, wenn wir uns vergegenwärtigen, welches der exakte Preis war, den Jesus dafür bezahlen mußte. Wir sind Kinder Gottes geworden, weil er mit seinem Leben und seiner Seele zum Schuldopfer geworden ist. Es bedurfte eines komplizierten und von Ewigkeit her bereits durchdachten Planes mit einem hohen Einsatz, um dieses einfache, aber doch so schöne Ergebnis zustande zu bringen.

Kapitel 12

Durch Erlösung zur Königswürde

Die Statusveränderung, die wir dem Tod unseres Herrn verdanken, geht über die schon glorreiche Erhöhung zur Kindschaft Gottes hinaus. Gott liebt uns, hat uns mit seinem Blut von den Sünden erlöst und uns zu Königen gemacht.

Offenbarung 1,5-6
5 ... Jesus Christus, welcher ist der treue Zeuge und Erstgeborne von den Toten und Herr über die Könige auf Erden! Dem, der uns liebt und erlöst hat von unsern Sünden mit seinem Blut
6 und hat uns zu Königen und Priestern gemacht vor Gott, seinem Vater, ...

In den letzten Jahren war es in bestimmten Kreisen der Christenheit üblich, sich daran zu erfreuen, daß wir Königskinder sind. So wohltuend dieser Klang in den Ohren der Gläubigen war, hatte er doch nicht die Höhe der Aussagen des Neuen Testamentes. Wir sind nicht nur Königskinder, wir sind Könige des Herrn, der der König aller Könige ist.

Auch in diesem Fall wollen wir nach dem Platz im Kreuzigungsgeschehen fragen, an dem diese Auszeichnung für uns erworben wurde.

Johannes 19,2-3
2 Und die Kriegsknechte flochten eine Krone von Dornen und setzten sie auf sein Haupt und legten ihm ein Purpurkleid an,
3 traten zu ihm und sprachen: Sei gegrüßt, lieber Judenkönig! und gaben ihm Backenstreiche.

Markus 15,25-28

25 Es war aber um die dritte Stunde, da sie ihn kreuzigten.

26 Und es war oben über ihm geschrieben, was man ihm schuld gab, nämlich: Der König der Juden.

27 Und sie kreuzigten mit ihm zwei Mörder, einen zu seiner Rechten und einen zur Linken.

28 Da ward die Schrift erfüllt, die da sagt: „Er ist unter die Übeltäter gerechnet."

Die Gesetzmäßigkeit, die wir in Gestalt des Austausches von Lasten und Eigenschaften bereits kennengelernt haben, ist auch hier augenscheinlich und bis ins letzte Detail ausgeführt vorhanden. Der wahre König, der der König aller Könige ist und von Ewigkeit her lebte, wurde zum Scheinkönig und zur Spottfigur degradiert. Ihm, dem Hoheit und Erhabenheit wie keinem anderen eigen ist, wurde die Krone aus Dornen, also eine Fluchkrone, aufgesetzt. Er wurde zum Gespött der Soldaten mit einem purpurnen Tuch umkleidet und als gekreuzigter König den Menschen zur Schau gestellt. Im Hof des Pilatus schlugen sie ihn ins Gesicht und sprachen spottend zu ihm: „Sei gegrüßt, König der Juden!"

Weil Jesus diese Demütigung hinnahm, wurde uns der Aufstieg zum Königsthron ermöglicht. Indem unserem Herrn durch die Behandlung der Juden und der Knechte des Pilatus die Würde und die Hoheit seiner einzigartigen Position geraubt wurde und er dann sogar unter die Übeltäter gerechnet wurde – und das alles mit seiner ausdrücklichen Duldung –, wurde diese Hoheit gleichsam vakant und kommt so uns zugute. Die Inthronisierung zu unserer bis jetzt noch unsichtbaren Königsherrschaft geschah erst durch die Auferstehung des Herrn. Aber die Ermächtigung dazu geschah am Kreuz.

Kapitel 13

Erlösung von den Wunden der Verachtung und Isolierung und des Ausgestoßenseins

Der Weg Jesu zum Kreuz und sein Leiden am Kreuz waren dicht besetzt mit Verachtung, Spott, Schmähung, Ausgestoßensein, Verrat und Lästerung. Es waren alle Kreise seiner Umgebung und alle Schichten der Bevölkerung daran beteiligt: Die Jünger, das religiöse Establishment der damaligen Zeit, das Volk, Pilatus, die römischen Soldaten und ein Mörder an seiner Seite. Das hat seine geistliche Bewandtnis darin, daß die Verwundungen, die wir Menschen in unserem Lebenslauf durch Verachtung, Schmähung und Ablehnung erfahren, besonders vielfältig und tiefgehend sind. Es gibt keine Erlösung und Heilung, die diesen Namen verdient und nicht imstande ist, diese Schäden sowie ihre schmerzhaften Spätfolgen und vielfältigen Umformungen im Charakter zu beseitigen. Das konnte nur einer tun: der Herr. Er hat das für uns ertragen und weist uns deswegen einen Weg aus diesen allgegenwärtigen Verletzungen durch unsere Umwelt. Zu leben heißt, verwundet zu werden. Erlösungsbedarf ist reichlich da.

Jesus wird im 1. Petrus 2,4 als der lebendige Stein, der von den Menschen verworfen ist, bezeichnet. An ihm sollen wir erfahren und schmecken, daß der Herr freundlich ist (1. Petrus 2,3). Wir alle brauchen Genesung für unsere Seele durch die Freundlichkeit Gottes, weil wir alle irgendwie verworfen und abgelehnt worden sind, was am schmerzhaftesten dann war, wenn es durch nahestehende Personen wie Eltern und Geschwister geschah. Im Erlösungsgeschehen für uns Menschen gibt es keine Zufälligkeiten oder überflüssige und unpassende Momente. Der gesamte Leidensweg unseres Herrn Jesus war vom Vater so angelegt, daß alles, was es an Leid auf dieser Erde gibt, seinen Niederschlag in den Qualen seines Sohnes finden sollte. Deswegen mußte er besonders die Pein der seelischen Verletzung und der Verachtung und Ablehnung tragen.

Jesaja 53,3
Er war der Allerverachtetste und Unwerteste, voller Schmerzen und Krankheit. Er war so verachtet, daß man das Angesicht vor ihm verbarg; darum haben wir ihn für nichts geachtet.

In diesem Vers wird uns das Maß der Ablehnung und Schmähung Jesu verdichtet vor Augen geführt, das wir in den vier Evangelien in großer Breite und detailliert geschildert sehen. Es war die Vorsehung des Vaters, daß sich jede Form von Verachtung, aber auch von Unwertsein und Schmähung, auf seinen Sohn konzentrierte, womit er dieses Leid an sich zog und neutralisierte.

Seitdem gibt es einen Ausweg für jeden Menschen, der durch die Bosheit, Feindseligkeit und Grobheit seiner Umgebung seelisch vergewaltigt und verwundet worden ist. Allen jenen Menschen, denen in ihrer frühen Kindheit oder durch nahe Personen ihrer Umgebung im weiteren Verlauf ihres Lebens mit Worten und Gesten verdeutlicht wurde, daß sie nichts wert seien, daß sie am besten gar nicht da sein sollten, daß sie keine Berechtigung zum Leben hätten, daß sie eine Schande, die Ausgeburt des Bösen, ja, überflüssig und eine Last für die Umgebung seien, allen diesen Menschen kann jetzt Hilfe zuteil werden. Der einzige, der ohne Schuld und Haß war, der in seiner Persönlichkeit alle Werte Gottes und der Menschen barg, der unschuldig geschmäht, verachtet und ausgestoßen war, hat stellvertretend für uns diese Qualen getragen und auf sich genommen. Dadurch sind wir frei.

Es gibt nun im Universum einen unsichtbaren Sog hin zu diesem Herrn, der für den wahrnehmbar wird, der sich vertrauensvoll an Jesus wendet, welcher uns diese mörderischen Belastungen, Erinnerungen und Rache- und Trauergefühle abnehmen will. Durch Jesus ist es möglich, Schmähungen und uralte seelische

Verletzungen der Ablehnung nicht nur zu ertragen und zu überleben, sondern aus ihnen herauszutreten und eine vollkommen heile Person zu werden, die sich wohlfühlen und baden kann in der Sonne von Gottes Bestätigung.

Was Jesus am Kreuz vollzogen hat, ist nicht nur eine geschichtliche Tatsache. Dadurch wurde vielmehr eine gewaltige Erlösungs- und Vergebungskraft freigesetzt, die der Heilige Geist aufgreift und durch seine Engel zu jedem hintransportiert, der in diesen Nöten ist und bedroht ist, von ihnen verschlungen zu werden.

Jesus, das Vorbild im Vergeben

Jesus hat diese seelischen Verwundungen hingenommen, aber sofort für seine Bedränger und Beleidiger gebetet und ihnen vergeben. Er setzte ein Beispiel für uns, die wir alle in der Vorgeschichte unseres Lebens Ablehnung und Zurückweisung erfahren haben, indem er am Kreuze hängend sagte: „Vater, vergib ihnen; denn sie wissen nicht, was sie tun!" (Lukas 23,34) Jesus hat mit seinem Leiden alles seelische Leid dieser Art auf sich vereint und getilgt. Aber das wird nur dann wirksam, wenn wir seinem Beispiel folgen und denen vergeben, die uns durch ihre Ablehnung und Verachtung Leid zugefügt haben.

Weil Jesus vergeben hat, können wir auch vergeben. Mit dem Handeln unseres Herrn ist der Untergrund unseres Daseins mit Güte gesättigt. Das Wort Gottes sagt: „... die Erde ist voll der Güte des Herrn." (Psalm 33,5b). Das war ein prophetisches Wort, das erst durch das Liebeshandeln unseres Herrn in Erfüllung ging. Aber jetzt ist die Erde tatsächlich voll von der Güte Gottes.

Wenn wir durch Gottes behutsames Aufdecken der Hintergründe unseres vielleicht vielfach verbogenen Charakters wahrnehmen, was in der Vorgeschichte unseres Lebens alles an Schmähung, Im-Stich-gelassen-Sein, Abgeschoben-worden-Sein und Verachtung in unser Leben hineingekommen ist, dann ist es uns leicht, zu vergeben, weil Jesus mit seinem Leiden und mit seinem Beispiel des Vergebens den Weg vorbereitet hat. Wer in Jesus ist und auf ihn schaut, muß sich dann nicht in schmerzhaften und heroischen Bemühungen winden, um die Schuld der Eltern und ehemaliger Freunde und späterer Feinde zu erlassen. Die Liebe Gottes ist seit Golgatha freigesetzt, so daß wir durch den Heiligen Geist von Jesus die Liebeskraft beziehen können, die wir brauchen, um tiefgreifend und redlich vergeben zu können und durch Gnade Schuld zu erlassen.

Auch solche Heilungen geschehen nur durch Glauben. Im Glauben ergreifen wir die Hand Gottes, nehmen wir die Liebesbezeugungen und Zuflüsterungen des Heiligen Geistes an, der uns liebt und begehrt (Jakobus 4,5). Im Glauben empfangen und verinnerlichen wir alle Beteuerungen der Liebe Gottes und auch die Zusicherung Jesu, daß er stetig vor dem Throne Gottes für uns in Gebet und Fürbitte einsteht. Wir öffnen voller Vertrauen unser Herz für die Äußerungen Gottes aus seinem Wort, das voll von Zärtlichkeit und Zuwendung ist, und lassen uns so mit seiner Liebe anfüllen.

Ohne Glauben können wir nicht von ganzem Herzen vergeben, sondern nur formal Worte der Vergebung sprechen. Haben wir aber im Glauben die Güte Gottes und seine Freundlichkeit und Sanftmut empfangen, und haben wir dann auch im Glauben die Vergebung für unsere eigene Schuld an Menschen, vielleicht auch grade den Menschen, die uns gepeinigt haben, angenommen, dann können wir nicht nur vergeben, sondern mit und nach der Vergebung auch lieben, Gutes tun und segnen.

Es ist meine tiefe Überzeugung, daß jenseits dieser durch Glauben zustande gekommenen Grunderfahrungen von Gottes Liebe die Heilung der Wunden und Verletzungen unserer Persönlichkeit aus den Uraltlasten unserer Vergangenheit nicht möglich ist. Es ist bezeichnend für die Wichtigkeit und Vorrangigkeit dieser Auswirkungen der Erlösung, daß sie ihren Platz in Jesaja 53 in so großer Deutlichkeit vor der Schilderung der Vergebung von Sünde und Rebellion und der Heilung unserer Krankheit gefunden haben. Wenn Gott das in seinem Wort so herausstellt, weswegen ist davon in der Gemeinde Jesu so wenig zu sehen?

Es sieht fast so aus, als ob diese Aspekte des Kreuzes in der Christenheit fast völlig verlorengegangen sind. Welch eine ungeheure Nachholarbeit der Verkündigung, der lehrmäßigen Erarbeitung von Hintergrund und Auswirkung des Kreuzes im Hinblick auf seelisches Leid und charakterliche Verbiegung muß noch erfolgen! Die Gemeinde Jesu, die ja zum Zeitpunkt der Wiederkunft des Herrn ohne Makel, Runzeln und Flecken sein soll, wird dieses Bild nur dann abgeben, wenn sie sich die Segnungen des Kreuzes auch in dieser Hinsicht voll angeeignet hat. Was wird das für ein Gewinn und eine Zunahme an Kraft für die Gemeinde Gottes werden, wenn es durch Lehre und Glauben in ihren Reihen zu einer selbstverständlichen Erkenntnis wird, daß die Vergangenheit der Gläubigen Entrümpelung und Heilung erfahren kann, seelische und charakterliche Schmerzen und Unebenheiten nicht unser Schicksal sein müssen und das „Martyrium" der Gläubigen durch die gegenseitigen Verletzungen nicht unser Los sein muß.

Ich rede dabei eigentlich nicht von einer gigantischen und weltweiten Seelsorgebewegung oder Seelsorgeerweckung, die stattfinden muß, um das Volk Gottes zur seelischen und charakterlichen Reife zu führen. Die Wiederentdeckung, die stattfinden muß, ist eine Entdeckung der Heilsfakten. Die seelische und charakterliche Heilung der Kinder Gottes ist von Gottes Seite aus bereits geschehen. Sie muß im Glauben ergriffen werden. Sie ist viel leichter, als es uns die Mühen und anstrengenden Versuche der Vergangenheit, Befreiung zu erleben, weismachen wollen. Die Heilung des Charakters ist für jeden Gläubigen möglich.

Kapitel 14

Erlösung von der Selbsterlösung und die Befreiung von den eigenen Werken

Viele Gläubige mühen sich weiter ab, als ob es keine Erlösung gäbe. Gut, das Problem der Sünde ist erledigt. Die Christen haben keine Mühe, für vergangene Sünden die Gnade des Herrn zu beanspruchen. Aber das ist doch bei weitem nicht alles, was Gott uns geben will.

Erlösung von der Selbsterlösung

Wie sieht der Lebensstil derer aus, die Jesus als ihren Herrn eingeladen haben, aber ansonsten alles selbst in die Hand nehmen? Sie mühen sich ab, sie meinen, alles mögliche selbst machen zu müssen und stehen unter dem Zwang, immer wieder mit eigener Kraft und im eigenen Antrieb Probleme in Angriff zu nehmen.

Hinter diesem Verhalten steht eine noch nicht entmachtete Seele, die meint, viel Mühe auf sich nehmen zu müssen, um sich selbst zu verwirklichen. Hinter diesem Bemühen wiederum steht in letzter Konsequenz die Triebkraft von Stolz und Unabhängigkeit. All das führt zu großer Ruhelosigkeit, Erschöpfung und Anfälligkeit für mancherlei Symptome.

Wenn wir nun das Leiden Jesu, wie es uns in den Evangelien und auch in Jesaja 53 beschrieben ist, genauer anschauen, dann sehen wir, daß dieses Muster des Sich-Abmühens und der

Erschöpfung auf Grund der Selbstverwirklichung bei Jesus zu erkennen ist. Er, der der Friede in Person ist (Epheser 2,14), wird uns beschrieben als jemand, dessen Seele sich abgemüht hat.

Jesaja 53,11-12
11 Weil seine Seele sich abgemüht hat, wird er das Licht schauen und die Fülle haben. Und durch seine Erkenntnis wird er, mein Knecht, der Gerechte, den Vielen Gerechtigkeit schaffen; denn er trägt ihre Sünden.
12 Darum will ich ihm die Vielen zur Beute geben, und er soll die Starken zum Raube haben, dafür, daß er sein Leben in den Tod gegeben hat (wörtlich: seine Seele bis in den Tod ausgegossen hat) und den Übeltätern gleichgerechnet ist und er die Sünde der Vielen getragen hat und für die Übeltäter gebetet.

Seine Seele hat sich abgemüht, und das in einem solchen Umfange, daß sie sich schier in den Tod hinein ausgegossen hat. Interessant ist dann auch der Fortgang der Gedankenführung. Weil sich seine Seele so abgemüht hat, daß sie dem Tode anheim gefallen ist, deswegen hat er auch die Starken zur Beute. Die Starken, das sind doch die Menschen, die von Veranlagung und Begabung her gut ausgerüstet sind. Sie kommen auf Grund ihrer Stärke nicht unter die Räder. Sie können ihr Leben in die Hand nehmen und es selbst bewältigen und haben dabei auch häufig zumindest nach außen hin Erfolg. Die Starken sind also diejenigen, die sich mit Erfolg gemüht haben.

Aber auch diese Starken werden von Jesus gewonnen, weil er sich bis zum Tode abgemüht hat, was ein Teil der Forderung des Vaters an ihn war.

Nachdem die Menschen herausgetreten waren aus der Beziehung zu Gott, war Plage, Mühe, Arbeit im Schweiße des Angesichts ihr von Gott zugewiesenes Schicksal. Der Mißbrauch der Arbeit, die manche als Fluch betrachten – was sie gar nicht ist, weil durch Arbeit das Leben der gefallenen Menschheit noch halbwegs erträglich und sinnvoll gestaltet werden kann –, ist dann die Bestrebung der Selbstverwirklichung. Sie ist so kennzeichnend für die Menschheit einschließlich der allermeisten Gläubigen, daß eine umfassende Erlösung dieses Problem nicht aussparen durfte. Deswegen hat sich Jesus bis zum Tode abgemüht. Er wollte alle, auch diejenigen, die sich mehr oder weniger erfolgreich bemühten, dabei aber am Ende doch mehr Leid als Gewinn ernteten, von diesem qualvollen Diktat befreien.

Ich sagte es schon einmal: Im Erlösungsgeschehen gibt es keine Zufälligkeiten. Wenn das Wort Gottes bei dem Propheten Jesaja so stark herausstreicht, daß Jesus sich aktiv unter die peinigende Mühe seelischer Arbeit begab, dann muß es dazu eine Entsprechung geben, eben den Zwang der Menschen, sich in eigenem Abmühen beweisen zu müssen.

Die Kreuzigungsgeschichte in den Evangelien stellt nun diesen Gedanken so stark heraus, daß dem Leser eigentlich die letzten Zweifel an der Notwendigkeit und Realität dieses Erlösungsanteils genommen sein sollten.

Lukas 23,36-39
36 Es verspotteten ihn auch die Kriegsknechte, traten zu ihm und brachten ihm Essig
37 und sprachen: Bist du der Juden König, so hilf dir selber!
38 Es war aber auch über ihm die Überschrift: Dies ist der Juden König.
39 Aber der Übeltäter einer, die da gehenkt waren, lästerte ihn und sprach: Bist du nicht der Christus? Hilf dir selbst und uns!

Matthäus 27,39-44
39 Die aber vorübergingen, lästerten ihn und schüttelten ihre Köpfe
40 und sprachen: Der du den Tempel zerbrichst und baust ihn in drei Tagen, hilf dir selber! Bist du Gottes Sohn, so steig herab vom Kreuz!
41 Desgleichen spotteten auch die Hohenpriester samt den Schriftgelehrten und Ältesten und sprachen:
42 Anderen hat er geholfen und kann sich selber nicht helfen. Ist er der König Israels, so steige er nun vom Kreuz. Dann wollen wir an ihn glauben.
43 Er hat Gott vertraut; der erlöse ihn nun, hat er Lust zu ihm; denn er hat gesagt: Ich bin Gottes Sohn.
44 Desgleichen schmähten ihn auch die Mörder, die mit ihm gekreuzigt waren.

Wir erkennen, daß fast alle Menschen und Schichten, die an den Vorgängen um die Kreuzigung Jesu beteiligt waren, sich auch zu hämischen Aufforderungen an Jesus verleiten ließen. Da war der Mörder an seiner Seite, der ihn aufforderte, sofern er der Christus sei, sich selbst zu helfen und auch ihnen. So taten die Menschen, die vorbeigingen, so verhielten sich die Juden und die römischen Soldaten, die am Kreuz standen, und das war auch das Reden der Hohenpriester, Schriftgelehrten und Ältesten.

Wir müssen uns verdeutlichen, worum es dabei ging: Es war doch nicht nur Spott und Demütigung in diesen stetigen Verunglimpfungen enthalten. Das Schlimmere und Diabolische war die Anstachelung zur Selbsthilfe, zu der ja Jesus in jedem Augenblick fähig gewesen wäre. In diesen Reden war der Appell enthalten: Beweis doch, wer du bist und was du kannst und zeige deine ganze Macht, dich aus diesem Problem herauszulösen. Bediene dich doch deiner göttlichen Macht und Privilegien, um aus dieser Not herauszukommen. Bist du es nicht deinem Auftrag schuldig, zu beweisen, daß du der erhabene und große und unbesiegbare Gott bist? Wir würden schneller, ja sofort, an dich glauben, wenn du dich vor unser aller Augen aus dieser Zwangslage befreien würdest.

Das war zweifelsfrei eine Versuchung. Das war die Wiederholung der Versuchungsgeschichte, wie sie am Anfang des Dienstes Jesu in der Wüste stattfand: Bist du Gottes Sohn, dann ... Wir dürfen nicht übersehen, daß hier auch Gott der Vater angesprochen wird, der besonders um seinen Sohn Jesus trauern mußte: „Er hat Gott vertraut; der erlöse ihn nun, hat er Lust zu ihm." Das Wort Gottes sagt uns nun (Jesaja 53,10), daß Gott in diesem Augenblick keine Lust an seinem Sohn in dem Sinne hatte, daß er ihn aus Liebe zu ihm von dieser Qual erlösen wollte. Insofern stimmt es doch nicht, daß Gott versuchlich wäre. Auch in dieser Situation war er es nicht.

Die Lust Gottes ging tatsächlich in eine andere Richtung. Es mag grausam für uns klingen und uns unfaßlich erscheinen. Aber darin drückt sich eben die einzigartige Liebe des Vaters zu uns Menschen aus. In Jesaja 53,10 (wörtliche Übersetzung) lesen wir: „Und Gott hatte Gefallen daran (was auch mit Lust übersetzt werden kann), ihn (Jesus) mit Krankheit zu schlagen."

Gott der Vater, unter dessen Regie ja das ganze Kreuzesgeschehen ablief, war also nicht erreichbar für die Versuchung, die von den Menschen am Kreuz ausging. Sie wußten nicht, was sie sagten; aber er, der himmlische Vater, wußte genau, was er wollte. Dennoch, für Jesus lag hier eine Versuchungssituation vor. Und sie war nach dem vorgegebenen himmlischen Leidensprogramm unerläßlich. Weil wir einen grundsätzlichen Sieg über die Sucht und den Zwang bekommen sollten, uns in eigener Gerechtigkeit und selbstherrlichem Streben abzumühen und uns selbst zu helfen, mußte er diese pointierte und ausdrückliche Demütigung und Versuchung zur Selbsterlösung auf sich legen lassen und überwinden.

Jetzt die Anwendung dieses Heilsgutes: Durch diese seelische Not und Anstrengung des Herrn ist grundsätzlich für uns das Tor zur Gnadenfähigkeit aufgestoßen. Weil Jesus dieses Kernübel menschlichen Trachtens bewußt ertragen mußte und ertragen hat, deswegen sind wir in den Stand gesetzt worden, Gnade überhaupt begehren zu können. Andernfalls wären wir so sehr der Sucht ergeben, immer wieder alles selbst machen zu müssen und uns selbst zu verwirklichen, daß wir die Geschenke Gottes gar nicht sehen oder annehmen könnten.

Jetzt sind wir, wenn wir die Mühe des Herrn für uns sehen, imstande, Lust an der Gnade zu haben! Wir sind befreit von der Lüge, daß wir alles selbst machen müssen. Das ist ein wirkliches Erlösungsgeschenk. Es ist da, um beansprucht zu werden.

Der Glaube, der das mit Lust und Freude ergreifen will, wächst in uns, wenn wir sehen, was der Herr für uns getan hat, und wenn wir Erleuchtung darüber bekommen, daß Erlösung durch Gnade viel schöner ist als Erlösung durch Anstrengung (die sowieso nicht möglich ist). Indem wir uns immer wieder mit diesem Aspekt der Erlösung beschäftigen, wächst in uns der Glaube. Je länger wir auf das Bild des Herrn schauen, der sich für uns abgemüht hat, um so abstoßender und ekelhafter wird uns die eigene Mühe als unser Grundverhalten werden. Wir werden sie als einen Teil des Fluches durchschauen und nicht mehr idealisieren und vergöttern.

Glaube, also das Ergebnis des stetigen Umganges mit dem Teil des Wortes Gottes, den wir grade brauchen, wird uns in die Bereiche des Friedens und der Ruhe mit Gott hineinführen, von denen das 3. und 4. Kapitel des Hebräerbriefes so ausführlich handeln. Ich glaube, daß das Leben in der göttlichen Entspannung und in der Ruhe Gottes eine Qualität der Erlösung für sich ist. Natürlich ist sie die unmittelbare Folge von anderen Grunderfahrungen, aber sie hat, wer mag das in Anbetracht des Ruhedefizites bei vielen Gläubigen leugnen, einen ganz hohen Rang als Erfahrungsgut. Über die Ruhe in Gott und auch über das Ruhen von unseren Werken muß im Leib Jesu noch viel mehr die Rede sein. Die Welt um uns hat ein Recht darauf, den Lebensstil der souveränen Gelassenheit und des Ruhens im Frieden des Herrn demonstriert zu sehen, damit sie stärkere Gelüste nach einem solchen Leben mit Gott entwickeln kann. Dieses Beispiel sind wir unserer Umgebung einfach schuldig, aber auch uns selbst. Ohne diesen göttlichen Frieden kann unser Nervensystem nicht angemessen funktionieren.

Die Erlösung von der Hektik und der Mühe unserer Seele ist fraglos ein eigenständiges Heilsresultat. Es kann keine Rede davon sein, daß jeder Gläubige dies wie automatisch durch seine Bekehrung mitbekommen hat. Was ihm dabei zuteil geworden sein wird, wenn seine Bekehrung echt war, ist das, was wir Heilsgewißheit nennen, was auch sehr schön und eine unaufgebbare Voraussetzung für den Wandel mit dem Herrn ist. Aber Leben in der Ruhe Gottes mit einer gestillten Seele, das ist weitaus mehr. Diese Lebensqualität, wie immer sie im einzelnen im Alltag in Erscheinung treten mag, könnte aber nicht erfahren werden, wenn sie nicht am Kreuz vom Herrn für uns gewonnen worden wäre. Der Preis, den Jesus dafür bezahlen mußte, war die Mühe seiner Seele, die sich dabei in den Tod hineingegossen hat. Er hat sich bis zur totalen Erschöpfung, bis zum Tod, abgemüht. Auf unserer Seite, die wir das im Glauben ergreifen, steht dementsprechend die völlige Ruhe in ihm und auch in unserer Seele.

Die Befreiung von den eigenen Werken

Die Erlösung von der Selbsterlösung und damit auch von der Selbstverwirklichung ist eine Sache. Sie hat der Herr erledigt. Aber das Wort Gottes spricht noch von einem weiteren Aspekt der Erlösung, der dem Thema der Selbsterlösung benachbart ist. Gott bietet uns Befreiung von der Qual an, die jeder Arbeit und Mühe anhaftet, auch wenn sie vielleicht sehr belangloser Natur ist und nichts mit Selbstverwirklichung zu tun hat, weil der Arbeitende davon ausgehen muß, daß er alles selbst machen muß und allein von seiner Kraft und Intelligenz abhängig ist. Die meisten Menschen werden insofern ihr Leben lang von ständigen Ängsten, Sorgen und Bedrückungen im Umkreis der Arbeit gequält, auch wenn es gar nicht um das Thema der Selbsterlösung geht.

Diese Seite des Evangeliums habe ich erst sehr spät wahrgenommen. Am Anfang meiner Seelsorgetätigkeit und Gemeindearbeit ging es darum, zunächst die vorrangigen Aufgaben wie Evangelisation, Hilfe für die Gebundenen und mit schweren Nöten und charakterlichen Deformierungen beladenen Frischbekehrten in Angriff zu nehmen. Die viel unscheinbareren und zarteren Aufgaben, die sich in der Lehre über die Erlösung von den eigenen Werken ausdrückten, sind dagegen zunächst völlig im Hintergrund geblieben.

Heute sehe ich Elemente einer solchen Lehre in der Bibel auf Schritt und Tritt und erkenne die Notwendigkeit und den Segen eines derartigen Erlösungsangebotes sowohl für die individuelle Christusnachfolge als auch im Hinblick auf die gesamte Entwicklung des Leibes Jesu und jeder Ortsgemeinde.

Wir sollen ruhen von unseren Werken, so lautet das Angebot des Herrn an uns aus dem neuen Testament:

Hebräer 4,3-11

3 Denn wir, die wir glauben, gehen ein in die Ruhe, wie er spricht: „Ich schwur in meinem Zorn, sie sollten zu meiner Ruhe nicht kommen." Nun waren ja die Werke von Anbeginn der Welt fertig,

4 denn so spricht er an einer Stelle der Schrift von dem siebenten Tag: „Und Gott ruhte am siebenten Tage von allen seinen Werken."

5 Gleichwohl heißt es an dieser Stelle abermals: „Sie sollen nicht kommen zu meiner Ruhe."

6 Da es nun bestehen bleibt, daß etliche sollen zu Gottes Ruhe kommen, und die, denen es zuerst verkündigt ist, nicht dazu gekommen sind um des Ungehorsams willen,

7 bestimmt er abermals einen Tag, ein „Heute", und sagt durch David nach solcher langen Zeit, wie eben gesagt ist: „Heute, wenn ihr seine Stimme hören werdet, so verstocket eure Herzen nicht."

8 Denn wenn Josua sie hätte zur Ruhe gebracht, würde Gott nicht hernach von einem andern Tage geredet haben.

9 So ist also noch eine Ruhe vorhanden dem Volke Gottes.

10 Denn wer zu Gottes Ruhe gekommen ist, der ruht auch von seinen Werken gleichwie Gott von den seinen.

11 So lasset uns nun Fleiß tun, hineinzukommen zu dieser Ruhe, auf daß nicht jemand zu Fall komme in gleichem Ungehorsam.

Die Ruhe von den eigenen Werken ist eine Verheißung, aber nicht nur das. Sie ist obendrein eine unaufgebbare Voraussetzung, um sich auf Dauer von Unglauben, Rebellion, Ungehorsam und dem nachfolgenden Fall fernzuhalten. Damit ist dieser Erlösungsinhalt nicht mehr ein zusätzlicher Segen für den Gläubigen, den er als Option für gewisse Steigerungen seiner Frömmigkeit ansehen und wählen kann oder nicht. Dieser Teil der Erlösung ist unerläßlich, um auf Erden die Güte Gottes durchgehend erleben zu können. Ohne Kenntnis dieses Segens, der, wie alle anderen Erlösungsinhalte, ebenfalls auf das Kreuz zurückgeht, sind wir alle dazu verurteilt, die gehobenen Ziele des Evangeliums und die Maßstäbe unseres Gottes mit gesteigertem Einsatz anzustreben, was unsere eigenen Energien verbrauchen, uns in Hast, Streß und Erschöpfung bringen und uns bei all dem von dem ersehnten Ziel der Entspannung und der Ruhe immer weiter entfernen wird.

Durch eigene Werke seinen Fall vorbereiten

Aber das Hauptproblem aller eigenen Taten und Werke, wodurch diese uns dann schließlich das Genick brechen werden, liegt darin, daß allein schon die Tatsache, daß es eigene Werke sind, ein Ausdruck von Unabhängigkeit von Gott ist. Der Gedankengang, der den oben zitierten Text aus Hebräer 4 durchzieht, ist folgender:

1. Die Kinder Gottes glaubten nicht, das heißt, sie vertrauten nicht den von Gott gegebenen Verheißungen, daß er sie versorgen würde. Durch diese Entscheidung zum Unglauben konnten sie nicht in die Ruhe Gottes gelangen (Vers 3). Die erste Reaktion beim Glaubenden ist das Eintreten von Ruhe. Diese ist der Ausdruck der Gewißheit, daß Gott den Fall übernommen und seine Maßnahmen, die nichts anderes als die Inhalte der im Worte Gottes gegebenen Verheißungen darstellen, in Gang gesetzt hat.
2. Der nächste Gedanke ist der, daß Gott nicht nur vereinzelte Werke vorbereitet hat, sondern daß er alles, was er je an Wohltaten und Hilfen für die Menschheit geplant hatte, schon geschaffen und abgeschlossen hat. Gott ruht also nicht nur von

seinen Schöpfungswerken, sondern von allen Werken überhaupt. Das ist die erstaunliche Botschaft dieses Textes.

3. In diese Ruhe Gottes sollen wir auch gelangen (Vers 6, 9 und 10). Gott hat seine Ruhe nicht für sich selbst reserviert. Als der liebevolle himmlische Vater will er seinen geliebten Kindern dieselbe Lebensqualität zukommen lassen, die er hat, und bietet uns deswegen das Ruhen von unseren eigenen Werken an. „So ist also noch eine Ruhe vorhanden dem Volke Gottes." Wir empfangen also durch Jesus Frieden mit Gott, weil er die Feindschaft überwunden hat. Zu dieser Ruhe mit Gott soll nun noch die Ruhe von den eigenen Werken und Handlungen hinzukommen, durch die unser Alltag völlig umgestaltet werden soll. Wer nicht mehr unter dem Druck steht, alle entscheidenden Dinge aus eigenem Impuls, eigener Verantwortung und eigener Kraft bewerkstelligen zu müssen, der fängt eigentlich erst an, richtig zu leben. Erlösung, die auf Erden sichtbar werden will, kann auf diese Erleichterung nicht verzichten.

4. Der Weg zu dieser Ruhe verläuft über viele Fleißschritte (Vers 11), durch die wir uns die einzelnen Verheißungen aus dem Worte Gottes aneignen. Daß das Wort Gottes gemeint sein muß, auf daß wir Fleiß verwenden wollen, beweist uns die Textumgebung (Vers 12 und Vers 13) und entspricht der gesamten neutestamentlichen Lehre über den Zusammenhang von Glauben und Ruhe, deren wichtigsten Anteil wir am Anfang dieses Bibelabschnittes schon dargestellt sahen (Vers 3).

5. Wer nicht zur Ruhe von seinen Werken gelangt, nimmt praktisch eine Position der Unabhängigkeit ein. Gott aber ist ein eifersüchtiger Gott, der alles für uns tun will oder schon getan hat. Alles, was gut ist, kommt von ihm. Gut ist insofern nicht nur eine Qualitätsbezeichnung, sondern auch eine Herkunftsbestimmung. Jenseits von Gott gibt es nichts Gutes. Deswegen will und kann uns der Herr nicht unsere eigenen Taten tun lassen. Es wären Taten, die ihn nicht zum Ursprung hätten und die nicht von seinem Willen, seiner Kraft und seiner Weisheit getragen wären. Sie wären gott-freie Handlungen und Bereiche und somit der ideale Nährboden, auf dem das Böse gedeihen könnte.

Aus diesem Grunde, so folgert der Heilige Geist im Text weiter, wird überall da, wo die Gläubigen nicht zu dieser Ruhe gekommen sind, die Gefahr des Ungehorsams und des anschließenden Falles drohen. Somit ist diese Ruhe lebensnotwendig: Wer nicht zu ihr gekommen ist, beweist damit schon die Grundeinstellung der Unabhängigkeit, die über Stolz und Ungehorsam unweigerlich zum Niedergang führt.

Eigene Werke sind tote Werke, wie es der Hebräerbrief ausdrückt. Sie haben die verborgene Aufgabe, die eigene Leistungsfähigkeit unter Beweis zu stellen und den Nachweis zu liefern, daß man zu bestimmten Dingen die Hilfe des Herrn praktisch nicht bräuchte. Sie sind geheime Protest- und Absetzhandlungen gegen Gott und sollen in letzter Konsequenz beweisen, daß man sehr wohl ohne Jesus etwas tun kann, wo doch Jesus sagt: „... ohne mich könnt ihr nichts tun." (Johannes 15,5 b).

Unser Einsatz und unsere Arbeit über acht, zehn und zwölf Stunden am Tag, und das Woche für Woche, scheinen das Gegenteil zu beweisen. Wir können offensichtlich sehr wohl viele Dinge tun, manche Aufgaben erledigen und große Dinge schaffen.

Aber jede Handlung und jedes Wort, das nicht von Gott im Glauben abgeholt wird, ist letztlich destruktiv und stellt sich gegen Gott, was die Schrift dadurch zum Ausdruck bringt, daß sie durch solche Taten unser Gewissen verletzt sieht:

> **Hebräer 9,14**
> **... wieviel mehr wird das Blut Christi, der sich selbst als ein Opfer ohne Fehl durch den ewigen Geist Gott dargebracht hat, unser Gewissen reinigen von den toten Werken, zu dienen dem lebendigen Gott!**

Unser Gewissen wird durch jedes Werk, das in eigener Entscheidung und Kraft vollzogen wird, insgeheim getroffen und befleckt. Der Betreffende spürt das nicht sofort, aber es bleibt nicht ohne Folgen. Es stellen sich allmählich und zunehmend kaum erklärbare Schuld-, Verdammnis- und Unzulänglichkeitsgefühle und auch der Sachverhalt von Freiheitsverlust, Lähmung und Unwohlsein ein. Dazu kommen Erschöpfungszustände, chronische Müdigkeit und Lustlosigkeit. Und all das mündet schließlich in Ungehorsam und in irgendeine Lebenskatastrophe.

Hinter diesen Zuständen, die die Betroffenen in den meisten Fällen nicht deuten können, steht die Unabhängigkeitserklärung der eigenen Werke, die dem Feind weiten Raum in unserem Herzen gewährt. Er nimmt diese Einladung an und kommt, um Probleme, Defizite, Zwänge und alle möglichen Symptome mit sich zu bringen. Dieser gesamte Vorgang stellt eine Belastung des Gewissens dar. Es liegt demnach doch keine völlig verborgene Schuldsituation vor. Das Gewissen registriert solche Handlungen durchaus als schuldhafte Regungen.

Aber, Preis sei Gott, davon kann das Blut Jesu uns reinigen. Es will aber mehr als das, es will dieser Entwicklung vorbeugen. Aus diesem Grunde finden wir in Hebräer 6 die Lehre von den toten Werken als erste unter den Basislehren genannt, die die Briefempfänger offenbar schon längst kannten und befolgten.

Hebräer 6,1-2
1 Darum wollen wir jetzt lassen, was im Anfang über Christus zu sagen ist, und uns zum Vollkommenen wenden; wir wollen nicht abermals Grund legen mit der Lehre vom Abtun der toten Werke, vom Glauben an Gott,
2 vom Taufen, vom Händeauflegen, von der Toten Auferstehung und vom ewigen Gericht.

Ich glaube, daß diese Wahrheit, die die Schrift als absolut grundlegend ansieht, unter uns noch lange nicht den gebührenden Platz eingenommen hat.

Aber wie soll es denn sein? Sollen wir faul und passiv dahindämmern und uns weigern, irgendwelche Werke zu tun?

Nein, natürlich nicht. Wir sollen die Werke G o t t e s tun!

Epheser 2,10
Denn wir sind sein Werk, geschaffen in Christus Jesus zu guten Werken, welche Gott zuvor bereitet hat, daß wir darin wandeln sollen.

Die guten Werke, die wir tun sollen, sind von Gott schon vorbereitet, so daß wir gleichsam nur noch in sie hineinschlüpfen müssen, um in ihnen zu wandeln. Wir übernehmen im Glauben Werke, die in unsichtbarer Form von Gott vorgefertigt sind, und vollenden sie dadurch, daß wir sie durch unsern Glauben, der sich jeweils an bestimmten Verheißungen entzündet, ins Sichtbare bringen.

Auch nach diesem Wort sind die Werke, die Gott für uns geschaffen hat, schon von Anbeginn der Welt fertig. Wo bleibt nun das Handeln unseres Herrn? Wo ist der Beitrag des Kreuzes in diesem Geschehen? Wir hatten bisher alle Angebote der Erlösung in der Leidens- und Kreuzigungserfahrung unseres Herrn in dem Sinne vorgefunden, daß der Herr jeweils das Leid und die Nöte und Verfehlungen, von denen er uns befreit hatte, auf sich nehmen mußte.

Im Hinblick auf die Selbsterlösung hatten wir den Befund aus Jesaja 53,11 erhoben, wonach er sich den seelischen Mühen und Qualen ausgesetzt hatte, durch die unsere Selbsterlösung beendet wurde. Wie steht es nun mit den eigenen Werken, auch den trivialen Werken des Alltags?

Die Tilgung der toten Werke, also der eigenen Werke, geschah nach Hebräer 9,14 durch sein Blut, das durch den Heiligen Geist im Himmel als Sühne dargebracht worden ist. (Das ist in Analogie zu den Opferhandlungen im Alten Bund der Abschluß des Erlösungsgeschehens. Das Opferlamm bzw. der Widder oder Bock mußten nicht nur geschlachtet werden, ihr Blut mußte auch im Tempel Gott dargebracht werden.) Die Befreiung von dem Zwang zu eigenen Werken erwirkte der Herr durch seine Arbeit des Tragens seines eigenen Kreuzes, an dem er sterben sollte. Das ist mit die gemeinste und demütigendste Form der körperlichen Mühe und Bloßstellung, die ein menschliches Wesen treffen kann: er wurde unter Erschöpfung, Hunger und Durst, nach vorheriger Geißelung, nach Verhör und Verspottung und nachdem er selbst geschlagen wurde, genötigt, sein eigenes Hinrichtungs- und Marterinstrument zu tragen.

Es gibt im Kreuzesgeschehen keine Zufälligkeiten. Die körperlichen Strapazen, denen Jesus ausgesetzt wurde, hatten ihn bis an die Grenzen seines Vermögens und darüber hinaus gefordert. Er ist unter der Last und auf Grund seiner eigenen Erschöpfung unter seinem Kreuz zusammengebrochen. Jesus weiß, was es heißt, einer übermäßigen und anhaltenden körperlichen Belastung unter entsetzlichen Umständen ausgeliefert zu sein. Das war die erste und einzige körperlich qualvolle Mühe, die bis dahin jemand ausschließlich für andere und nicht für sich auf sich genommen hatte. Jesus hat das Kreuz getragen, das Werk der Erlösung völlig vollbracht und damit auch stellvertretend unsere eigenen Werke vollbracht und erlitten, denn er hat ja unter den eigenen Werken der Menschen gelitten.

Der Weg für die Verwirklichung der Absicht Gottes, daß sein Volk hinfort nicht mehr unter dem Streß und der Qual der Leistung leiden soll, ist dadurch eröffnet. Wir müssen nicht mehr durch Arbeit geplagt werden. Wir arbeiten anders. Wir schaffen effektiver, lustvoller und entspannter. Die Komponenten von Angst vor der Aufgabe, Gefahr der Blamage und Furcht vor dem Scheitern unserer Bemühungen, die gewöhnlich alle unsere Maßnahmen und Handlungen begleiten, sind aus unserer Arbeit heraus, wenn wir allein Gottes Anweisungen empfangen, wofür er uns dann auch seine Kräfte und die Sicherheit eines erfolgreichen Abschlusses bereitstellt.

Jesus sagt zu den Jüngern: „Gleichwie mich der Vater gesandt hat, so sende ich euch." (Johannes 20,21). Er wurde vom Vater gesandt, daß er seine Werke vollendet, was er als lustvoll und als eine Art Ernährung ansah: „Meine Speise ist die, daß ich tue den Willen des, der mich gesandt hat, und vollende sein Werk." (Johannes 4,34 – so auch Johannes 17,4).

Wir sollen die Werke des Herrn genauso vollenden, wie es Jesus mit den Werken des Vaters getan hat. Das ist jetzt möglich, weil Jesus den Fluch, der auf der Arbeit ruhte, auf sich genommen hat. Durch seine seelische Mühe und körperliche exzessive Anspannung, die für uns geschah, steht dem Vorsatz Gottes, die Arbeit von der begleitenden Eigenschaft der Pein zu befreien – was von Anbeginn der Welt so beschlossen und bewirkt war – kein Hindernis mehr entgegen.

Jesus hat den Fluch der Arbeit, der darin bestand, daß wir jeweils allein für sie und für ihr Gelingen verantwortlich sind und doch über keine ausreichenden Kräfte dafür verfügen, auf sich genommen. Arbeit ist heute das Abholen von vorgefertigten Werken und das Vollenden dieser Werke im Glauben. Arbeit soll jetzt Freude bereiten, unsere Lust und unsere Speise werden und muß nicht mehr mit dem Makel der Verführung behaftet sein, indem sie uns von Anfang an in das Gefilde der Unabhängigkeit führt.

Wir können, wie es Apostel Paulus sagt, viel, vielleicht mehr als alle anderen arbeiten (1. Korinther 15,10: „Ich habe viel mehr gearbeitet als sie alle.“) und doch entspannt leben, uns in der Mitte des Willens Gottes bewegen, Gottes herrliche Taten tun, sehr effizient sein, ohne im geringsten durch die Last und Mühe unserer Tätigkeit geknechtet zu werden.

Der Gedanke des Ruhens von unseren Werken und damit auch das Beenden allen Abmühens hat mich von jeher im Neuen Testament besonders stark gefesselt. Mein Interesse an dieser Wahrheit kam schlicht daher, daß ich über viele Jahre diese Qualität bei mir nicht gesehen habe. Ich habe sie auch kaum bei einem anderen Christen entdeckt. Sie gehört also offenbar zu jenen Erfahrungskontingenten, die wir noch im Glauben zu gewinnen haben. Sie ist wunderschön. Sie bedeutet den Gipfel von Leben und führt uns zu dem allergrößten Genuß. Sie gehört zu den unentdeckten Schätzen der Erlösung, die Jesus am Kreuz für uns erworben hat. Wenn der Heilige Geist in der nahen Zukunft alle Aspekte der Erlösung und die ganze Breite des Bundesinhaltes in dem Vertrag zwischen Gott und Menschen zur Geltung bringen wird, dann wird mit Sicherheit diese Erlösungskostbarkeit nicht fehlen. Die Gemeinde Jesu kann nicht in Makellosigkeit und in Freiheit von allen Flecken und Runzeln erstrahlen, solange sie noch gezeichnet ist von Mühe und der vergeblichen Nachhilfe bei der Erlösung. Je klarer und je reiner uns der Heilige Geist das Bild Jesu in seiner Liebe und seiner Zuwendung zu uns zeichnen wird, um so weniger Verlangen werden wir haben, seine Freundlichkeiten auszuschlagen, um alles selber zu machen.

Kapitel 15

Erlöst vom eitlen Wandel nach der Weise der Väter

In 1. Petrus 1,18 finden wir einen bemerkenswerten Satz, der einen weiteren, wahrscheinlich benachbarten Teil des Erlösungsspektrums beschreibt.

1. Petrus 1,18-19
18 und wisset, daß ihr nicht mit vergänglichem Silber oder Gold erlöst seid von eurem eitlen Wandel nach der Väter Weise,
19 sondern mit dem teuren Blut Christi als eines unschuldigen und unbefleckten Lammes.

Die Erlösung, von der hier die Rede ist, hat große Ähnlichkeit mit der Erlösung von seelischer Mühe und Selbsthilfe. Aber sie scheint doch nicht identisch damit zu sein. Die Eitelkeit des Wandels, von der hier gesprochen wird, ist nach dem Bedeutungsinhalt des griechischen Wortes „mataios" weniger auf den Sündencharakter des Wandels als mehr auf das Nichtige und Unsinnige in bestimmten Verhaltensformen zu beziehen.

Die Rede ist von einem in allen menschlichen Biographien immer wieder nachweisbaren, gleichförmigen Ablauf der Dinge. Wir tun immer wieder dieselben unsinnigen und nutzlosen Dinge, welche sich schon bei früheren Versuchen als unnütz erwiesen haben. Es gibt einen Zwang, immer wieder dieselben Torheiten zu vollziehen und Leistungen oder Anstrengungen zu unternehmen, von denen man eigentlich wissen müßte, daß sie zu nichts führen. Das Nichtige, das also zu nichts führt, ist eine Folge der Lebensverfehlung ohne Gott und des Lebens in der Sünde. Aber es kommt auch dann vor, wenn nur ein sehr reduziertes Verständnis von Erlösung vorhanden ist oder ausgelebt wird.

Wir sind von diesem Zwang, das erkanntermaßen Verkehrte wiederholt tun zu müssen, grundsätzlich befreit. Der Preis, der im Erlösungsgeschehen dafür aufzuwenden war, ist das Blut Jesu. Hier erkennen wir die Ähnlichkeit zu dem Leidenspreis der Erlösung von der Selbsthilfe, bei der sich Jesu Seele zu Tode gemüht hat. Jesus hat das Blut als Sitz des Lebens und der Seele dahingegeben, um uns von dem Wiederholungszwang, der nur Scheitern und Versagen einbringt, zu befreien. Vom Blut Jesu wird sonst im Worte Gottes gesagt, daß durch dessen Vergießen die Vergebung der Sünde erfolgt. Hier wird ein weiterer Segen, der deutlich anderer Natur ist, herausgestellt. Wir werden bewahrt vor der Nutzlosigkeit und der Leere unsinniger Handlungen und einem Alltagsverhalten, das keine Ergebnisse bringt und kein Leben freisetzt.

Dieses Schriftwort von der Erlösung von dem eitlen Wandel war für mich von jeher eine Perle, die ein besonders kostbares Erlösungsgut darstellt. Ich hatte den Nutzen und den praktischen Aspekt dieses Schriftwortes bald erkannt, wußte aber nicht, wie ich es mir zu eigen machen konnte.

Glaube ist auch in diesem Fall wieder der Zugang – der einzige Zugang – zu der Erfahrung dieses Segens. Wir werden mehr oder weniger alle darunter leiden, daß wir unsere Tage nicht effektiv genug verbringen. Es wird für jeden unter uns qualvoll sein, sehen zu müssen, wie er alte Fehler wiederholt, was dann regelmäßig zu Selbstvorwürfen, Verzweiflung und Verlust oder Verminderung der Freude am Herrn führt. So sollten wir uns im Glauben dieser Schriftaussage nähern. Sie ist ja so entspannend und so herrlich praktisch. Gott will diese Frustration aus unserem Leben bannen, die sich aus Nutzlosigkeit, Ereignislosigkeit und dem Wiederholungszwang speist. Das Wort selbst erzeugt den Glauben an die Erreichbarkeit dieses Zieles, sofern wir es in unser Herz hineinlassen. Dementsprechend sollten die Klugen unter uns mit diesem Wort schwanger gehen, indem sie es in sich bewegen und bedenken, es sich selbst und dem Herrn vorhalten und es so lange bebrüten, bis es zu ihrem inneren Besitz geworden ist und sie völlig von der Realität dieser Tatsache überzeugt sind.

Alltagsbewältigung durch göttliche Fähigkeit und Weisheit

Dieses Verheißungswort im 1. Petrusbrief hat eine große Nähe zu den Erklärungen Gottes in

2. Korinther 3,4-6
4 Ein solch Vertrauen aber haben wir durch Christus zu Gott.
5 Nicht daß wir tüchtig sind von uns selber, etwas zu erdenken als von uns selber; sondern daß wir tüchtig sind, ist von Gott,
6 welcher uns auch tüchtig gemacht hat zu Dienern des neuen Bundes, nicht des Buchstabens, sondern des Geistes. Denn der Buchstabe tötet, aber der Geist macht lebendig.

Durch Gott sind wir fähig. Fähigkeit ist nicht ein angeborenes, natürliches Merkmal. Befähigung zum Dienst Gottes und Fähigkeit schlechthin — denn sie wird in diesem Schriftwort bei zwei der drei Erwähnungen nicht in einem eingeschränkten oder spezifischen Sinne verstanden — ist nichts anderes als vom Heiligen Geist angenommene Gnade, sie ist letztlich eine übernatürliche Befähigung.

Fähigkeit kann auch definiert werden als die Entscheidung, Aufgaben und Probleme mit den richtigen Methoden anzugehen und zu bewältigen. Die angemessenen Methoden werden indessen frei sein von allem Nichtigen, Vergeblichen und Eitlen. Die besten menschlichen Problem-Bewältigungsmaßnahmen werden jene Methoden sein, die nicht auf irdische und natürliche Kräfte beschränkt bleiben. Wenn wir voll Heiligen Geistes sind und wenn uns der Geist Gottes das Wort erschließt, werden wir die Weisheit Gottes empfangen.

Wir sollen, so sagt uns das Wort Gottes, voll Weisheit werden. Mit der Weisheit Gottes nehmen wir aber Anteil an seiner übernatürlichen Allwissenheit und Allmacht, zumindest bruchstückhaft, in dem Maße, wie wir es brauchen. Gottes Weisheit wird uns fernhalten von den Fallen und Gefahren des Nichtigen und Eitlen. Diesem werden wir entkommen, weil das Nichtige und Eitle seine Kontrolle über uns verloren hat. Die Weisheit werden wir erwählen, weil uns das Nichtige nicht mehr verführen und binden kann.

Kapitel 16

Das Kreuz, unser Verstand und Gottes Weisheit

Als ich mich der biblischen Seelsorge zuwandte, wurde es für mich schon früh zu einer festen Erkenntnis: Das erste, was in Folge der Sünde Not leidet, ist unsere Verstandestätigkeit. Der Eintritt der Sünde legt die Denkfähigkeit auf starre und wahrheitsferne Wege fest. Überwertige Ideen, fixierte Gedanken, mangelnde Flexibilität oder Leerlauf in Nichtigkeiten sind regelmäßige Folgen des Lebens ohne Gott und ohne Gnade.

Wenn jemand Jesus als seinen Herrn und Erretter begehrt, gibt es Erlösung auch für seinen Verstand. Die Frage ist nun, ob es sich bei der Erlösung des Verstandes um Prozesse handelt, die sich nachgeordnet und mittelbar als Auswirkung der Lebensübergabe an Jesus abspielen, oder ob es auch eine eigenständige Erlösung für den Verstand und eine dementsprechende Befreiung von der Unvernunft gibt.

Beginnen wir mit dem Gegenteil von Torheit: der göttlichen Weisheit. Der Jakobusbrief sagt uns in Kapitel 1,5: „Wenn aber jemand unter euch Weisheit mangelt, der bitte Gott, der da gern gibt jedermann und allen mit Güte begegnet, so wird ihm gegeben werden."

Wörtlich heißt es hier: Er verlange oder begehre von Gott. Dann wird ihm anschließend, sofern er im Glauben bittet (Vers 6), selbstverständlich Weisheit gegeben werden. Das sieht doch sehr danach aus, daß Weisheit als fertiges Produkt göttlicher Tätigkeit schon vorliegt. Das Prozeßhafte, das wir wahrscheinlich alle gedanklich mit dem Erwerb von Weisheit verbinden, ist in dieser Formulierung gänzlich abwesend.

Jesus hat die Torheit der Menschheit auf sich genommen, damit wir Gottes Weisheit bekommen. Er hat die Torheit direkt ertragen. Denn alles, was ihm vor dem Kreuz und am Kreuz widerfuhr, ist, wie es die Bibel schildert, ein Ausdruck von Torheit der Menschen und der hinter ihnen stehenden dämonischen Kräfte. Diese glaubten, als sie Jesus am Kreuz sahen, auf dem Gipfel ihres Triumphes zu stehen. Aber die Torheit der Menschen am Kreuz, die von den unsichtbaren Mächten als den wahren Drahtziehern gesteuert wurden, wurde der Weg zur Weisheit für die Menschheit.

1. Korinther 2,6-8
6 Wovon wir aber reden, das ist dennoch Weisheit bei den Vollkommenen; nicht eine Weisheit dieser Welt, auch nicht der Herrscher dieser Welt, welche vergehen.
7 Sondern wir reden von der heimlichen, verborgenen Weisheit Gottes, welche Gott verordnet hat vor der Zeit der Welt zu unsrer Herrlichkeit,
8 welche keiner von den Herrschern dieser Welt erkannt hat; denn wenn sie die erkannt hätten, so hätten sie den Herrn der Herrlichkeit nicht gekreuzigt.

Die Weisheit bei den Vollkommenen ist die Weisheit der Gemeinde Jesu, die die Welt nicht kennt. Diese Weisheit, die die Weisheit Gottes darstellt, ist uns von Gott zu unserer Herrlichkeit verordnet. Herrlichkeit enthält also Weisheit. Wäre Herrlichkeit ohne Weisheit, wäre sie keine Herrlichkeit. Die Herrlichkeit Gottes enthält alle göttlichen Tugenden und Kräfte. Sie ist eine Art Summenbegriff, auch identisch mit der Gegenwart Gottes und mit dem Heiligen Geist, in dem sich alle göttlichen Eigenschaften ausdrükken.

Diese Herrlichkeit, in der also Weisheit enthalten ist, sollte uns gegeben werden. Die Herrscher dieser Welt, von welchen Vers 8 redet, sind keineswegs Menschen, die etwa im Leidensgeschehen handelnd vertreten waren. Das sind jene Gewaltigen und Mächtigen in der unsichtbaren Welt, die, weil sie eben diese Weisheit nicht hatten, den Herrn der Herrlichkeit gekreuzigt haben. Damit haben sie sich selbst in ihrer Torheit den Untergang bereitet und uns, den Kindern Gottes, den Weg zur Weisheit eröffnet. Also weil der Herr durch Torheit dieser Herrscher gekreuzigt wurde, deswegen wurde uns die Weisheit Gottes zuteil, die uns die Herrlichkeit Gottes ermöglicht.

Nach dieser biblischen Theorie des Zusammenhanges von Jesu Kreuz, den törichten Motiven der unsichtbaren Herrscher und dem dadurch der Gemeinde zuteil gewordenen Resultat der Weisheit Gottes ist es augenscheinlich, daß Weisheit für uns Kinder Gottes am Kreuz errungen worden ist.

So hat also die Torheit der Menschen am Kreuz und der Kräfte hinter den Menschen das Heil für uns bewirkt. Weil das, was Jesus erleiden mußte, unter anderem auch Torheit war, deswegen mußte uns daraus Weisheit werden.

Am Anfang der Apostelgeschichte lesen wir, daß die neuen Diakone, die in der Gemeinde in Jerusalem wegen auftretender Spannungen und sozialer Ungerechtigkeiten bestellt worden waren, Männer voll Geistes und voll Weisheit waren (Apostelgeschichte 6,3). Die Gemeinde hatte erst eine kurze Geschichte. Sie trat durch das Pfingstereignis von einem auf den nächsten Tag in Existenz. Es gab keine Möglichkeit für eine lange charakterliche Entwicklung der leitenden Männer. Von Anfang an war jedoch Weisheit in Fülle gegeben. Sie hatten nicht nur viel Weisheit oder ein beträchtliches Kontingent an Weisheit, sie werden beschrieben als Menschen voll Weisheit.

Der Aspekt, daß Weisheit auf unser Glaubensgebet hin schon am Anfang unserer Nachfolge in Fülle vorhanden sein kann, weil wir das unverschämte Abholen gelernt haben, ist gewiß gewöhnungsbedürftig. Er steht im Gegensatz zu der Summe von allen unseren Anschauungen und auch Erfahrungen zu diesem Thema. Aber diese Anschauungen stehen im Gegensatz zum Schriftbefund.

Wir haben den Verstand Christi

Weisheit kann ohne Verstand und Einsicht nicht bestehen. Der Weise ist auch der Verständige. Verstand und Vernunft stellen die Befähigung bereit, Realität in ihrem Ursprung, ihrem Wesen und ihren Auswirkungen richtig zu erfassen. Weisheit ist mehr, sie umgreift das Potential des Verstandes und hat kraft der Teilhabe an Gottes Weisheit das Vermögen in sich, in Zukünftiges zu schauen und sich dementsprechend einzurichten.

Sprüche 14,33
Im Herzen des Verständigen ruht Weisheit, und inmitten der Toren wird sie offenbar.

Sprüche 17,24 a
Ein Verständiger hat die Weisheit vor Augen; ...

Weisheit und Verstand sind ein unzertrennliches Paar. Als Jesus die Torheit der Welt und ihrer Herrscher erlitt, mußte er auch ihre Unvernunft erdulden. In den Evangelien tritt der Anschlag auf die Verstandestätigkeit des Herrn durch die Menschen etwas in den Hintergrund. In Matthäus 27,30 finden wir das angedeutet: Sie schlugen ihn auf den Kopf. Der Kopf war auch das Ziel des Anschlages und der Verletzung durch die Dornenkrone. Nach Matthäus 27,34 gaben sie ihm auch Weinessig mit Galle vermischt, was eine narkotisierende Wirkung entfalten sollte. Der Herr hat dieses Getränk, nachdem er es kurz schmeckte, verweigert. Er wollte nicht betäubt oder im Trancezustand, sondern im vollen Bewußtsein seines Leidens und seines Geschickes das Kreuz ertragen.

1. Korinther 2,14-16
14 Der natürliche Mensch aber vernimmt nichts vom Geist Gottes; es ist ihm eine Torheit, und er kann es nicht erkennen; denn es muß geistlich verstanden sein.
15 Der geistliche Mensch aber ergründet alles und wird doch selber von niemand ergründet.
16 Denn „wer hat des Herrn Sinn erkannt, oder wer will ihn unterweisen?". Wir aber haben Christi Sinn.

Die Gegenüberstellung der Begriffe in diesem Abschnitt ist augenöffnend: Der natürliche Mensch steht mit seiner Torheit, was das Verständnis der Dinge Gottes anlangt, dem geistlichen Menschen gegenüber, der den Sinn Christi hat. Der Begriff „Sinn" (griechisch: nous) heißt in seiner Grundbedeutung Verstand und Vernunft, dann auch Verstandestätigkeit, Denken und Gesinnung. Die angemessene Übersetzung liegt im Ermessen des Übersetzers, der das zugehörige deutsche Wort nach dem Sinnzusammenhang wählen muß.

Der Bedeutungszusammenhang in Vers 16 ist indessen sehr eindeutig zu bestimmen, weil in dem Text die Frage vorkommt, wer des Herrn Verstand oder Denken je erkannt hat oder wer ihn unterweisen will. Der Begriff „Sinn", wie er bei Luther übersetzt ist, oder auch Gesinnung oder Meinung, erscheint in Anbetracht des Bedeutungszusammenhanges nicht sehr schlüssig. Weil eben festgestellt wird, daß der natürliche Mensch nichts von Gott vernimmt, also das mangelnde Erkenntnisvermögen bemängelt wird, deswegen kann es in der Antwort auf diese Feststellung in Vers 16 nur heißen „Verstand" oder „Denken".

Der geistliche Mensch hat eine ganz andere geistliche und verstandesmäßige Wahrnehmungs- und Verarbeitungsfähigkeit als der natürliche Mensch. An seinem Verstand hat sich etwas Wesentliches vollzogen. Man darf wohl nicht sagen, daß das Denken des wiedergeborenen Christen allein kraft dieser geistlichen Grunderfahrung schon manifest verändert und erneuert ist. Aber dem Verstand ist eine neue Verstehensweise und Verstandeskraft und auch eine neue Freiheit zur Verfügung gestellt, die dann im Glauben entfaltet werden muß. Deswegen heißt es auch an einer anderen Stelle, daß wir uns durch Erneuerung unseres Sinnes (im griechischen ebenfalls „nous") verändern sollen, damit wir nachher prüfen oder erkennen können, was eigentlich Gottes Wille ist (Römer 12,2).

Das Leiden unseres Herrn hat somit die Befreiung für unseren Verstand bewirkt. Das kann man im Glauben aufgreifen oder auch ungenutzt lassen. Im letzteren Fall wird ein solcher Gläubiger in seiner Nachfolge Jesu wenig von jenen sieghaften Erfahrungen erleben, die uns verheißen sind. Denn alle Veränderungen in unserem Leben fangen mit einem neuen Denken an.

Wer aber davon ausgeht, daß dadurch, daß Jesus unsere Torheit ertragen hat, wir seinen Verstand und sein Denken bekommen haben, kann diese formale und auch inhaltliche Erneuerung und Befreiung der Verstandeskraft anschließend mit dem Worte Gottes vollziehen. Das ist dann wieder ein einziges Glaubensgeschehen, wodurch die Nachfolger Jesu wortgemäß denken, in ihrem geistlichen Leben stark und siegreich werden, zum Übernatürlichen befähigt und Überwindernaturen werden.

Weil in der Kette von Ursachen und Wirkungen in der geistlichen Entwicklung eines Nachfolgers das erneuerte Denken ganz am Anfang steht, deswegen muß das Kreuz seinen Beitrag für unseren Verstand leisten. Wenn der Lebensstil des Glaubens darin besteht, die Informationen des Wortes Gottes, die göttliche Gedanken und Wahrheiten beinhalten, zu verstehen, zu ergreifen und sich selbst einzuspeisen, dann ist der Glaube das wichtigste Moment für die gesunde Verstandestätigkeit überhaupt. Ohne die durch den Glauben aufgenommenen Wortinhalte wird unser Verstand dazu verdammt bleiben, alte Inhalte immer wieder neu durchzuspielen und schließlich leerzulaufen oder sich an seinen eigenen nichtigen Denkinhalten aufzureiben.

Wir haben den Verstand Christi, weil Jesus unsere Torheit auf sich genommen hat. Die Lehre von der Möglichkeit eines Zugangs zum göttlichen Verstandespotential, die sich dann in allen Bereichen unserer Verstandestätigkeit im Alltag auswirkt, ist zugegeben ungewöhnlich und für manche sogar befremdend. Aber in Anbetracht des Stellenwertes unseres Denkens für den Aufbau der erneuerten Person und die Gestaltung eines würdevollen Lebens kann der Befund gar nicht anders lauten.

Kapitel 17

Befreit vom Fluch des Gesetzes

Die Bibel versteht unter dem Fluch des Gesetzes die Folge des Bruches des Gesetzes. Das Gesetz ist die Beschreibung der göttlichen Normen. Wer sie übertritt, das heißt, wer an Gott sündigt, der muß Strafe erleiden. Die Strafe oder schlicht die Folge der Sünde sind die Auswirkungen des Getrenntseins von Gott: Armut, Krankheit und Tod.

Hinter diesem Fluch steht eine geistliche Gesetzmäßigkeit. Jeder, der mit eigener Kraft versucht, dem Gesetz Gottes zu entsprechen und das natürlich nicht schafft, wird von diesem Fluch verfolgt. Mit zwanghafter Kraft und Regelmäßigkeit scheitern alle Unternehmungen desjenigen, der mit einem solchen Ansatz erfolgreich leben will.

Wir müssen dabei die doppelte Natur des Problems erkennen. Es geht nicht allein um die Tatsache der Übertretung des Gesetzes, die dann die Kräfte von Zerstörung oder Selbstzerstörung freisetzt. In dieser Gesetzmäßigkeit ist noch ein weiteres, viel tiefer liegendes tödliches Prinzip enthalten. Ich rede von dem Anspruch, daß man mit eigener Kraft überhaupt Gutes tun, das Gesetz halten und so das Wohlgefallen Gottes bekommen könnte. Es kann nämlich kein Mensch das Gesetz Gottes halten. Bis auf einen. Das war Jesus.

Also allein schon das Vorhaben und die Absicht, in eigener Kraft Gottes Normen erfüllen zu wollen, ist anmaßend und ein Beweis einer schon vorhandenen Grundeinstellung von Stolz und Unabhängigkeit. Nicht erst auf das Scheitern des Versuches, Gottes

Gebote zu erfüllen, folgt der Fluch, sondern schon auf den Versuch selbst und die damit verbundene Selbstbeurteilung und Selbstüberhebung.

So müssen wir also diese beiden Fluchlinien, die miteinander zusammenhängen, betrachten. Ihre Auswirkungen sind identisch, die Erscheinungsformen ihrer Anfänge unterschiedlich.

Jesus kommt für den Schaden auf

Im ersten Fall, im Fall des offensichtlichen Verfehlens von Gottes Geboten und Regeln, ist die Auswirkung des Überschreitens der göttlichen Normen mehr oder weniger direkt und bald erkennbar. Es liegt einfach kein Segen auf einer unguten Tat, die dem Willen Gottes widerspricht. Das Leben ist voll von Beweisen, daß diese Regel unablässig gilt. Jeder Mensch auf dieser Erde ist mit seinem Schicksal ein Beweis für die Gültigkeit des gesetzmäßig eintreffenden Fluches nach Bruch des Gesetzes.

Jesus hat nun diesen Fluch auf sich genommen, als er ans Kreuz ging.

Galater 3,13-14
13 Christus aber hat uns erlöst von dem Fluch des Gesetzes, da er ward ein Fluch für uns, denn es steht geschrieben: „Verflucht ist jedermann, der am Holz hanget",
14 auf daß der Segen Abrahams unter die Heiden käme in Jesus Christus und wir den verheißenen Geist empfingen durch den Glauben.

Hinter diesen Worten steht die einfache Feststellung, daß Jesus nicht nur mit seinem Tod die Sünden auf sich geladen und zu der Sünde geworden ist. Er hat auch die Folgen der Sünde und des Sündigens getragen. Das ist eine herausragende Aussage, die, richtig verstanden, das Leben der Gläubigen in revolutionärer Weise ändern müßte. Und tatsächlich, manche Gläubige haben das begriffen und ergriffen. Sie glauben das, und sie erleben die Realität der Tilgung des Fluches in ihrem Leben.

Alles, was uns das 28. Kapitel vom 5. Buch Mose an Formen des Fluches nach Übertretung des Gesetzes ankündigt, ist damit zunichte gemacht. Diese deprimierende Aufzählung der vielfältigsten Auswirkungen und Gestalten des Fluches in jenem Kapitel ab

Vers 15 erfährt durch das Kreuz eine glorreiche Annullierung. Wer anerkennt, daß Jesus für die Folgen der Sünde aufgekommen ist, wer glaubt, daß Jesus wirklich zum Fluch geworden ist und sich mit seinem Denken, Reden und Handeln so verhält wie er glaubt, erlebt die Beseitigung des Fluches.

So, wie es nötig war, daß sich Jesus mit der Sünde identifizierte, um die Menschen von der Macht des Bösen und dem Zwang, in Auflehnung und Bosheit zu leben, zu befreien, so mußte sich Jesus auch mit dem Fluch identifizieren, um die Folgen der Sünde, die sich verselbständigen, aufzulösen. Beides sind unterschiedliche Vorgänge und Segnungen. Für beide Heilserfahrungen mußte Jesus einen gesonderten Preis bezahlen. Alles Zerstörerische, Krankhafte und Krankmachende, jede Tendenz, die zur Auflösung, zum Niedergang, zum Leid und zur Armut führt, hat Jesus in sich aufgenommen. Dem Fluch, der eine zerstörerische Energie darstellt, ist die Macht genommen worden.

Jesus, der Segensbringer

Diese Feststellung, so schön sie ist, beschreibt indessen noch nicht den ganzen Schriftbefund. Das Wort aus Galater 3, von dem wir ausgehen, enthält nämlich noch mehr. Es ist nicht nur der Fluch beseitigt worden, so daß danach ein reguläres Leben ohne stetige zwanghafte Verwüstung und Zerstörung möglich wäre, es ist auch Segen für uns ermöglicht worden. Das ist eindeutig mehr! Das Wort sagt, daß der Segen Abrahams in Jesus Christus unter die Heiden kommen soll und daß wir durch den Glauben den verheißenen Geist empfangen sollen.

Der Segen Abrahams ist der Segen, der seinem Glauben nachfolgte. Durch Glauben wurde er ein Freund Gottes genannt, konnte Gott gefallen und bekam den Status der Gerechtigkeit. Der Segen nun, der dieser durch Glauben zustande gekommenen Gerechtigkeit nachfolgte, bestand darin, daß er *in allem* gesegnet wurde.

> **1. Mose 24,1**
> **Abraham war alt und hochbetagt, und der Herr hatte ihn gesegnet allenthalben.**

Der Segen Abrahams war schlicht ein allumfassender Segen. Er betraf sein Alter, seine Gesundheit, seine Lebenskraft, seine Familie, seinen Besitz (Abraham war über die Maßen reich), seine erfolgreichen Unternehmungen in der Kriegsführung (er hatte mit seinem Hofgesinde die damaligen entscheidenden fünf Weltreiche besiegt und beraubt), und schließlich den besonderen Segen, der Vater aller Gläubigen zu werden.

Das ist manchen Gläubigen einfach zu viel. Sie verzichten nicht nur still und überwältigt auf diesen umfassenden Segen. Sie reagieren auch ärgerlich und erzürnt und bestreiten, daß das uns neutestamentlichen Gläubigen wirklich zugedacht sei. Sie versinnbildlichen, vergeistigen und verdrehen diese Aussagen. Der Hintergrund ist klar: Sie hören es, aber sie erfahren's nicht, weil sie dem Wort nicht glauben. Den daraus resultierenden negativen Ist-Befund ihres Lebens können sie dann als Kontrast dazu nicht ertragen und stehen lassen. So müssen sie die Aussagen theologisch umdeuten.

Jesus, der Täufer im Geist

Das Wort Gottes sagt, daß der Segen Abrahams unter die Heiden kommen soll. Das sind wir, die wir den Herrn im Glauben angenommen haben. Selbst diese Präzisierung der Auswirkung der Erlösung vom Fluch des Gesetzes entspricht noch nicht der ganzen Breite des verheißenen Segens. Es heißt nämlich, daß wir als weitere Folge des Handelns des Herrn den verheißenen Geist durch den Glauben empfangen sollen.

Wir, die an Christus gläubig gewordenen Heiden, werden, wenn wir in Christus sind, den Segen Abrahams empfangen. Diese Aussage beschreibt den Zustand des geistlichen Lebens nach der Wiedergeburt, denn ohne diese kann man nicht in Jesus Christus sein. Danach, als weiterer Segen und als Konsequenz der Wiedergeburt, wird uns der verheißene Geist in Aussicht gestellt, den wir im Glauben empfangen sollen. Der verheißene Geist ist nach Apostelgeschichte 1,8 und 2,38 die Erfahrung der Erfüllung mit dem Heiligen Geist und des Getauft-Werdens in den Geist Gottes.

Apostelgeschichte 1,8
... ihr werdet aber die Kraft des heiligen Geistes empfangen, welcher auf euch kommen wird, und werdet meine Zeugen sein zu Jerusalem und in ganz Judäa und Samarien und bis an das Ende der Erde.

Apostelgeschichte 2,38
Petrus aber sprach zu ihnen: Tut Buße und lasse sich ein jeglicher taufen auf den Namen Jesu Christi zur Vergebung eurer Sünden, so werdet ihr empfangen die Gabe des heiligen Geistes.

Durch diese Erfahrung des Angefüllt-Werdens mit dem Heiligen Geist sollen aber die Kinder Gottes in die Dimension des Übernatürlichen und der Kraft hineingeführt werden. Deswegen heißt es ja auch im Hinblick auf den Heiligen Geist in Apostelgeschichte 1,8, daß sie auf die Kraft des Heiligen Geistes warten sollten.

Gläubige, die die Wiedergeburt erlebt haben, genießen den Segen des besonderen und einzigartigen Status', Kinder Gottes zu sein. Aber kraftlose Kinder Gottes, die zwar geliebt und errettet sind, jedoch auf die Herausforderungen von eigenen Schwächen und Krankheiten und auf die Nöte ihrer Umwelt keine Antwort wissen, sind schlechte Botschafter Gottes. Durch die Ausstattung der Gemeinde und jedes einzelnen mit den übernatürlichen Gaben des Geistes, mit der Kraft des Glaubens, die sich in Heilung, Autorität über den Teufel und Macht über Umstände äußert, sind wir imstande, das Reich Gottes voranzubringen und die Werke des Teufels zu zerstören.

Die Erlösung soll uns zurückführen zu der Position, die Adam und Eva in ihrer Macht über die Erde und die Umstände vor dem Sündenfall hatten, und sie soll noch weiter führen. Mit den Mitteln des Heiligen Geistes und der engen Partnerschaft zu ihm, die ermöglicht wurde, weil Jesus für uns zum Fluch gemacht worden ist, werden wir ausgestattet mit allen Voraussetzungen und übernatürlichen Fähigkeiten, um das Reich Gottes mit Kraft, Autorität und dem stetigen Nachweis unserer Überlegenheit über den Feind voranzutreiben. Wenn das Heil nur so weit führte, daß wir selbst gerade so aus der Bredouille unseres Lebens kämen, aber nie die faktische Überlegenheit des Reiches Gottes über das Reich der Finsternis beweisen könnten, dann bliebe die Erscheinungsform der Gemeinde Jesu sehr jämmerlich. Tatsächlich war das exakt das Bild, das die Christen ihrer Umwelt über Jahrhunderte boten, wo immer der Heilige Geist in dieser seiner Dimension der Kraft und der Wunder und Zeichen ausgesperrt blieb.

Befreiung vom Fluch der Gesetzlichkeit

Wie schon eingangs angedeutet worden ist, gibt es noch einen zweiten Aspekt des Erlöstseins vom Fluch des Gesetzes. Genau genommen heißt es ja nicht, daß wir durch Jesus erlöst sind von dem Fluch, der aus dem Übertreten des Gesetzes resultiert. Es ist schlicht von dem Fluch des Gesetzes die Rede. Das Gesetz, das als Beschreibung der göttlichen Sittlichkeitsnorm gut ist, ist aber als Methode, Gerechtigkeit zu erlangen, gänzlich untauglich. Dementsprechend heißt es auch in

> **Galater 3,11**
> **Daß aber durchs Gesetz niemand gerecht wird vor Gott, ist offenbar; denn „der Gerechte wird aus Glauben leben".**

Als Ergänzung zu dieser Aussage, die die Möglichkeit der Gerechtigkeit durch das Gesetz grundsätzlich verneint, noch das folgende Wort Gottes aus

> **1. Korinther 15,56**
> **Aber der Stachel des Todes ist die Sünde; die Kraft aber der Sünde ist das Gesetz.**

Das Gesetz, das an und für sich gut ist, bringt insofern eine zusätzliche Dynamik in die Sünde, als es sich an das moralische Vermögen des Menschen wendet, kraft seiner Sittlichkeit die göttlichen Normen (das Gesetz) zu halten. Darin liegt das Verhängnis des Umganges mit dem Gesetz. Wer mit dem Gesetz lebt oder auch nur gesetzlich lebt, ist von dem Motiv und der Überzeugung bestimmt, doch in sich Kräfte und sittliches Vermögen zu haben, die zum Halten der göttlichen Normen befähigen.

Aber das Gesetz kann grundsätzlich niemanden gerecht machen, und das gesetzliche Denken und Streben ist in sich Sünde und beschwört den Fluch herauf. Diese geistliche Gesetzmäßigkeit gilt auch für den Fall, daß jemand zu allerhöchsten moralischen Leistungen fähig und überhaupt eine überragende Persönlichkeit von großer sittlicher Reife ist. Steht hinter einer solchen moralischen Verfassung und Größe nicht Glaube, dann ist diese sittliche Demonstration nichts anderes als Ausdruck der eigenen Gerechtigkeit, die vor Gott nicht gilt und mit Sicherheit an allen möglichen Stellen dem Fluch Tür und Tor öffnet.

Ein Paradebeispiel für die Gültigkeit dieser Zusammenhänge ist Hiob. Hiob war ein moralisches Genie, dem selbst Gott ausdrücklich bescheinigte, daß er ein Mann ohne Makel und Fehl war, fromm und gottesfürchtig, und daß er das Böse mied. Aber über diesen zunächst reich gesegneten Mann brach nach einiger Zeit das Unglück von allen Seiten herein. Schlag auf Schlag zerbrachen die bisherigen Beweise seiner Unbescholtenheit: Haus, Hof, Frau und Kinder, ja sogar seine eigene Gesundheit gerieten in Mitleidenschaft. Und das bei einem Mann, dem Gott ein derartig überragendes Zeugnis ausstellte.

Zuerst unglücklich, dann im Unglück

Aber dieser Mann war in seinem Herzen, schon lange bevor das äußere Unglück einsetzte, ein unglücklicher Mann. Er war voller Ängste, wie uns das Buch Hiob am Anfang verrät. Das heißt, er war auch ohne Glauben, denn wer glaubt, der fürchtet sich nicht. Und weil er Angst hatte, mußte er mit seiner Angst, die doch eigentlich das Eingeständnis der Übermacht des Zerstörers darstellt, das Unglück regelrecht herbeiholen. Das Buch Hiob verrät von ihm, daß er in magischen Befürchtungen im Hinblick auf die Möglichkeit des Sündigens seiner Kinder gefangen war und daß er dementsprechend durch vorsorgliche religiöse Handlungen Gottes Zorn fernhalten wollte.

Hiobs Frömmigkeit, seine bürgerliche Anständigkeit, die Großzügigkeit und Hilfsbereitschaft seines Wesens trugen zunächst dazu bei, daß ein ungeheurer Reichtum anwuchs. Aber Hand in Hand mit dieser Entwicklung, zunächst einmal nur im Unsichtbaren, verlief eine gegensinnige Entwicklung, die dann eines Tages in furchtbarer Kraft und Deutlichkeit ins Sichtbare kam.

Aus dem Innenunglück wurde Außenunglück. Aber warum mußte das alles so kommen? Der gesamte Lebensentwurf, auch unter Einschluß aller frommen Aspekte und Gottergebenheit, war aufgebaut auf Selbstgerechtigkeit. Hiob sagte an vielen Stellen seiner langen Entschuldigungsreden sinngemäß: Ich habe geliebt, ich habe gegeben, ich habe gearbeitet, ich war fromm. Und Gott hat es nicht angesehen. Was nützt es mir, daß ich nicht gesündigt habe und mir all die Lasten eines moralisch einwandfreien Lebens auferlegt habe?

Das nachfolgende Zitat – der Rede Elihus entnommen, welcher nicht den anderen drei Freunden gleichzusetzen ist und von Gott nicht korrigiert wurde – bestätigt diese Deutung:

Hiob 34,5-6
5 Denn Hiob hat gesagt: „Ich bin gerecht, doch Gott verweigert mir mein Recht;
6 ich soll lügen, obwohl ich recht habe, und mich quält der Pfeil, der mich traf, obwohl ich doch ohne Schuld bin."

Was sein äußeres Verhalten anlangt und die Erfüllung aller Regeln von Anstand, Moral und Sittlichkeit war Hiob tatsächlich ohne Schuld. Aber das ist nicht die ganze Beschreibung der Qualität von Denken, Sein und Handeln eines Menschen. Elihu begann seine Rede mit folgenden Worten:

Hiob 34,4
Laßt uns ein Urteil finden, daß wir miteinander erkennen, was gut ist.

Gut ist nur das, was von Gott kommt. Jesus selbst sagte, daß nur der alleinige Gott gut ist. Der Heilige Geist wird auch der gute Geist genannt. Und Jesus – der gute Hirte – und mit ihm das Wort Gottes ist ebenfalls gut. Gut ist also nicht nur eine Qualitätsbezeichnung, sondern auch eine Herkunftsbezeichnung. Alles, was gut ist, muß von Gott kommen. Umgekehrt, alles, was von Gott kommt, ist auch gut. Jedes Unabhängigsein von ihm, auch wenn man darin „gute" Taten tun will, ist Leben außerhalb des Guten. Hiob war selbstgerecht, und diese Selbstgerechtigkeit ist Ungerechtigkeit.

Nun müssen wir den Zusammenhang von Selbstgerechtigkeit, Fluch und Unglück erkennen. Der Selbstgerechte, der sich zunächst in einer Reihe von moralisch einwandfreien Handlungen und Taten qualifiziert und profiliert, wird einen gewissen Erfolg haben. Aber weil Selbstgerechtigkeit Ungerechtigkeit ist und weil sie die Quelle des Fluches ist, wird dem selbstgerechten Verhalten unvermeidbar der Fluch folgen. Entweder offenbart er sich allmählich, um immer stärker und deutlicher zu werden, oder aber er tritt, wie im Fall Hiobs, mit Macht über Nacht auf. Schon vorher bestand bei Hiob der Sachverhalt der Sünde. Sie steigerte sich dann später in der Auseinandersetzung mit Gott und dem Gewissen anderer Menschen noch zum Frevel.

> **Hiob 34,37**
> **Denn zu seiner Sünde fügt er noch Frevel hinzu. Er treibt Spott unter uns und macht viele Worte wider Gott.**

Das Buch Hiob wird vom größten Teil der Christenheit nicht verstanden. Die häufigste Deutung ist die, daß Gott gelegentlich, vor allem gegenüber seinen Getreuen, zum Mittel der willkürlichen Tests greift, indem er Krankheit, Not und Plagen über die Gerechten bringt, um dadurch ihre Treue und ihre Liebe zu ihm zu prüfen. Diese Auffassung verletzt eine ganze Anzahl von hochrangigen geistlichen Prinzipien. Diese Meinung übersieht zum Beispiel jenes Wort Gottes, wonach Gott nicht zum Bösen verführbar ist. Krankheit, Plage, Armut, Zerstörung und Tod – das war ja das Schicksal von Hiob in seiner Familie – sind aber eindeutig böse. Sie haben nicht die Wertigkeit des Guten, sonst wären sie nicht Ziele der Erlösung.

Das, wofür Jesus gelitten hat und gestorben ist – Krankheit, Tod, Armut und Zerstörung – kann nicht gut sein, wenn Jesus einen solchen Preis aufbringen mußte. Gott war weder der Autor noch der Initiator, noch der aktiv Zulassende der Not Hiobs. Hiob hatte sich durch seine Selbstgerechtigkeit und Gesetzlichkeit selbst aus der Schutzzone Gottes herausbegeben und lebte in der dicken Sünde der Überheblichkeit.

Diese untergründige Selbstgerechtigkeit, die in den Handlungen zunächst einmal nicht offenbar wurde, brachte dann das Unglück über ihn. Nicht Gott war es, der aktiv in einer Willkür göttlicher Laune oder in einer geplanten Prüfungssituation Hiob dem

Feind überließ. Gott wies den Teufel darauf hin, daß er ja schon in seiner Hand war.

Hiob 1,12 a (wörtlich)
Der Herr sprach zum Satan: Siehe, alles, was er hat, ist in deiner Hand!

Im Hebräischen liegt nicht ein Imperativ vor im Sinne von „es sei in deiner Hand". Gott weist Satan darauf hin, daß Hiob schon in seiner Hand ist, weil er sich konsequent in der moralischen Unabhängigkeit bewegt hat.

Sinngemäß wollte Gott sagen: Schau genau hin. Er ist jetzt gar nicht mehr zu schützen. Er geht in aller seiner Frömmigkeit fortwährend seine eigenen Wege. Er fertigt seine eigenen Entschlüsse, er arbeitet in seiner eigenen Kraft, er versucht, mir in seiner eigenen gesetzlichen Frömmigkeit zu dienen. Er empfängt keine Weisungen von mir. Sein Leben ist nicht Ausfluß empfangener Güte. Er ist der Produzent seiner Gerechtigkeit.

So sehen wir auch aus allen Beteuerungen Hiobs und aus den Beobachtungen von Elihu, daß Hiobs Frömmigkeit trotz aller Menschenfreundlichkeit und Zuwendung zu den Armen voller Härte, Kanten und Starrheit war. Sie war nicht gekennzeichnet von der Erfahrung der Gnade, Barmherzigkeit und Güte Gottes. Sein frommes Leben war nicht empfangene Freundlichkeit des Herrn. Dementsprechend war er in seinem Herzen bereits unglücklich, bevor das Unglück sichtbar über ihn kam.

Selbstgerechtigkeit auf hohem sittlichen Niveau ist an einigen typischen Merkmalen erkennbar: Ihr haftet nichts von Leichtigkeit, Lindigkeit und Gnade an. Frieden und Freude flankieren einen solchen Lebensstil nicht. Alles ist pflichtgemäß, streng, reglementiert und der Ordnung unterworfen. Es regiert der Buchstabe.

Die Gerechtigkeit aus Glauben präsentiert sich dagegen ganz anders. Weil sie empfangene Gerechtigkeit ist, ist sie von einem Strom von Güte, Freundlichkeit und Gnade umgeben. Die geschenkte Gerechtigkeit ist fröhliche und sanfte Gerechtigkeit, die sich nicht abmüht. Der Lebensstil des Gerechten aus Glauben ist bei aller Geradlinigkeit und Zielgerichtetheit dennoch locker und leicht und ist von tiefem Frieden gekennzeichnet.

Das Geheimnis des Unglücks

Selbstgerechtigkeit produziert den Fluch. Das Leben mit dem Gesetz ist in sich schon Sünde, weil es von dem frevelhaften Ansatz ausgeht, daß der Mensch imstande sei, in seiner eigenen Kraft gottgemäß zu leben. Das Gute kommt von Gott. Wer jenseits von Gott gut sein will, bereitet systematisch seinen Niedergang vor. Er wird das Schicksal Hiobs erfahren, weil dem Gesetz grundsätzlich der Fluch anhaftet.

Auf diesem Hintergrund können wir manches Elend und überhaupt erst das Geheimnis des Unglücks verstehen, das sonst bei Anlegen der vordergründigen moralischen Maßstäbe einfach nicht erklärbar wäre. Jesus hat auch diese Folgen des Gesetzes auf sich genommen. Verflucht ist, wer am Kreuze hängt — so sagt es die Schrift. Wir sollen nicht auf dem Umweg des Gesetzes den Fluch erben. Jesus hat mithin in seiner Person das Gesetz erfüllt und für uns die Gültigkeit des Gesetzes beendet. Jesus kam, um uns Gnade und Wahrheit zu bringen, also das Gesetz außer Kraft zu setzen (Johannes 1,17). Demnach ist allein schon die Tatsache, daß man sich vom Gesetz angeregt und herausgefordert fühlt, der Eintritt in diesen Fluch.

Diese Zusammenhänge bleiben von theoretischer Natur, wenn sie nicht mit Glauben vermengt werden. Dann wären sie zwar gut anzuhören und täten in ihrer Folgerichtigkeit gut. Aber das wär's dann auch schon. Erst wenn wir dieses Wort hochhalten und es im Glauben immer wieder betrachten, so daß es anfängt, in uns zu leben, wird es unsere Erfahrung. Der Fluch verflüchtigt sich. In dem Maße, wie durch unseren Glauben die Gnade Gottes zum vorherrschenden und dann zum einzigen Prinzip unseres Lebens wird, wird uns der Segen Gottes immer mehr ergreifen und alle Bereiche unseres Lebens durchtränken.

Wir brauchen immer wieder neue Offenbarungen über die Absolutheit der Gültigkeit der Gnade in unserem Leben, in jedem Augenblick des Atmens, Denkens und Handelns, damit wir die ganze Breite von Gottes Wohltaten und Vorsorge einfangen können. Im Glauben empfangen wir wohl die Vergebung für unsere Übertretungen, die sonst den Fluch nach sich ziehen würden. Aber die Aufgaben des Glaubens sind damit nicht erschöpft. Im Glauben ergreifen wir Gnade auf Gnade, so daß seine Fülle unsere Fülle wird (Johannes 1,16).

Weil Jesus am Stamm des Kreuzes hing, weil er, der Gerechte, in einem Akt juristischer Rechtsbrechung für die Ungerechten hingerichtet wurde, deswegen wurde das Prinzip der Gesetzlichkeit, das nur den Tod bringt, als das führende Ordnungs- und Werteprinzip in diesem Universum außer Kraft gesetzt. Die spezifischen Segnungen bei dem Nachfolger Jesu, der im Glauben diese Tatsachen ergreift, sind nicht nur äußere Wohltaten, sondern die Erfahrung inneren Vergnügens, der Freiheit, der Sanftheit und der Lust an der Gnade.

Kapitel 18

Versetzt in das Reich seines lieben Sohnes

Die Erlösten des Herrn erfreuen sich nicht nur des Status' der Kindschaft Gottes und der Befreiung von ihrem alten Leben, sie sind auch in eine neue Umgebung versetzt.

Kolosser 1,13
Er hat uns errettet von der Macht der Finsternis und hat uns versetzt in das Reich seines lieben Sohnes.

Neue Menschen brauchen ein neues Reich und eine neue Umgebung. Das ist ein interessanter Aspekt. Es gibt einen unsichtbaren, geistigen Raum, in dem sich die Erlösten Gottes bewegen. Weil dieser Bereich das Reich seines lieben Sohnes genannt wird, deswegen muß es offensichtlich ein teufelsfreier Raum sein.

Dieser Bezirk der Erlösten wird an anderen Stellen das Reich Gottes genannt, das durch Jesus angebrochen ist. Dieses Reich bietet uns die natürliche, uns angemessene geistliche Lebensatmosphäre, in der wir gedeihen und uns wohlfühlen können. Obwohl dieses Reich unsichtbar ist, ist es dennoch real.

Römer 14,17
Denn das Reich Gottes ist nicht Essen und Trinken, sondern Gerechtigkeit und Friede und Freude in dem heiligen Geist.

Dieses unsichtbare Reich, das unter uns und in uns ist, ist demnach eine Lebenszone, in welcher diese herrlichen Qualitäten vorliegen: Friede, Freude, Gerechtigkeit, und all das im Heiligen Geist. Wir haben es also mit so etwas wie einem geistlichen Raum zu tun, in dem die göttlichen Kräfte und Tugenden unter der Herrschaft des Heiligen Geistes gelten.

Soweit ist dieser Gedanke völlig unproblematisch. Viele Worte Gottes sprechen von diesem Reich Gottes, das mit Jesus herbeigekommen ist. Es wird nach Kolosser 1,13 und dessen Textumgebung mit der Erlösung und der Vergebung der Sünden in Zusammenhang gebracht, womit es sich als ein Erlösungsgeschenk darstellt. Aus dieser schönen und uns geläufigen Tatsache ergibt sich aber eine explosive logische Folgerung, die zu nicht geringen Auseinandersetzungen in bestimmten Kreisen der Gemeinde Jesu geführt hat.

Wir haben nämlich in strenger Analogie zu allen anderen Erlösungsmanifestationen und -inhalten zu fragen, an welcher Stelle des Leidensgeschehens Jesu diese Heilserfahrung ihre besondere Entsprechung findet. Wir haben ja festgestellt, daß es zu jedem Erlösungsgut den entsprechenden Negativbefund – also Leid, Schmerz, Tod – auf der Seite unseres Herrn gab. Von der Theorie her, also gemäß den bisher bekannten Entsprechungen, müßten wir davon ausgehen, daß Jesus unter die Herrschaft eines fremden Regimes und in ein Reich hineingekommen ist, in dem er zu leiden hatte. Wo finden wir solche Aussagen im Worte Gottes?

Apostelgeschichte 2,24.27
24 Den hat Gott auferweckt und aufgelöst die Schmerzen des Todes, wie es denn unmöglich war, daß er sollte von ihm gehalten werden.
27 Denn du wirst meine Seele nicht bei den Toten lassen, auch nicht zugeben, daß dein Heiliger die Verwesung sehe.

Das sind zwei interessante Schriftworte, die uns etwas Einblick in das Ergehen unseres Herrn nach seinem physischen Tod geben. Wir wissen ja, daß der Herr körperlich nicht sterben konnte, solange er sich nicht mit der Sünde der Menschheit verbunden hatte, also eine geistliche Trennung vom Vater erlebte. Daß er diese Trennung tatsächlich erfahren hat, beweist sein eigener schmerzreicher Ausruf: „Mein Gott, mein Gott, warum hast du mich verlassen?“ (Matthäus 27,46 b).

Das Verlassensein vom Vater entspricht seinem geistlichen Tod, den er dadurch erfahren mußte. Dieser Satz mag für manchen Leser möglicherweise eine Zumutung darstellen, die er so nicht hinnehmen kann. Aber wir müssen wissen, daß nach breitem Zeugnis der Schrift Sterben und Tod eigentlich Trennung und Aufhebung von Gemeinschaft bedeutet. Das ist übrigens auch der Hintergrund der Tatsache, daß die Gerechten Gottes, wenn sie sterben, doch nicht sterben. Siehe Johannes 11,25 b-26 a: „Ich bin die Auferstehung und das Leben. Wer an mich glaubt, der wird leben, ob er gleich stürbe; und wer da lebet und glaubet an mich, der wird nimmermehr sterben."

Jesus hatte sich nun, nachdem er gestorben war, nicht in einem leidfreien Zustand im Reich der Toten aufgehalten. Seine Seele wurde vielmehr im Reich der Toten und des Todes (!) gequält. Jesus war in den drei Tagen seines Verweilens in den untersten Örtern (er hatte sie in den Zeiten seiner eigenen irdischen Lehrtätigkeit mit dem Schicksal Jonas im Bauch des Fisches verglichen) (Matthäus 12,40) im Reich des Todes und wurde gequält durch den Tod, denn er hatte Schmerzen! Das alles drücken die beiden Schriftworte aus Apostelgeschichte 2 aus.

Es gibt eine gewisse Tradition in der Christenheit, von diesen drei Tagen des Verweilens Jesu im Totenreich als einer Zeit von reduziertem Leben und Wirken Jesu zu denken, in welcher er schon die ersten Aufgaben der Verkündigung des Wortes Gottes und der Erlösung übernahm. Das ist zum Teil richtig und zum Teil verkehrt. Der richtige Anteil dieser Auffassung liegt darin, daß Jesus nach dem Zeugnis des 1. Petrusbriefes tatsächlich den Toten das Evangelium verkündigte.

1. Petrus 3,19-20
19 In demselben (Geist) ist er auch hingegangen und hat gepredigt den Geistern im Gefängnis,
20 die vor Zeiten nicht glaubten, da Gott harrte und Geduld hatte zu den Zeiten Noahs, da man die Arche zurüstete, in welcher wenige, das ist acht Seelen, gerettet wurden durchs Wasser hindurch.

Die Geister, denen Jesus das Wort Gottes verkündigte, waren im Gefängnis, und er mit ihnen.

Wir können nicht genau entscheiden, ob sich diese Szene der Verkündigung des Wortes Gottes gegenüber den verstorbenen

Geistern auf die Zeit innerhalb der Dreitageperiode bezieht, in der der Herr selbst vom Tod gequält wurde und im Gefängnis des Todes saß, oder ob das bereits die erste Phase der Auferstehung beschreibt, in welcher der Herr die Bindungen abgeworfen hatte und dann, bevor er in die irdische Sichtbarkeit trat, im Reich des Todes den Toten das Wort Gottes verkündigte. Ich möchte mich eher für die letzte Möglichkeit entscheiden, weil ich nicht glaube, daß ein gebundener und im Reich des Todes gefangengesetzter Herr in angemessener Weise das Wort der Befreiung hätte verkündigen können.

Aber es bleibt der Sachverhalt bestehen – und kann durch keine noch so aufwendige theologische Argumentation beseitigt werden –, daß der Herr im G e f ä n g n i s war und daß er dort vom Tode, der ja in letzter Konsequenz eine Person ist, gequält wurde.

Solche Gedankengänge, die ganz schlicht den Worten der Schrift folgen, haben nun eine gewaltige Empörung bei manchen Christen ausgelöst. Sie verweisen darauf, daß Jesus vor seinem Tod sagte: „Es ist vollbracht." Nun, wir hatten herausgestellt, daß das Wort Gottes bereits vor diesem Augenblick sagte, daß alles vollbracht sei, obwohl Jesus noch nicht gestorben war. Die Hingabe des Herrn an Leid und Tod war in diesem Augenblick unwiderruflich vollzogen. Die Identifikation mit der Sünde, die Jesus schon im Garten Gethsemane eingegangen war, war geschehen. Aber die Erlösung selbst mit allen ihren einzelnen Aspekten und so wichtigen Details war offensichtlich noch nicht abgeschlossen. Der Verweis auf diesen Sachverhalt erscheint manchen so ungeheuerlich, daß sie hier Ketzerei wittern und die Frage aufwerfen, ob dieses Verständnis nicht davon zeugt, daß wir eine ganz andere Lehre der Erlösung haben.

Es kommt im Hinblick auf diese Auseinandersetzung einfach darauf an, daß wir uns exakt an das Wort Gottes halten und das herauslesen, was drin ist, um es zu glauben, und nichts hineinlesen, was nicht drin ist, was dem Glauben Abbruch tun muß. Spricht nicht das folgende Schriftwort eine sehr deutliche Sprache?

Hebräer 9,11-12
11 Christus aber ist gekommen, daß er sei ein Hoherpriester der zukünftigen Güter, und ist durch die größere und vollkommenere Hütte

eingegangen, die nicht mit Händen gemacht, das heißt: die nicht von dieser Schöpfung ist;
12 er ist auch nicht mit der Böcke oder Kälber Blut, sondern durch sein eigen Blut ein für allemal in das Heilige eingegangen und hat eine ewige Erlösung erworben.

Die Erlösung wird hier eindeutig in Zusammenhang gesetzt mit dem Eingehen Jesu in die himmlische Hütte, wo er in strenger Analogie zum alttestamentlichen Vorbild sein eigenes Blut vor Gott am himmlischen Altar vorweist. Nach dem Beispiel des Alten Testamentes war die Versöhnung erst dann abgeschlossen, wenn der Altar mit dem Blut der geopferten Tiere besprengt war oder dieses Blut im Heiligtum bzw. Allerheiligsten vorgewiesen wurde.

Die Erlösung fand also in dem Prozeß des Heilsgeschehens erst mit dem Eingang Jesu in das himmlische Heiligtum ihr Ende. Demnach ist selbstverständlich alles, was zwischen dem irdischen Tod Jesu und diesem Augenblick stand, noch der Zeitspanne der Erlösung zuzurechnen.

Ich gebe zu, daß das Wort Jesu gegenüber dem einen Mitgekreuzigten „Heute wirst du mit mir im Paradiese sein“ (Lukas 23,43 b) Schwierigkeiten aufgibt. Aber diese bestehen grundsätzlich, unabhängig davon, auf welcher Seite der Kontroverse man steht. Auch diejenigen, die glauben, daß die Erlösung mit dem physischen Tod abgeschlossen war, haben Schwierigkeiten mit dem Wort, weil Jesus nach dem Schriftwort die drei Tage nicht im Paradies verbrachte, sondern im Totenreich. Ich glaube, daß es in jenseitigen Bezirken, also auch schon im Reich des Todes, keine Zeit gibt, so daß auch dort ein Tag ist wie tausend Jahre und tausend Jahre wie ein Tag. Dieses Problem berührt also unsere Fragestellung nicht.

Jesus mußte im Gefängnis bleiben, im Reich des Todes, unter dem er Schmerzen erlitt, bis nach göttlichem Urteil dem Gerechtigkeitsbedürfnis Gottes des Vaters Genüge getan war, was nach drei Tagen geschah. Danach wurde Jesus von seinem Vater machtvoll durch die Kraft des Heiligen Geistes herausgeführt aus dem Reich des Todes und dem Einflußbereich des Teufels (Römer 6,4), dem dadurch die Macht genommen war und dessen Schlüssel er an sich gerissen hat (Offenbarung 1,18).

Also auch hier steht dem Segen und Genuß des Reiches Gottes das Leiden Jesu gegenüber, der das Reich des Teufels für drei Tage schmerzhaft ertragen mußte. Wer sich diesen Hintergrund des Reiches Gottes vergegenwärtigt, wird das Privileg des Verweilens darin ganz anders wahrnehmen.

Auch hier ist wieder Glaube gefragt. Durch ihn wird aus einem Begriff – Reiche Gottes – die Erfahrung einer Schutzzone, die uns mit mehr Realität als vorher, mit scharfen Konturen in ihrer Abgrenzung gegenüber dem Reich dieser Welt und mit einem größeren Maß an Geborgenheit, die es gewährt, imponiert. Je realer uns die Existenz dieser Segensschutzzone erscheint, weil wir sie in Kenntnis ihres Ursprunges höher bewerten, um so größer wird der Gewinn sein, den wir jetzt auf Erden schon darin erleben.

Hier offenbart sich in der Tat ein Mangel vieler abendländischer Christen, nämlich daß sie nur eine unscharfe Vorstellung von der Realität des Reiches Gottes haben, das das diesseitige Leben durchsetzt und von der Dimension der Kraft des Heiligen Geistes bestimmt ist. Wer weiß, was das Reich Gottes bedeutet, und wer glaubt, daß ihm die Qualitäten dieses Reiches zustehen, der wird mit größerer Selbstverständlichkeit in allen Herausforderungen seines Alltags mit der Überlegenheit dieses Reiches, in dem er sich bewegt, rechnen. Je klarer uns der Zusammenhang zwischen der Existenz dieses Reiches und dem Preis ist, den Jesus dafür bezahlen mußte, um so höher werden wir es schätzen, um so bewußter es erleben und uns dafür einsetzen und dann auch imstande sein, es zu bauen und auszuweiten.

Kapitel 19

Das Kreuz Jesu und unsere Autorität über Satan

Solange wir Kinder der Welt waren, waren wir Kinder des Teufels (Johannes 8,44). Er schrieb uns vor, was wir zu tun und zu lassen hatten. Wir wußten es nicht, aber wir waren ihm durchgehend gefügig und untertan.

In dem Augenblick, wenn wir Kinder Gottes werden, verlassen wir den Einflußbereich des Teufels, treten hinein in das Reich des lieben Sohnes und erhalten als Kinder Gottes Autorität über den ehemaligen Schinder und Unterdrücker, den Teufel. Die Verleihung von Vollmacht über den Teufel und sein ganzes Reich gehört unbedingt mit zur Erlösung hinzu! Die meisten Christen wissen das nicht, oder sie wissen es nur, aber handeln nicht danach. Eines der herausragendsten Geschenke des neuen Bundes ist unsere absolute Autorität über den Teufel und sein gesamtes Reich. Das Leben in der Nachfolge Jesu macht eigentlich erst Freude, wenn man von diesem Sachverhalt ausgeht und ihn von einer Wissenstatsache zu einer Handlungsmaxime erhebt. Weil das so außerordentlich wenige Christen tun, gibt es auch so wenige, die mit Freude Jesus nachfolgen. Das Leben im ständigen Sieg, das uns Jesus verheißt, ist nur möglich, wenn wir ständig unsere Überlegenheit über den Feind demonstrieren und ihn ununterbrochen demütigen, knechten und unterdrücken.

Lukas 10,19
Sehet, ich habe euch Vollmacht gegeben, zu treten auf Schlangen und Skorpione, und über alle Gewalt des Feindes; und nichts wird euch schaden.

Diese delegierte Autorität, die damals ein Vorgriff auf den vom Herrn am Kreuz vollzogenen Sieg über den Teufel darstellte, ist heute unsere selbstverständliche Ausrüstung für die Auseinandersetzung mit dem Reich der Finsternis. Nach Johannes 1,12 ist die Grunderfahrung der Gotteskindschaft ein Geschehen von Hoheit und Autoritätsverleihung. Danach vollzieht sich in dem Augenblick, in dem wir mit unserem „ja" die von Gott angebotene Errettung annehmen, ein Machtwechsel. Dieser ist aber nicht allein damit beschrieben, daß wir aus der einen Einflußsphäre herausgekommen und in eine andere, die göttliche Machtsphäre, hinübergegangen sind. Der Machtwechsel äußert sich vor allem darin, daß wir in totaler Umkehr der Verhältnisse vor unserer Bekehrung von jetzt ab Macht über den Teufel haben.

Johannes 1,12 (wörtlich)
Wie viele ihn aber aufnahmen, denen gab er Autorität, Gottes Kinder zu werden, die an seinen Namen glauben, ...

Das Wort Gottes sagt uns, daß wir soviel Autorität haben, daß auf unseren Widerstand gegen die Attacken des Teufels dieser regelrecht vor uns flieht.

Jakobus 4,7 b
Widerstehet dem Teufel, so flieht er von euch.

Nur der wird fliehen, der in panischem Entsetzen und in der Wahrnehmung seiner völligen Unterlegenheit zu der Einsicht gekommen ist, daß der Feind übermächtig ist. Aber in Wirklichkeit sind wir es gegenüber dem Teufel, wenn wir im Namen Jesu und in seiner Autorität, an die wir allerdings glauben müssen, auftreten. Hier liegt das Dilemma der Christenheit, daß nur ein verschwindend kleiner Teil der Christen diese Wahrheit auslebt. Aber unbeschadet von dieser leidvollen Tatsache bleibt es dabei, daß uns diese Autorität gegeben worden ist.

Wenn nun diese Autorität über das teuflische System eine unmittelbare Folge oder gar ein Hauptinhalt der Erlösung ist, haben wir erneut zu fragen, an welcher Stelle im Leidens- und Todesgeschehen unseres Herrn sie für uns erworben worden ist. Im Verfolgen dieser Frage geraten wir mit einigen Mitchristen unversehens noch massiver als im vorherigen Kapitel in eine häßliche Kontroverse, die bei biblisch scharfsinniger Folgerungsweise eigentlich völlig überflüssig ist.

Es ist schon schlimm genug, daß so viele Christen ihre Position verkennen und deswegen unnötig unter den Attacken des Feindes leiden, denn Passivität ihm gegenüber ist eine indirekte Einladung an ihn und Ermutigung zur Fortsetzung der Zerstörung. Wenn es jedoch darum geht herauszufinden, an welcher Stelle des Leidensweges der Herr schließlich diese Ermächtigung zuwege gebracht hat, dann kann man sich unversehens bösen Attacken seitens seiner Schwestern und Brüder ausgesetzt sehen. Ich rede davon, daß uns dann fortgeschrittener Irrtum und Häresie zum Vorwurf gemacht wird.

Was mußte also der Herr erleiden, um uns im Gegenzug diesen Segen geben zu können? Weil wir bisher vom Teufel beherrscht wurden, uns aber nun nicht nur Freiheit gegeben wurde, sondern sogar Macht über den bisherigen Unterdrücker, muß Jesus gemäß dem Inhalt der Stellvertretung seines Leidens zu einer bestimmten Zeit unter die Macht des Teufels gekommen sein. Wo finden wir nun einen Hinweis in der Schrift auf einen solchen Sachverhalt?

Der Teufel ist total besiegt und entmachtet und unter unsere Autorität und Befehlsgewalt gestellt worden, weil Jesus sich als Opfer an unserer Statt unter seine Macht begeben hat. Da sich Adam und Eva freiwillig unter die Macht des Teufels gestellt hatten, indem sie seine Lüge annahmen und ihr Glauben schenkten und ihn somit als ihren Herrscher anerkannten, bedurfte es eines gleichsinnigen Vorganges auf der Seite Jesu, wodurch der ansonsten unwiderrufliche Fortgang unserer Unterdrückung aufgehoben wurde. Es konnte keine Machtumkehrung geben, ohne daß Jesus die Macht des Teufels zu spüren bekam.

Die Erlösung im Sinne der Vergebung unserer Sünden und der Tilgung unserer rebellischen Grundnatur konnte auch ohne diese äußerste Konsequenz der Hingabe des Herrn erreicht werden. Aber weil Erlösung ohne Autorität über den Teufel keinen wirklichen Sieg bedeuten würde, deswegen mußte der Herr in dem von seinem Vater gewissenhaft aufgestellten Leidensprogramm auch darin einwilligen, daß er als Person direkt unter der Herrschaft des Teufels zu leiden hatte. Das ist die unabweisbare Konsequenz des Grundmusters der Erlösung, das stellvertretendes Leiden vorsieht. Billiger war die Autorität für uns nicht zu erhalten.

Hebräer 2,14-15
14 Weil nun die Kinder Fleisch und Blut haben, ist auch er der gleichen Art teilhaftig geworden, damit er durch seinen Tod die Macht nähme dem, der des Todes Gewalt hatte, das ist dem Teufel,
15 und erlöste die, so durch Furcht vor dem Tode im ganzen Leben Knechte sein mußten.

Die entscheidende Aussage in diesem Zusammenhang ist eine zweifache. Zunächst wird herausgestellt, daß dem Teufel die Macht genommen wird. Bisher hatten wir nur davon gehört, daß der Herr den Tod besiegt hat. Aber hier wird hinzugefügt, daß der Teufel als der Vorgesetzte des Todes besiegt wird, und zwar in einem derartigen Umfang, daß er gar keine Macht mehr hat. Er ist regelrecht entwaffnet, wie es Kolosser 2,15 sagt: „Er hat die Reiche und die Gewaltigen ihrer Macht entkleidet und sie öffentlich zur Schau gestellt und hat einen Triumph aus ihnen gemacht in Christus."

Die andere Aussage ist hinsichtlich der geistlichen Begründung unserer Machtausstattung noch gewichtiger. Dem Teufel wurde die Macht genommen durch den Tod Jesu! Das ist ein erstaunliches Wort, das uns Licht gibt über die Natur des Leidens Jesu während seines Todes. Wir hatten ja schon vernommen, daß der Tod eine personale Kraft darstellt, die unter der Anweisung des Teufels fungiert (1. Korinther 15,26; Offenbarung 6,8). Wir hatten ferner zur Kenntnis genommen, daß der Herr unter der Knechtschaft dieses Todes Schmerzen ertragen hatte, also leiden mußte. Hier wird uns nun gesagt, daß es nicht die Auferstehung war, durch die wir Macht über den Teufel bekommen haben, sondern daß es Jesu Tod war!

Dieser Umstand ist für das Verständnis unserer Autorisierung von nicht zu unterschätzender Bedeutung. Es wird nämlich durchgehend theologisch verkehrt argumentiert, wenn es um die Begründung unserer Autorität über den Teufel geht. Es ist nicht die Auferstehung des Herrn, der wir, wie viele geistliche Lehrer meinen, unsere Autorität verdanken. Durch die Auferstehung Jesu wurde der Autoritätswechsel nur manifest und für uns wirksam.

Aber der Preis ist vorher von Jesus entrichtet worden. Denn kein Anteil der Erlösung ist ohne Preis zustande gekommen, auch nicht unsere Macht über alle Gewalt des Feindes.

So müssen wir also im Gegensatz zu vielen sentimentalen Anschauungen und Ausschmückungen des Ergehens unseres Herrn zwischen Karfreitag und Ostern, den Schluß ziehen, daß Jesus nicht etwa in einem mehr oder weniger leidensfreien Zustand als Toter unter den Toten weilte. Er war, wie es das Schriftwort gemäß der Bedeutung der vom Heiligen Geist gewählten Worte bezeugt, für drei Tage unter der Herrschaft des Teufels, die er in all ihrer Grausamkeit, Bosheit und Demütigung ertragen mußte. Weil er nun diese Herrschaft ertragen hat, deswegen hat er uns in Gestalt dieses Preises die Autorität erworben, ab jetzt über den Teufel herrschen zu können. Es muß nur einer dieses Schicksal der Unterdrückung und Beherrschung durch den Teufel ertragen, entweder Jesus oder weiterhin die Gemeinde. Der Herr hat sich entschieden, daß er es tragen wollte — auf Zeit — damit wir mit dem fertigen Resultat dem Feind entgegentreten und ihn unter unsere Füße zwingen können.

Das ist also der Sachverhalt. Wie wird er für uns wirksam? Natürlich erneut durch unsere Entscheidung, das im Glauben zu ergreifen. Diese Beschlußfassung, so scheint mir, ist für die Christen von gesteigerter Wichtigkeit. Denn es ist ja die leidvolle Beobachtung, daß der überwiegende Teil der Gemeinde Jesu diese Autorität, die im Worte Gottes verbürgt ist, faktisch nicht nutzt. Vermutlich wird es einen Zusammenhang geben zwischen der Tatsache, daß die Gemeinde Jesu auf die Ausübung ihrer Vollmacht verzichtet, und der Tatsache, daß sie noch gar nicht wahrgenommen hat, worin eigentlich diese Befähigung zum Herrschen über den Teufel begründet ist. Indem wir mit größerer Aufmerksamkeit das Wort Gottes studieren, das uns diese Zusammenhänge beschreibt, werden wir ein tieferes Verständnis für unsere Autorität entwickeln, als es bisher der Fall war, und sie mit großer Dankbarkeit und angstfrei anwenden.

Wenn Glaube durch das Hören des Wortes Gottes entsteht, also einfach dadurch, daß wir die Beschreibung der Geschenke Gottes und die Schilderung der Breite der Erlösung hörend wahrnehmen, dann ist hier Abhilfe für die Ohnmacht und die Schwachheit vieler Christen. Als Jünger Jesu sind wir ja angewiesen zu lernen. Lernen bedeutet aber doch nicht nur, Dinge auswendig zu lernen, sondern auch ihre Begründung und Herkunft zu verstehen, damit man sie besser behalten kann. Im Hinblick auf eine der auffälligsten Schwächen der Gemeinde Jesu — ihre Passivität gegenüber dem Feind — ist dieser Lernvorgang besonders angezeigt.

Der Heilige Geist will uns ermutigen, mit gesteigerter Freude und Begeisterung und aus tiefer Dankbarkeit heraus dieses herrliche Instrumentarium des Sieges über den Teufel zu nutzen, indem wir sehen, wieviel das unseren Herrn gekostet hat. Es gibt kaum einen Bereich im Glaubensleben der Kinder Gottes, an dem ersichtlicher ist, wie wichtig Glaube in Verbindung mit anerkannter Lehre und biblischer Wahrheit in der Praxis ist, als im Bereich dieses Themas.

Daß es einen Sieg über den Teufel gibt und daß wir daran teilhaben sollen, ist fast allen Gläubigen bekannt, soweit damit eine grundsätzliche Position beschrieben ist. Aber dieselben Christen, die das im Prinzip bejahen, lassen in ihrem Alltag jede Überlegenheit oder auch nur den Versuch einer Überlegenheit über den Feind vermissen. Sie stecken Niederlage auf Niederlage ein und fertigen aus der Kette ihres Scheiterns noch eine Theologie, die das schmückt und erträglich macht oder sogar zum Standard erhebt.

Wir müssen zurück zum Wort, um ihm in Wahrheit und Glauben das zu entnehmen, was es wirklich gemeint hat: Nicht nur Jesus hat gesiegt, sondern mit ihm haben auch wir gesiegt, was sich in einer durchgehenden Demütigung des Teufels und seines Reiches erweisen soll. Die Machtausstattung der Kinder Gottes ist nicht ein angenehmer Begleiteffekt der Erlösung. Sie ist ein unabdingbar wichtiger Anteil der Segnungen Gottes für uns durch Leiden, Kreuz und Tod des Herrn, damit sein Reich machtvoll durch uns gebaut werden kann und wir die Überlegenheit seiner Liebe und seiner Kraft in jedem Fall praktisch beweisen können. Das ist allein schon deswegen wichtig, weil nach der grundsätzlichen Verfügung unseres Herrn der Umgang mit dem Teufel und seinen Vasallen, den dämonischen Kräften in der unsichtbaren Welt, allein uns Jüngern überlassen ist. Nachdem der Herr durch seinen Tod den Teufel besiegt hat und das in der anschließenden kraftvollen

Auferstehung sichtbar werden ließ, hat er bis auf die Zeit seiner Wiederkunft alle weiteren Maßnahmen des Herrschens, der Unterdrückung und der Zerstörung dämonischer Kräfte und Strukturen uns übergeben.

Befreit von Bedrückung, Angst und Gericht

Die genaue Übersetzung von Jesaja 53,8 schildert die Auswirkung der Tatsache der Unterdrückung des Herrn, wie wir das eben untersucht haben.

> **Jesaja 53,8 (wörtlich)**
> **Er ist von Bedrückung (Haß oder Angst) und vom Gericht hinweggerafft. Wer wird noch über sein Geschlecht nachsinnen? Denn er wurde abgeschnitten vom Lande der Lebendigen, da er für die Missetat meines Volkes geplagt war.**

Unterdrückung, Angst und Gericht sind die Folgen der Kooperation mit dem Teufel. Weil sich Jesus freiwillig und nicht mit der eigenen Schuld, sondern mit der Gesamtschuld der Menschheit auf sich, dem Teufel überlassen hatte und als Konsequenz der Schuldaufnahme überlassen mußte, deswegen war er allen Auswirkungen dieser Entscheidung ausgesetzt. Er mußte Haß, Angst, Bedrückung und Gericht an sich erleben und wurde dadurch so hinweggerafft, daß es schien, als ob sein Andenken für alle Zeit von dieser Erde verschwunden sei. Letzteres sagt uns übrigens auch, daß die stellvertretende Natur der Hingabe und des Leidens Jesu so umfassend war, daß sogar sein Ruf und sein Geschlecht für alle Zeit dahin sein sollten.

Aber indem er das für uns tat und nicht als Konsequenz seiner eigenen Verfehlung, mußte er es zwar für eine gewisse Zeit auf sich nehmen und daran zugrunde gehen, hat es dadurch aber auch überwunden und eine entsprechende Erlösung für uns zur Verfügung gestellt, die wir unter Bedrückung, Haß, Angst und der Bedrohung unseres Lebens und unseres Rufes leiden. Weil Jesus seinen Ruf und seine Reinheit völlig dahingegeben hatte, was auch darin zum Ausdruck kam, daß er unter die Übeltäter gerechnet wurde (Jesaja 53,12), deswegen erleben wir nicht nur den faktischen Sieg über den Teufel, sondern bekommen auch die Möglichkeit, in diesem Leben dem Herrn ohne Angst folgen zu können. Von der göttlichen Zielsetzung her ist es erlaubt und angemessen zu formulieren, daß das Leben des Gläubigen seine Erlösungsqualität auch darin erweisen soll, daß wir uns nicht wie alle anderen Menschen von Sorgen, Ängsten, Depressionen und allen anderen Formen von Bedrückung quälen lassen müssen. Angstfreiheit ist die Auswirkung der Tatsache unserer Autorität. Nur der Überlegene kann Angst besiegen und vermeiden.

Der Befehl Gottes „Fürchte dich nicht!", den wir an die 360mal in der Bibel finden, hat in diesen Erlösungstatsachen seinen Ursprung. Weil der Herr für uns bedrückt wurde, deswegen können wir die Kraft haben, der Angst entgegenzutreten, uns ihr zu verweigern und sie zu besiegen.

Allem Anschein nach sind bestimmte Kontingente der Erlösung in der Gemeinde Jesu nur hinsichtlich ihrer theologischen Bedeutung beachtet, aber selten in die Tat umgesetzt worden. Dazu gehört auch die Lehre der Schrift, daß wir über Angst und Sorgen herrschen und uns nicht von ihnen beherrschen lassen sollen. In den Augen mancher Gläubigen erscheint es regelrecht frivol, das auch nur zu formulieren, geschweige denn, es im Ernst anzustreben. Wenn wir aber dieses Wort ernst nehmen und ihm unser Herz voll öffnen, so daß es unser Wort wird, das in uns lebt und arbeitet und wirkt, dann werden wir als Menschen der Wahrheit mehr und mehr die Richtigkeit dieser Position erleben. Sie ist eigentlich nur die Verlängerung und Verfeinerung des Segens, der uns im letzten Kapitel beschäftigt hat.

Unsere Überlegenheit über den Feind wird zur Farce, wenn sie sich nicht darin äußert, daß wir angstfrei leben. Angst ist die Wahrnehmung einer Bedrohung, die größer ist als der Schutz. Wer also sagt, daß er seine Autorität über den Teufel im Namen Christi ausübt, aber doch ständig von Furcht geplagt wird, hat die Herrschaft über Satan entweder gar nicht oder nur teilweise vollzogen. Kann uns nämlich der Widersacher Gottes ständig Ängste anbieten, die wir auch annehmen, dann hat er uns überlistet, und wir haben unsere Autorität über ihn faktisch preisgegeben. Dasselbe gilt auch für die Sorgen, weil diese nichts anderes darstellen als fein verteilte existentielle Formen von Angst, die die Alltäglichkeiten unseres Umganges mit Geld, Gut, beruflichen Aufgaben und Menschen beinhalten. Die in ganzer Breite vollzogene Ausübung unserer Autorität über den Teufel schließt einfach ein, daß wir dabei auch ein befreites Leben ohne Angst und Sorge und ohne Bangigkeit vor der Zukunft, vor Aufgaben und Feinden und auch vor unserem eigenen Ableben erfahren.

Kapitel 20

Christus, unsere Befreiung und Heiligung

Alle bisher aufgezählten Segnungen als Folge des Leidens und Sterbens des Herrn sind als direkte Erlösungsangebote zu verstehen, die nicht erst über mehrere eingeschaltete Erkenntnis- und Gehorsamsschritte indirekt wirksam werden. Aus solchen abgeleiteten Hilfen und Wohltaten, die sich aus den ursprünglichen nackten Erlösungsgeschenken ergeben, besteht ja das gesamte Evangelium. Aber dieses Buch handelt nicht von der ganzen Breite der frohen Botschaft mit all ihren grundsätzlichen und praktischen Auswirkungen — das wäre in diese wenigen Seiten nicht hineinzubringen. Es handelt allein von den Heilsqualitäten, die als unmittelbare Erlösungsgüter durch das Kreuzesgeschehen zur Verfügung stehen. Darin liegt ja der eigentliche Reiz, wenn nicht gar die Provokation der Aussagen dieses Buches: Das Heil ist viel praktischer und umfangreicher, als wir es bis jetzt gesehen haben. Es bleibt mithin sehr viel weniger für uns zu tun übrig, als uns die bisherige Theologie, auch gerade die des kummervollen und entsagungsreichen deutschen Pietismus, sagen wollte. Erlöst zu sein, das ist leicht! Das Volk Gottes braucht eben nur Erkenntnis seines Wortes. Dann werden uns die Augen aufgehen. Wir werden mit Freuden das Terrain der Erlösung nach allen Richtungen hin beschreiten.

Da gibt es eine weitere Kostbarkeit an heilsamem Angebot aus dem göttlichen Repertoire seiner Erlösung, die unter den vielen anderen biblischen Wahrheiten fast untergegangen ist.

1. Korinther 1,30 (wörtlich)
Durch ihn (Gott) aber seid ihr in Christus Jesus, welcher uns gemacht ist von Gott zur Weisheit und zur Gerechtigkeit und zur Heiligung und zur Befreiung.

Mit anderen Worten, Jesus ist von Gott angestellt oder eingesetzt worden, um uns Dinge und Erfahrungen zu verschaffen, die für unsere Lebensgestaltung unerläßlich sind, aber von uns selbst nicht geleistet werden können. Weisheit hat also in letzter Konsequenz einen personalen Charakter. Er ist unsere buchstäbliche Weisheit. Er ist also nicht nur eine weise Person, sondern sogar die Weisheit in Person. Darüber hinaus ist er der Vermittler der Funktion und Tugend „Weisheit“ für uns.

Jesus ist auch zu unserer Gerechtigkeit gemacht. Das ist die Mitte des Evangeliums, die sicher für keinen Leser in irgendeiner Form strittig ist. Und gerade in dieser anerkannten Tatsache, daß er unsere Gerechtigkeit ist und wir unsererseits diesem Sachverhalt nichts hinzufügen können, liegt eine besondere Ermutigung für die Tatsache, daß Jesus als Person auch unsere Weisheit, Charakterveränderung (Heiligung) und Befreiung ist. Denn genauso, wie wir nichts zu unserer Gerechtigkeit beisteuern können, als sie im Glauben zu empfangen, genauso leicht können wir die Heiligung und Befreiung empfangen. Wenn das stimmen sollte, daß Charakterveränderung und Befreiung von allem, was unfrei macht, so einfach wäre – daß man einfach im Glauben die Person Jesu dazu einsetzt und nutzt –, dann wäre das in der Tat ein gewaltiger und revolutionärer Segen, der fast alles andere an Wohltaten und Freundlichkeiten, was wir sonst vom Herrn gehört haben, in den Schatten stellen würde.

Die Textumgebung dieses einzigartigen Wortes spricht auch durchaus dafür, daß das so zu verstehen ist. In den Versen davor wird nämlich ausdrücklich herausgehoben, daß Gott ganz bewußt die Weisen dieser Welt, die Gewaltigen dieser Welt (jene, die wirtschaftlichen, politischen und militärischen Einfluß haben) und auch die Edlen dieser Welt (vornehm nach Abstammung, Bildung und Ansehen) nicht erwählt hat, damit er durch seine Wahl der Schwachen und der Törichten alle Ehre bekommt. Wir sollen die Freude und die Lust bekommen, die darin besteht, daß er uns

Unedle und Törichte mit seinen Segnungen bedenkt, aber er will die Ehre dafür bekommen.

1. Korinther 1,26-29
26 Sehet an, liebe Brüder, eure Berufung: nicht viele Weise nach dem Fleisch, nicht viele Gewaltige, nicht viele Edle sind berufen.
27 Sondern was töricht ist vor der Welt, das hat Gott erwählt, damit er die Weisen zuschanden mache; und was schwach ist vor der Welt, das hat Gott erwählt, damit er zuschanden mache, was stark ist;
28 und das Unedle vor der Welt und das Verachtete hat Gott erwählt, das da nichts ist, damit er zunichte mache, was etwas ist,
29 auf daß sich vor Gott kein Fleisch rühme.

Es soll sich also vor Gott kein Fleisch rühmen. Dementsprechend auch der Satz nach der Beschreibung Christi als unsere Weisheit, Gerechtigkeit, Heiligung und Erlösung (1. Korinther 1,31): „... auf daß, wie geschrieben steht (Jer. 9,22.23): Wer sich rühmt, der rühme sich des Herrn!."

Es wird uns also in der Textumgebung des Wortes, daß Jesus uns zur Weisheit, Gerechtigkeit, Heiligung und Befreiung gemacht ist, regelrecht verboten, daß wir uns unser selbst, unserer Leistungsfähigkeit, unserer Vortrefflichkeit und unserer Weisheit rühmen. Der Gedankengang, der dahintersteht, ist folgender: Jesus hat alles für uns vollbracht. Er ist unsere personifizierte Weisheit, Gerechtigkeit, Heiligung und Befreiung, so daß es für uns gar keinen Grund gibt, irgendeinen Ruhm für uns selbst abzuzweigen. Weil die Leistung bei dem Zustandekommen dieser göttlichen Qualitäten und Tugenden ausschließlich bei ihm liegt, deswegen ist logischerweise kein Platz und auch kein Bedarf für eigenes Lob und eigenen Ruhm gegeben. Das hat dann aber gleichzeitig zur Folge, daß es auch keinen Grund zum Stolz gibt. Wo keine Leistung ist, kann man auch nicht stolz darauf sein.

Wenn nach diesem Schriftwort unser Ruhm gänzlich ausgeschlossen ist, dann bedeutet das, daß unsere Charakterveränderung und die Befreiung von irgendwelchen Bindungen, Zwängen oder verkehrten Gewohnheiten tatsächlich und praktisch allein und ausschließlich auf das Konto Jesu kommen!

Das alles klingt zunächst nur nach abstrakten theologischen Gedanken. Aber diese Einsichten sind doch sehr hilfreich und sehr konkret und stellen, in der Verkündigung entsprechend angeboten, faktisch eine seelsorgerliche Revolution dar. Wenn die Person Jesus für uns zur Charakterveränderung und zur Befreiung gemacht ist, dann müssen wir selbst eben nichts machen. Wir müssen nur dafür sorgen, daß wir im Glauben Jesus in dieser seiner Eigenschaft auch verstehen, annehmen, anwenden und ihn bewußt an jene Stelle unserer Lebensproblematik oder Charakterstörung stellen, wo bisher der Schadenspunkt war. Und dann wäre zu fordern, daß durch ihn Hilfe, Heilung und Charakterveränderung stattfindet. Und so ist es auch! Jesus ist tatsächlich unsere Weisheit, unsere Heiligung und unsere Befreiung.

Diese Wahrheit funktioniert also. Ich selbst habe Unarten und eingeschliffene Gewohnheiten zwanghafter Natur dadurch abstreifen können. Genaugenommen war es, um exakt bei den Worten der Schrift zu bleiben, Jesus in mir. Habe ich in früheren Jahren durch die biblische Lehre über Befreiung, wie ich sie in meinem Buch „Befreiung" entwickelt hatte, entscheidende Hilfe in meinem Charakter erfahren, so mußte ich doch feststellen, daß manche unscheinbareren Unfreiheiten durch jene Methoden nicht zu beseitigen waren. Als ich aber in dem Aha-Erlebnis dieser Entdeckung die praktische Bedeutung dieser Aussage aus dem 1. Korintherbrief erkannte, war es fast selbstverständlich, durch diesen Jesus in mir, den ich ganz bewußt beanspruchte, Befreiung und Heilung zu erfahren.

Der Umgang mit diesem erstaunlich einfachen Angebot Jesu an uns, ihn selbst als Befreiung und Charakterveränderung anzunehmen, hat fraglos große Ähnlichkeiten mit dem in diesem Buch vorgelegten Erlösungsprinzip des Herrn, daß er das Wort und das göttliche, normgebende Gesetz in unserem Herzen geworden ist, durch das wir zum Glaubensgehorsam befähigt werden. Aber wir dürfen nicht die Voraussetzungen übersehen, die Paulus ausdrücklich erwähnt: Durch Gott sind wir in Christus, welcher uns (unter dieser Voraussetzung des In-Christus-Seins) zur Weisheit, zur Gerechtigkeit, zur Heiligung und zur Befreiung gemacht ist.

Ich glaube, daß die Zuordnung dieser beiden Aussagen — wir sind in Christus, und Christus ist uns zur Weisheit, Heiligung und Erlösung gemacht — keine zufällige ist. Hier werden nicht zwei Aussagen zusammenhanglos nebeneinandergestellt. Vielmehr erblicke ich in der Position des in Christus-Seins die Voraussetzung dafür, daß die anderen Erfahrungen so aufregend einfach und selbstverständlich möglich sind. Ich habe das im bisherigen Verlauf unserer Untersuchung der verschiedensten Aspekte der Erlösung noch nicht ausdrücklich erwähnt. Aber es gibt für bestimmte Kontingente von Erlösungserfahrungen offenbar zusätzliche Voraussetzungen neben der schlichten, glaubenden Inanspruchnahme der jeweiligen Verheißung. Manche göttlichen Wohltaten werden nur den Mündigen zuteil. Mündig aber sind jene Gläubigen, die im Wort leben, die das Wort bleibend in sich haben und über ein ständiges Wort-Gottes-Bewußtsein verfügen (1. Johannes 2,14). Hier wird nun ausdrücklich hervorgehoben, daß wir in Christus sind und dadurch Jesus so praktisch und überraschend einfach als unseren Befreier erleben können.

Es kommt fast einem Betrug nahe, auf diese Vorbedingung nicht hinzuweisen, wenn man Jesus in dieser faszinierenden Eigenschaft als Veränderer unseres Charakters und als Befreier verkündigt. Diese Lehre und ihre praktische Aneignung funktioniert tatsächlich nur unter der Voraussetzung, daß wir in Christus sind.

In Johannes 6 wird uns gesagt, wie wir in diese Position hineinkommen und darin bleiben können:

Johannes 6,56
Wer mein Fleisch isset und trinket mein Blut, der bleibt in mir und ich in ihm.

Dieses Wort Jesu meint zunächst einmal, daß man das Erlösungsangebot des Herrn, das in der Hingabe seines Körpers und seines Lebens besteht, im Glauben für sich beansprucht. Aber es ist hier offensichtlich nicht nur von der grundsätzlichen Lebensübergabe die Rede, die ein für allemal erfolgt, sondern auch von einer täglichen geistlichen Ernährung, weil Jesus in demselben Abschnitt (Vers 51) sagt, daß das Brot, das er geben wird, sein Fleisch sei. Die Hingabe Jesu an uns hat einen grundsätzlichen Aspekt, auf den wir mit einer grundsätzlichen Entscheidung reagieren, und dann ferner die Natur einer stetigen geistlichen Ernährung, was dem Bild des Brotes entspricht, das sein Fleisch ebenfalls darstellt. Wir sollen uns täglich aus seinem Wort ernähren, dieses Wort in unserm Herzen aufnehmen, es innerlich verarbeiten, verstoffwechseln und im Glauben zu unserer neuen und dann wahren Natur machen.

Wenn wir Jesus als unseren Erretter und Herrn angenommen haben, dann haben wir mit dieser grundsätzlichen Entscheidung nicht nur eine Bekehrung vollzogen – weg von der Welt, hin zu Jesus –, sondern in der Unsichtbarkeit unseres inneren Menschen eine Wiedergeburt erfahren. In diesem Wiedergeburtserleben wurde uns ein neuer Geist zuteil. Dieser Geist bedarf nun der geistlichen Ernährung durch das Wort Gottes, damit wir nicht nur dem Status nach, sondern auch in unserm Bewußtsein und in unserer Gesamterscheinung geistliche Nachfolger Jesu sind, die genau wissen, was sie ihm verdanken. Mit dieser unserer neuen geistlichen Existenz ist die Möglichkeit zur Umprägung unserer Identität gegeben. Gott sieht und beurteilt uns nicht nach den äußeren Aspekten unserer menschlichen Erscheinungsform, wie uns andere beurteilen, sondern sieht uns als neue Menschen, die durch den neuen Geist zu neuen Befähigungen und Erfahrungen Zugang haben. Wenn wir uns nun die Sicht aneignen, die Gott von uns hat, dann werden wir Personen, die tatsächlich in ihm sind.

Wer in Christus ist, erlebt sich nicht mehr als der alte Versager, der im alten Denken, in alten Gewohnheiten und in alten Fehlern gefangen ist, aus denen es keinen Ausweg gibt. Er weiß, daß er durch Jesus gerecht und eine neue Schöpfung geworden ist. Weil er in Christus ist und weil Christus sein Leben ist und weil er durch ihn einen neuen Geist bekommen hat, deswegen ist er nicht nur gerecht, sondern auch herrlich. Als Herrlicher ist er fähig, als einer, der von Jesus befähigt ist, auch stark und kraftvoll und mächtig gemacht, ein Überwinder, der bei weitem über die Probleme siegt. Er ist geliebt, begehrt, angenommen, angenehm, versetzt in das Reich seines lieben Sohnes, geschützt, bewahrt, geheilt, geheiligt und insofern vollkommen, der Sünde abgestorben und ein Erbe Gottes.

Für viele Christen sind das nur schön klingende Worte, die sie gerne glauben möchten, aber deren Realität sie nicht in sich spüren. Sie sind praktisch nicht in Christus. Der Herr mag möglicherweise in ihnen sein, wenn sie ihm glauben, aber sie bewegen sich nicht in der neuen Lebenswirklichkeit des In-Christus-Seins. Sie sind vielmehr sehr direkt in der Welt, umgeben von ihrer typischen und unoriginellen Umwelt, ihren Problemen und sehr hautnahen – viel zu hautnahen – Lebensumständen. Wer aber in Christus ist, ist nicht unmittelbar von der Umwelt umgeben, sondern von Christus. In seinem Herzen kennt er den Unterschied. Sein Geist signalisiert ihm stetig, daß er nicht einen unmittelbaren Umweltkontakt, sondern einen Jesuskontakt hat.

Das kann und das muß man sogar trainieren. Dazu brauchen wir das Wort Gottes, das uns vor allem in den Briefen des Neuen Testamentes vielfältige Anschauung gibt, wie elementar diese Wahrheit ist und wie schön der entsprechende Lebensstil ist. Wem diese Erfahrung fremd ist, der wird mit diesem Erlösungsangebot nichts anfangen können. Es erschließt sich ihm einfach nicht. Er wird in dem Versuch steckenbleiben und alles nur als Worte erleben, hinter denen keine erkennbare Realität steht. Indem nun dieses In-Christus-Sein eine unerläßliche Voraussetzung darstellt, wird auch deutlich, daß etwa die Heiligung oder die Befreiung, von der die Rede ist, keine Anfangserfahrung im Glaubensleben sein kann. Denn wer seine ersten Glaubensschritte setzt, dem wird nicht unbedingt diese Identität in ihrer ganzen Breite zur Verfügung stehen. Aber ich glaube, daß der Gläubige nicht jahrelang warten muß, um in den Genuß dieser Erlösungsqualitäten zu kommen. Wo jemand wahrhaftig dem Herrn nachfolgt und sein Wort aufnimmt, werden sich die ersten Resultate schon nach Tagen und Wochen einstellen, so daß dann auch Charakterveränderungen und Befreiung in einem fortschreitenden Umfang erfahrbar werden.

Jesus, unsere Weisheit und Gerechtigkeit

Diese beiden Aspekte der Erlösung bedürfen keiner weiteren, ausführlichen Kommentierung. Wir haben bereits in vorigen Kapiteln anhand anderer Schriftworte erkannt, daß Weisheit und Gerechtigkeit Geschenke sind. Beides darf und kann nicht erworben und errungen werden. Wer sich dennoch mit moralischer, intellektueller oder Gehorsamsleistung darum bemüht, wird sie nie erreichen. Sie sind ihrem Wesen nach Gnadengeschenke und können nur als geglaubte Gnade empfangen werden.

Den Beleg für die Tatsache, daß sogar Weisheit, die sonst als eine lebenslange Aufgabe gilt, schon in den ersten Tagen und Wochen nach der neuen geistlichen Geburt erfahrbar sein kann, haben wir dem Beginn der Apostelgeschichte entnommen. Damals wurde in der jungen Gemeinde nach Männern Ausschau gehalten, die voll der Weisheit Gottes waren. Und man wurde offenbar fündig.

Für uns alle, die wir die Gerechtigkeit Gottes aus Glauben erfahren haben, ist die Geschenkesnatur der Gerechtigkeit Gottes erkennbar und selbstverständlich. Auch der geringste manipulative Eingriff unsererseits, der durch eigene Leistung oder Vortrefflichkeit Gott beim Gewähren seiner Gerechtigkeit nachhelfen will, stört diesen Transfer und macht die Gerechtigkeit zunichte. Für die Gerechtigkeit Gottes gilt in gesteigertem Maße das Ausschließlichkeitsprinzip. Wer auch nur ein Quantum eigener Gerechtigkeit hinzufügen will, geht ihrer verlustig.

Das ist für die anderen beiden Erlösungsqualitäten, zu denen Jesus ebenfalls für uns gemacht worden ist, von Bedeutung. Ich habe bereits darauf hingewiesen, daß gerade der Umstand, daß Heiligung und Befreiung in einer Reihe mit der Gerechtigkeit steht, von ausschlaggebender Bedeutung ist. Indem Weisheit, Heiligung und Befreiung in einem Atemzug mit der Gerechtigkeit genannt werden, wird allen Qualitäten derselbe Rahmen von Verfügbarkeit und Erreichbarkeit gegeben. Wir müssen und dürfen bei Heiligung und Befreiung nicht mehr tun als im Hinblick auf Gerechtigkeit. Wir dürfen nichts machen, sondern diese Geschenke, allerdings unter der genannten Voraussetzung des In-Christus-Seins, lediglich annehmen.

Jesus ist uns zur Heiligung gemacht

Wahrscheinlich gibt es über wenige Begriffe des Wortes Gottes so viel Unklarheit wie über das Wort Heiligung. Die meisten Gläubigen verbinden mit diesem Gebot eine Vorstellung, die etwas zu tun hat mit Verzicht, Beschneiden von wilden Trieben, mit Absterben gegenüber allen irdischen Freuden und mit schmerzhaften Eingriffen in den Charakter, wodurch wir heiliger und reiner werden. Die mehr oder weniger unausgesprochene Stimmung, die den Gläubigen im Hinblick auf Heiligung befällt, lautet: Sie ist notwendig, aber schmerzhaft. Daher gibt es nicht allzuviel spontane Motivation, sich in diesen Prozeß einzulassen. Auch die Vorliebe mancher pietistischen Gläubigen, sich schier in Orgien von Dauerbuße und Zerbruchsforderungen zu ergehen, ändert nichts daran. Das sind nur verbale Leistungen, die in pharisäerhafter Weise über die bei diesen Personen häufig fehlenden Charakterveränderungen hinwegtäuschen sollen.

Heiligung ist anders. Heiligung ist schön. Sie ist eine Kette von fortschreitenden Entdeckungen dessen, was der Herr bereits getan hat, was als Gnade zur Verfügung steht und einfach in wachsendem Glauben ergriffen werden soll. Insofern beschreibt dieses Wort aus 1. Korinther 1,30 eigentlich nichts anderes als die Mitte des Heiligungsgeschehens. Heiligung ist angenommene Gnade. Jesus ist für uns zur Heiligung gemacht, damit wir nichts machen müssen. Wenn jemand zu handeln hatte und wenn Verzicht und Leiden erforderlich waren, dann nur bei Jesus. Was von ihm gemacht ist und wozu er gemacht ist, das sollen wir nicht machen!

Selbst wenn wir etwas zu lassen haben, was im Prozeß der Heiligung durchaus ein regelmäßig vorkommendes Geschehen ist, dann wird und darf auch hier nicht eine Opferhandlung vorliegen. Wir verzichten auf Sünde und fleischliche Charakterhaltungen, weil wir die Güte Gottes erblicken, die uns etwas besseres anbietet, so daß wir das Schlechtere, eben unsere alte Charaktereigenschaft, abgeben wollen und die neue Haltung empfangen können. Je deutlicher und klarer wir Jesus in seinen Eigenschaften als Angebot an uns erleben – was abhängig ist von der immer reineren Ausprägung unserer neuen Identität in Christus –, um so leichter werden wir uns damit tun, die notwendigen neuen Einstellungen und Haltungen vom Herrn einfach zu übernehmen.

Wenn wir diese Zusammenhänge entfalten, laufen wir Gefahr, uns nur in theologischen Begriffen und Worten zu bewegen. Mein Leben lang habe ich geistliche Formulierungen gehaßt, die nur Selbstzweck waren und nichts Reales enthielten. Ich möchte meinem Leser an dieser Stelle unserer Entdeckungen ausdrücklich versichern, daß hier erlebbare und nachvollziehbare Erfahrungsgüter vorliegen, die nicht nur irgendwelchen besonders fortgeschrittenen Heiligen offenstehen.

Zugegeben, die Lehre über diese Zusammenhänge ist im Reiche Gottes unterentwickelt. Stattdessen wuchert an dieser Stelle ein unkontrollierbares Gestrüpp von wortreichen und inhaltsleeren Pseudo-Heiligungstheorien. Sie alle bewegen sich auf der Ebene einer Verzicht- und Opfertheologie, die Leid und Mangel glorifiziert. Solche Gedankengänge haben im Neuen Testament keinen Rückhalt. Wir sollten sie keines Blickes würdigen, da sie ihre Herkunft in fremden Quellen haben. Sie sind Abkömmlinge des Humanismus und Hellenismus und mancher daraus resultierenden mystischen Theologie.

Heiligung ist die stetige Begegnung mit Jesus, der uns dabei fortwährend beschenken möchte. Aber das setzt ausdrückliche Glaubensentscheidungen voraus. Das allgemeine Zusammensein mit dem Herrn, so erfrischend und beruhigend es sein mag, wirft diese Ergebnisse nicht ab. Wir müssen in Kenntnis unserer Defizite zu unserm Herrn gehen, um von ihm alle seine Liebesangebote im Glauben zu empfangen und dadurch ihm ähnlicher zu werden. Nur eine geschenkte Heiligung führt zur echten Heiligung. Die mühsam erworbene Heiligung produziert Zerrbilder eines christlichen Charakters, der bei näherem Hinsehen, vielleicht sogar schon aus der Entfernung, nichts anderes als abstoßende Gesetzlichkeit ist.

Jesus ist uns zur Befreiung gemacht

Bei Luther heißt es, daß Jesus uns zur Erlösung gemacht ist. Im Griechischen steht aber ein Wort (apolytrosis), das in der klassischen säkularen Literatur Griechenlands relativ selten vorkommt und auch im Neuen Testament nur einige Male erscheint. Es beinhaltet „Befreiung von der Knechtschaft", „Freikauf von der Unfreiheit" und meint dann auch den Zustand nach erfahrener Befreiung: „Freiheit".

Wenn Jesus uns zur Befreiung gemacht ist, dann bedeutet das das Ende der Knechtschaft durch jede Form von Bindung, Gewohnheit und Zwang. Damit wird das Wort sehr aktuell. Denn wer hat nicht mit irgendeiner Form von Bindung zu tun, und sei es auch nur im Sinne von eingefahrenen Gewohnheiten?

Die Liste von Bindungen, an denen auch Christen, sogar auch geistgetaufte Christen, leiden können, ist beeindruckend groß: Drogen, Psychopharmakamißbrauch, Schlafmittelmißbrauch, Alkohol, Rauchen, Perversionen, Liebesaffären, Zwang zur Unreinheit in der Gedankenwelt, Bindungen an Menschen, Arbeitswut, zwanghafte Faulheit und vieles mehr.

Das Problem bei allen Bemühungen, sich solcher Zwänge zu entledigen, ist unsere Motivation. Wir wollen uns, zumindest in lichtvollen Augenblicken, von solchen Unfreiheiten lösen, aber wir spüren auch, daß wir dann gewisse Lusterfahrungen verlieren. So werden wir hin- und hergerissen zwischen Wollen und Zögern, dem Verlangen, endlich Freiheit zu erfahren, und der Angst vor dem Verlieren der bekannten, wenn auch peinvollen Lust.

An dieser Stelle offenbart sich die überlegene Natur der Befreiung, die der Herr uns anbietet. Wir gestehen vor ihm ein, daß wir Befreiung brauchen und doch die dazu notwendige Kraft nicht haben. Wir nennen ihm freimütig unseren Mangel an Motivation und unsere Angst vor dem Neuen. Aber dann sagen wir zu ihm: Herr, ich beanspruche dich zunächst einmal in deiner Kraft, mir Willigkeit und Motivation zu geben. Ich glaube, daß du mich willig machst. Und dann sagen wir in einem zweiten Schritt: Ich nehme dich beim Wort. Du bist für mich zur Befreiung gemacht. Du bist der Befreiungsprozeß in Person. Nicht ich soll etwas tun, sondern du hast gehandelt, und ich übernehme im Glauben das fertige Resultat deines Handelns, die Freiheit von meiner Bindung.

Wer so vorgeht, setzt Jesus im Glauben als die befreiungsbewirkende Person und Kraft genau an jener Stelle ein, wo sich die Bindung etabliert hat. Wir bekämpfen also nicht die Unfreiheit selbst. Unser Vorgehen soll nicht einmal so aussehen, daß wir Jesus zur Hilfe bitten für unsere gewollte und dann zu vollziehende Lösung von dem Problem. Dabei ist noch zu viel von uns beteiligt. Hier agieren wir noch. Ein solcher Vorgang bedeutet doch, daß wir uns bemühen oder uns sogar abmühen und Jesus lediglich um Hilfe bitten. Aber das ist so nicht gemeint! Das meinten möglicherweise Generationen von Christen in früheren Jahren und Jahrhunderten.

Aber heute schenkt uns der Heilige Geist mehr Licht! Es bleibt für uns nichts zu tun übrig. Wir haben allein dafür Vorsorge zu treffen, daß wir in Christus sind und als solche in den Heilungs- und Befreiungsprozeß hineingehen. Diese Voraussetzung muß gegeben sein. Aber auch diese Voraussetzung kommt nicht durch unsere Kraft zustande. Das Wort, das wir lesen und glauben, bringt uns in diese Position. Danach ereignen sich nur Glaubenshandlungen. Es darf keinen glaubensfreien Bereich in unserem Leben geben, erst recht nicht, wenn es sich darum handelt, Befreiung von Abhängigkeiten zu erreichen. Abhängigkeiten und Bindungen beinhalten ja gerade die Entmachtung unseres Willens. Sonst würden wir die jeweiligen Erlebnisse nicht als Zwang empfinden. Wie sollen wir aber mit unserem Willen gegen einen Zwang angehen, der ja definitionsgemäß die Außerkraftsetzung unseres Willens darstellt?

Wenn wir in einem lebendigen Verbund mit Jesus sind, indem wir regelrecht in ihn eingebettet sind und er durch seine Worte in uns ist, dann sind wir dazu befähigt und ermächtigt, Jesus wie ein Heilmittel zu gebrauchen, das sich zwischen den körperlichen Organismus und einen giftigen Schadstoff stellt. In der modernen Pharmaco-Therapie sind Stoffe entwickelt worden, die sich nach dem Schlüssel-Schloß-System an ganz bestimmten Stellen des menschlichen Gewebes festsetzen. Diese Stoffe haben in einem Teil ihres chemischen Aufbaus eine gewisse Ähnlichkeit mit anderen Giftstoffen, die ihrerseits nur an ganz bestimmten Teilen unseres Körpers ansetzen. Wenn man nun einen solchen derartig präparierten Stoff an jener Stelle des Körpers plaziert, wo sich normalerweise das Gift anlagert, dann wird dieses Gift verdrängt oder kann gar nicht erst angreifen, weil die körpereigene Struktur mit dem harmlosen Ersatzstoff besetzt ist. So wird die Bindung des Giftstoffes verhindert.

Ähnlich wie in diesem Geschehen müssen wir Jesus an der Stelle unseres Lebens und Leidens einsetzen, das heißt im Glauben beanspruchen, wo die Unfreiheit vorliegt. Unser Beitrag ist lediglich die glaubende „Benutzung“ unseres Herrn als das freiheitschaffende göttliche Agens, das dann die Befreiung bewirkt. Also, wir glauben – und Jesus sprengt dann die Ketten. Ich sage es noch einmal, das funktioniert!

Wir haben bei den einzelnen Formen göttlicher Erlösung immer wieder danach gefragt, wo ihre Entstehungsmomente im Leidens- und Kreuzigungsgeschehen sind. Die Frage im Hinblick auf den Befreiungsdienst unseres Herrn aufzuwerfen, heißt, sie auch schon beantwortet zu haben. Jesus wurde für uns zur Freiheit gemacht und bewirkte unsere Freiheit, wo er selbst in die Unfreiheit ging und Unfreiheit erlitt. Er war durch den Verrat des Judas von den Häschern der Hohen Priester gefangengenommen worden, kam dann in die Gefangenschaft der römischen Besatzungssoldaten, wurde danach als Gefangener mißhandelt und verspottet und war schließlich am Kreuz durch Nägel in seinen Händen und Füßen gänzlich in seiner Bewegungsfreiheit gehindert und buchstäblich angenagelt worden. Das geschah an seinen Händen!

Es ist nicht nur von symbolischer Tiefe und Bedeutung, daß Jesus an den Händen mit Nägeln durchbohrt wurde, so daß seine Hände, die ihm zum Handeln gegeben waren, fixiert und zerstört wurden. Indem er es zuließ, daß ihm sein H a n d lungsspielraum von Menschen genommen wurde, wurde er für uns zur Handlungsfreiheit gemacht. Wir haben durch seine Handlungsunfähigkeit unseren eigenen Handlungsspielraum zurückgewonnen.

Kapitel 21

Was ist Wahrheit?

Dieses Weltsystem ist durch und durch von Lüge gekennzeichnet. Es ist nicht nur der Teufel selbst, der Vater der Lüge und der Lügner von Anfang an, auch die Menschen als seine natürlichen Kinder sind von der Lüge gezeichnet.

Römer 3,4 b
Es bleibe vielmehr so: Gott ist wahrhaftig und alle Menschen Lügner; wie geschrieben steht: Auf daß du gerecht erfunden werdest in deinen Worten und obsiegest, wenn man mit dir rechtet.

Die Infektion durch die Lüge hat die Menschen so sehr befallen, daß Lüge zu ihrer Natur geworden ist. Sie sind deswegen nicht imstande, so ohne weiteres, gleichsam auf einen Willensimpuls hin, die Wahrheit, wie sie von Gott kommt, zu erfassen und zu achten. Der natürliche Mensch ist zur Wahrheit nicht fähig, und selbst der wiedergeborene Mensch wird immer wieder einen gewissen Hang zur Unwahrheit bei sich feststellen. Wir müssen die Wahrheit in ihrer göttlichen Tiefe als etwas im Grunde Übernatürliches verstehen. Das ist auch der Grund, warum die Wahrheit im Kreuzesgeschehen eine so außerordentliche Rolle spielte.

Fast alle Abschnitte der Leidensgeschichte Jesu haben etwas damit zu tun, daß Jesus als der ganz Wahre in Kollision mit dem Lügensystem seiner Jünger, der Juden, des religiösen Establishments und auch der römischen Besatzungsmacht geriet. Der Weg zum Verrat Jesu, der ihn ans Kreuz brachte, war gebahnt durch den lügenhaften und betrügerischen Judas Ischarioth, der Geld veruntreute und in seine Tasche wirtschaftete. Der Verrat selbst nahm seinen Anfang durch einen Akt der Lüge, indem Judas Ischarioth das Zeichen besonderer Vertrautheit und inniger Beziehung, das Tauchen des Brotes in den Kelch Jesu, als Beginn seines frevelhaften Handelns wählte (Matthäus 26,23). Judas mißbrauchte anschließend einen Kuß, der sonst Ausdruck von intimer Liebe und Zuneigung ist, um Jesus durch eine entstellte Liebesbezeugung vor den heranrückenden Häschern als den gefangenzunehmenden Meister zu kennzeichnen. Das Volk schließlich, das Jesus wenige Stunden zuvor mit „Hosianna" und „Gelobt sei, der da kommt in dem Namen des Herrn!" als den Messias begrüßt hatte (Matthäus 21,9), verfiel der kollektiven Lüge und schrie: „Kreuzige ihn!" (Markus 15,13).

Pilatus beteuert in Lukas 23,4: „Ich finde keine Schuld an diesem Menschen." Und er wiederholt diese Aussage im Verlauf der Befragung mehrere Male. Und dennoch überläßt er Jesus den Juden und seinen Knechten, damit sie ihn geißeln. Er beugte die Wahrheit, weil er Angst vor den Juden hatte.

Johannes 19,7-11
7 Die Juden antworteten ihm: Wir haben ein Gesetz, und nach dem Gesetz muß er sterben, denn er hat sich selbst zu Gottes Sohn gemacht.
8 Da Pilatus das Wort hörte, fürchtete er sich noch mehr
9 und ging wieder hinein in das Richthaus und spricht zu Jesus: Woher bist du? Aber Jesus gab ihm keine Antwort.
10 Da sprach Pilatus zu ihm: Redest du nicht mit mir? Weißt du nicht, daß ich Macht habe, dich loszugeben, und Macht habe, dich zu kreuzigen?
11 Jesus antwortetet: Du hättest keine Macht über mich, wenn sie dir nicht wäre von oben her gegeben. Darum: der mich dir überantwortet hat, der hat größere Sünde.

Diese Worte beweisen, daß Pilatus von der Wahrheit der Ausführungen Jesu überzeugt war, aber die Wahrheit auf Grund seiner Angst opferte.

Johannes 18,35-38
35 Pilatus antwortete: ... Was hast du getan?
36 Jesus antwortete: Mein Reich ist nicht von dieser Welt. Wäre mein Reich von dieser Welt, meine Diener würden darum kämpfen, daß ich den Juden nicht überantwortet würde; aber nun ist mein Reich nicht von dieser Welt.

37 Da sprach Pilatus zu ihm: So bist du dennoch ein König? Jesus antwortete: Du sagst es, ich bin ein König. Ich bin dazu geboren und in die Welt gekommen, daß ich für die Wahrheit zeugen soll. Wer aus der Wahrheit ist, der höret meine Stimme.
38 Spricht Pilatus zu ihm: Was ist Wahrheit? Und da er das gesagt, ging er wieder hinaus zu den Juden und spricht zu ihnen: Ich finde keine Schuld an ihm.

Auf die Frage des Pilatus, was er getan habe, antwortete Jesus mit dem Hinweis darauf, daß sein Reich nicht von dieser Welt sei. Danach spricht der Herr den letzten Hintergrund seines Sterbens aus: „. . .ich bin ein König. Ich bin dazu geboren und in die Welt gekommen, daß ich für die Wahrheit zeugen soll. Wer aus der Wahrheit ist, der höret meine Stimme." (Vers 37 b). Das Ziel der Sendung Jesu ist es, der Menschheit Wahrheit zu bringen, für die Wahrheit zu zeugen, was doch bedeutet, ihr bis in den Tod hinein treu zu bleiben. Der letzte Hintergrund der Aburteilung Jesu und der anschließenden Tötung des Herrn ist die Tatsache, daß er von ganz anderer Art ist als die Menschen. Er ist die Wahrheit, und die Menschen sind voller Unwahrheit. Deswegen konnten sie die Wahrheit nicht ertragen. Wie unfähig die Menschen zur Wahrheit sind, wird besonders an der tragischen Gestalt des Pilatus deutlich, der in Anbetracht dieser Worte nur die scheinphilosophische Frage stellen konnte: „Was ist Wahrheit?", womit er die Wahrheit relativieren wollte.

Im Rahmen der Beweisführung der Verhandlung versuchten die Juden dann, falsche Zeugen herbeizuzitieren.

Markus 14,56-59
56 Viele gaben falsch Zeugnis wider ihn; aber ihr Zeugnis stimmte nicht überein.
57 Und etliche standen auf und gaben falsch Zeugnis wider ihn und sprachen:
58 Wir haben gehört, daß er sagte: Ich will diesen Tempel, der mit Händen gemacht ist, abbrechen und in drei Tagen einen andern bauen, der nicht mit Händen gemacht ist.
59 Aber ihr Zeugnis stimmte auch so nicht überein.

Das Verhör vor dem Hohen Rat brachte ebenfalls zum Vorschein, daß die Wahrheitsfrage die entscheidende Frage bei der Verhandlung war.

Matthäus 26,63-66
63 Aber Jesus schwieg stille. Und der Hohepriester sprach zu ihm: Ich beschwöre dich bei dem lebendigen Gott, daß du uns sagest, ob du seist der Christus, der Sohn Gottes.
64 Jesus sprach zu ihm: Du sagst es. Auch sage ich euch: Von nun an wird's geschehen, daß ihr sehen werdet des Menschen Sohn sitzen zur Rechten der Kraft und kommen in den Wolken des Himmels.
65 Da zerriß der Hohepriester seine Kleider und sprach: Er hat Gott gelästert! Was bedürfen wir weiter Zeugnis? Siehe, jetzt habt ihr seine Gotteslästerung gehört.
66 Was dünkt euch? Sie antworteten und sprachen: Er ist des Todes schuldig.

Das war also der Befund, den sie erhoben hatten: Weil er Sohn Gottes war und auch dazu stand, daß er der Christus, der Sohn Gottes, sei, wurde er der Gotteslästerung für schuldig befunden und zum Tode verurteilt. Er wurde also getötet, weil er die Wahrheit ist und weil er die Wahrheit bezeugte. Der Hauptgrund des Justizmordes an Jesus war die Tatsache, daß die Menschen die Wahrheit über Jesus – der die Wahrheit ist – als Unwahrheit ansahen. Auf der Seite Jesu lagen die Verhältnisse dementsprechend so: Weil er ohne Angst und Menschengefälligkeit zu seinem Status als Sohn Gottes und zu seiner Berufung stand, also die Wahrheit nicht verhehlte, mußte er sterben.

Hätte Jesus in der Verhörsituation vor dem Hohen Rat die Wahrheit verleugnet, wäre er am Tod vorbeigekommen. Sein Beharren darauf, daß er die Wahrheit ist, führte zu diesem Aufschrei des Entsetzens und der Empörung und bedeutete das Todesurteil.

Jesus starb als die Wahrheit an der Unwahrheit der Menschen, weil er die Wahrheit sagte. Das war der Preis, den er bezahlen mußte, damit wir auf unserer Seite wahrheitsfähig werden können, das heißt, die Wahrheit erkennen und bekennen können. Mit seinem Tod auf Grund seines mutigen Einstehens für die Wahrheit hat Jesus einen Weg für uns bereitet, Menschen der Wahrheit zu werden. Wir dürfen uns an diesem Punkt nicht täuschen. Ohne diese besondere Intervention unseres Herrn wären wir nicht wahrheitsfähig. Was aus dem Munde Gottes kommt, ist als göttliche Aussage so völlig anders als alle anderen Worte und Gedanken, die sonst unter den Menschen gesprochen und gedacht werden, daß der natürliche Mensch sie nicht verstehen kann. Es gibt genug

Nachweis für den schmerzhaften Umstand, daß sogar Christen, die in ihrer geistlichen Reifung stehengeblieben sind, weiterführende Worte Gottes nicht verstehen können.

Der Einschnitt, den die Geistesgeschichte der Menschheit durch dieses Ereignis erfahren hat, kann nicht stark genug betont werden. Jesu Tod hatte seine Ursache in der Sünde der Menschen, seinen Anlaß jedoch in der Tatsache seiner Wahrheit und dem Bekenntnis zur Wahrheit einerseits und in der Unwahrheit der Menschen am Kreuz andererseits. Durch Jesu Tod wurden wir grundsätzlich erst befähigt, die aus der Welt Gottes kommende Wahrheit zu erkennen, zu verstehen, zu verarbeiten und auf sie zu reagieren.

Der Durchbruch zum Bekennen

Der zweite Aspekt dieses Abschnittes des Leidens Jesu und der ihm zu Grunde liegenden Ursache ist die Befreiung zum Bekennen der Wahrheit. Weil Jesus zur Wahrheit stand und deswegen ihr Opfer wurde (Er ist das einzige Opfer, das je an der Wahrheit zugrunde ging. Sonst baut die Wahrheit auf und befreit.), deswegen ist uns durch seine Erlösungstat die Kraft und die Fähigkeit gegeben worden, wie er für die Wahrheit einzustehen, sie zu bekennen und sie auszusprechen. Weil Jesus sich in Gegensatz zu den Menschen gestellt hat und deswegen leiden mußte, deswegen können wir unsere Unterschiedlichkeit in unserem Sein und Denken als Nachfolger Jesu ertragen und die Wahrheit mutig bekennen.

Das ist die Botschaft für die Ängstlichen und Menschengefälligen unter uns. Wir sind in der Kühnheit unseres Bekenntnisses der Wahrheit nicht auf einen mitgegebenen starken Charakter und auf natürliche Festigkeit unserer Haltung und unseres Auftretens angewiesen. Auch die Schwachen und die Scheuen sind im Verweis auf das Verdienst Jesu imstande, diesen Weg zu beschreiten, wenn sie sich diese Worte glaubend aneignen. Glaube kommt ja aus dem Hören des Wortes Gottes. Auch in diesem Fall ist der Glaube nicht ein zusätzlicher Kraftakt, mit dem wir uns über das Wort hermachen, um es zu nutzen. Glaube fließt aus dem Wort heraus, das wir betrachten und in unser Herz hineingenommen haben.

Mit diesem Anteil der Erlösung – der Befähigung, die Wahrheit zu erkennen und zu bekennen – wird das Netz- und Flechtwerk von Erlösungstatsachen und erlösungsbedingten Befähigungen, das uns umgibt und trägt, immer stärker. Es zahlt sich aus, die Leidensgeschichte gründlich zu untersuchen und alle Anteile des Leidens unseres Herrn genau zu betrachten und zu qualifizieren, um dadurch viel exaktere und konkretere Aufschlüsse über den Segen zu bekommen, der uns damit zuteil wird. Die Nachfolge Jesu wird durch die gewissenhafte Beachtung aller Erlösungsinhalte schließlich doch zu jenem Schreiten auf geebneten Pfaden, von denen Johannes der Täufer gesprochen hat und die im Alten Testament immer wieder prophetisch angekündigt wurden.

Wir müssen eben nur die Geschenke nutzen. Sie liegen bereit zum Gebrauch, wenn wir dem Herrn glauben, daß es sie gibt, daß sie für uns da sind und daß sie ohne weiteres von uns in den Dienst gestellt werden können. Wir sehen auch im Umkreis der Thematik Wahrheit dieselben Gesichtspunkte, die für manche anderen Erlösungsfakten gelten: Dem Volk Gottes ist weitgehend verborgen, was alles an Geschenken zur Verfügung steht. Die Gläubigen begnügen sich mit einem minimalen Kontingent an Erlösungsqualität und versuchen, damit ein erlöstes Leben zu gestalten.

Jeder Christ ist durch die Kraft des Heiligen Geistes nun imstande, die Wahrheit zu erkennen. Die Beschreibung des neuen Bundes nach Jeremia 31, die gleichsam der Quelltext für die neutestamentlichen Zitate der Darstellung des neuen Bundes ist, sagt in bezug auf dieses Thema:

Jeremia 31,34
Und es wird keiner den andern noch ein Bruder den andern lehren und sagen: „Erkenne den Herrn", sondern sie sollen mich alle erkennen, beide, klein und groß, spricht der Herr; denn ich will ihnen ihre Missetat vergeben und ihrer Sünde nimmermehr gedenken.

Erkenntnisfähigkeit, was doch nichts anderes bedeutet als Erkenntnis der Wahrheit, ist ein Hauptinhalt und eine Hauptfolge der Erlösung, die uns durch das Sterben Jesu ermöglicht wurde. Wir haben Zugang zur Wahrheit und werden durch glaubendes

Aneignen der göttlichen Befähigung Streiter für die Wahrheit und Bekenner der Wahrheit. Auch die Schwachen unter uns, diejenigen, die sich sonst auf Grund ihres Naturells nie für die Wahrheit erheben würden, können im Rückgriff auf diese Befähigung und Freiheit Wahrheit erkennen und sich für sie einsetzen.

Wenn diese Botschaft ein Teil der Verkündigung wird, wird sie einen neuen Schub an Kraft, Vitalität und Durchsetzungsvermögen in den Gemeinden des Herrn auslösen können. Die große Masse der scheuen und ängstlichen Nachfolger Jesu, die sich immer wieder einreden, daß sie nicht dazu geboren sind, für das Evangelium zu kämpfen, werden neue Kraft und Zuversicht bekommen. Alles, was wir tun, soll ja einen übernatürlichen und aus Glauben resultierenden Untergrund haben. Wenn einer in seiner natürlichen Stärke den Herrn tapfer bekennen kann, na gut, dann sei es so. Aber der geistlich richtige Weg ist das Erkennen und Bekennen der Wahrheit als Folge eines im Glauben angenommenen Geschenkes. Der geborene Kämpfer, dem es durch seine natürliche Befähigung leichtfällt, sich für das Evangelium einzusetzen, könnte in die Gefahr der Sünde geraten, weil er das, was er tut, aus natürlicher Kraft tut, was schlicht Sünde ist. Denn alles, was wir tun, muß aus Glauben geschehen (Römer 14,23).

Erlöst von der Verirrung

Wahrheit bringt Klarheit, diese läßt den Weg erkennen, so daß wir Orientierung haben und am Ziel ankommen. Wer in der Finsternis ist, muß herumirren, wird stolpern und niemals am Ziel anlangen.

> **Jesaja 53,6**
> **Wir gingen alle in die Irre wie Schafe, ein jeder sah auf seinen Weg. Aber der Herr warf unser aller Sünde auf ihn.**

Die Schafe mit ihrer natürlichen Sehschwäche sind dazu verurteilt, sich zu verirren, wenn sie niemanden haben, der Weisung und Orientierung gibt. Geistlich sind alle Menschen fehlsichtig. Sie beschäftigen sich nur mit sich selbst, was dasselbe ist, wie in der Finsternis zu leben. Dadurch befinden sie sich in einem Zustand des chronischen Herumirrens.

Es ist bemerkenswert, daß Jesaja 53, jenes erhabene Kapitel der Beschreibung und der Deutung des Leidens und Todes unseres Herrn, die Auswirkung der Hingabe Jesu auf das Irren hervorhebt. Das ist ein Sonderaspekt der Befreiung zur Wahrheit.

In dem zitierten Wort wird allerdings das Verirren der Menschen in bezug gesetzt zu der Sünde, die Gott auf seinen Sohn Jesus geworfen hat. Man könnte deswegen sehr wohl formulieren, daß das Verirren nur eine Auswirkung der Sünde ist, also die Erkenntnis der Wahrheit nur ein Teilaspekt der Erlösung von der Sünde ist. Dennoch ist es nun einmal ein biblischer Sachverhalt, daß an dem Leiden und dem Tod des Herrn das Moment der Wahrheit besonders beteiligt ist, während sich die Auswirkung des Leidens in herausgehobener Weise auch auf das Beenden des Irrens der Menschen bezieht. Es mußte jemand das Opfer der Unwahrheit werden — unser Herr — damit er Wahrheit und damit Erleuchtung für unseren Weg ohne Dunkel und Irren schaffen konnte.

Kapitel 22

Religiosität – und kein Ende?

Die größte Plage in den Reihen der Gläubigen ist die Religiosität. Es gibt keine größere Gefahr für die Gemeinde Jesu als das scheingeistliche Erlösungsimitat: christliche Religiosität und unechte Frömmigkeit. Jeder Pastor, der mit Ernst und Hingabe seine Gemeinde in den Sieg und in die Höhen göttlicher Segnungen führen will, hat mit diesem Problem zu kämpfen. Religiosität ist Scheinerlösung. Sie ist jenes Verhalten, das äußerlich so aussieht, als ob man Gnade genommen hätte, während man in Wirklichkeit doch nur Begriffe oder Worte aufgegriffen hat. Die religiösen Christen verfügen über keinen Inhalt oder wenig Inhalt in ihrem Glauben. Er wird ersetzt durch Ritualien und fromme Leistung.

Religiosität im breiteren Sinne ist der Versuch des Menschen, durch Werke, Anstrengung und bestimmte moralisch-magische Strebungen zu Gott zu kommen und diesen zu versöhnen. Religiosität in der Gemeinde Jesu, also bei denen, die tatsächlich die Erfahrung der Wiedergeburt gemacht haben, ist ein geistlicher Lebensentwurf, in dem es nur die Erlösung von der Sünde und die Befähigung zum Eintritt in das himmlische Reich gibt. Alle anderen Fakten des Heils, wie wir sie betrachtet haben, sind nicht vorhanden, werden verleugnet und werden bekämpft. Religiosität unter Christen ist insofern Schmalspurnachfolge, die alle Auswirkungen des Handelns Jesu auf unsere Existenz im Sichtbaren ausschließt. Diese Karikatur von Nachfolge kommt beklagenswert häufig vor.

Wenn es stimmt, daß die überwiegende Anzahl der Kinder Gottes, die tatsächlich Jesus erlebt haben und ihn mit Recht als ihren

Herrn und Erlöser ansprechen, dennoch nichts von der Dimension des Sieges, der Wunder und Zeichen, der Heilungen und der Manifestation des Übernatürlichen durch die Kraft des Heiligen Geistes wissen, dann muß es im Evangelium ein Heilmittel gegen diese schreckliche geistliche Krankheit geben. Und wenn Heilung für diese Fälle von Jesus vorgesehen war, weil sie so notwendig ist, dann muß sie im Leidensweg Jesu von Gethsemane zum Kreuz irgendwo nachweisbar sein. Sie ist es.

Lukas 22,43-44
43 Es erschien ihm aber ein Engel vom Himmel und stärkte ihn.
44 Und es geschah, daß er mit dem Tode rang und betete heftiger. Es ward aber sein Schweiß wie Blutstropfen, die fielen auf die Erde.

Das war der Anschlag des Todes, der eine dämonische Person ist, auf Jesus. Er sollte bewirken, daß Jesus vor dem Kreuz und ohne Kreuz starb. Wir erkennen sofort, was das Ziel dieser Attacke war. Jesus sollte getötet werden, ohne daß er imstande gewesen wäre, die anderen vielfältigen Formen von Erlösung freizusetzen.

Der Überfall des Todes auf Jesus erfolgte unmittelbar nachdem Jesus mit seinem Willen in den Kelch eingewilligt hatte, den der Vater für ihn vorbereitet und ihm zu trinken gegeben hatte. Das war der Augenblick, als Jesus sich mit der Sünde der Welt identifizierte. Er war bereits durch sein Ja vom Vater zur Sünde gemacht worden. Deswegen war der Herr überhaupt erst fähig zu sterben. Die knappe Beschreibung dieses Todeskampfes sagt uns, daß Jesus betend den Tod abwehrte, der sich an seinem Kreislaufsystem und Stoffwechsel zu schaffen machte, indem er die Blutgefäße und sogar die Haut des Herrn für das Blut durchlässig machte, so daß es in Tropfenform auf die Erde fiel.

Aus medizinischer Sicht muß man diesen Zustand als einen dramatischen Prozeß qualifizieren, in welchem allerstärkste mechanische oder toxische Reize auf das Gewebe einwirkten und einen Zustand herbeiführten, der an der Haut sonst nur bei extremen Entzündungszuständen zu beobachten ist. Durch sein Gebet und durch die Erscheinung eines Engels, der ihn stärkte, konnte Jesus diese Attacke überwinden. Aber wir müssen erkennen, was die satanische Absicht dahinter war.

Jesus war zur Sünde gemacht und mit unseren Sünden belastet worden, sollte aber heimtückisch vom Teufel im Garten Gethsemane umgebracht werden, ohne durch die Menschen und für die Menschen verwundet, verspottet, gedemütigt, gequält, verraten, durchbohrt und beeinträchtigt zu sein. Er sollte sterben, ohne am Holz zu hängen, so daß der Fluch des Gesetzes nicht von uns genommen wäre. Das wäre eine Erlösung, die die Sünde wohl getilgt, aber die Folgen der Sünde und unsere Unterlegenheit unter den Teufel sowie allen Mangel im diesseitigen Leben unberührt gelassen hätte. Es wäre eine Erlösung ohne Erlösung gewesen. Ich verstehe darunter ein Erlöstsein im Herzen, das sich an keiner Stelle im Diesseits unseres Lebens ausgewirkt hätte. Wäre Jesus so gestorben, dann müßten wir, die Erlösten des Herrn, in unserem täglichen Wandel Leiden, Krankheit und Demütigung durch den Feind erfahren wie alle anderen Menschen. Armut, Mangel und die Abwesenheit aller übernatürlichen Segnungen und Befähigungen hätten unser Dasein geprägt.

Die Karikatur eines erlösten Menschen, wie ich sie eben aufgezählt habe, ist exakt das Bild des religiösen Christen, das das Ziel des Teufels mit seinem Anschlag war. Für den religiösen Christen ist die Vergebung der Sünde und der spätere Eingang in das himmlische Reich die einzige Erfahrungsmöglichkeit des Heils. Daß es mehr gibt, verwirft er und hält es für frevelhaften, geistlichen Stolz, einen Beweis von Schwarmgeist oder Inspiration von unten.

Viele religiöse Christen mögen in ihrem Urteil vielleicht doch nicht so weit gehen, aber sie leiden selbstverständlich und unverdrossen in der Unzulänglichkeit ihrer Erlösungserfahrung dahin und wissen nicht oder glauben nicht, daß Jesus für sie ein Leben im Überfluß bewirkt hat. Wenn sie sich dann doch aus den Niederungen eines solchen Daseins herausbegeben wollen, tun sie's mit eigener Mühe und mit frommer Leistung. Weil dies keine Erfolge bringen kann, fallen sie nach einiger Zeit erschöpft in den alten Zustand zurück und wissen es dann um so genauer: Das Leben in der Nachfolge ist ein stetiges Wandeln im Tal des Leides und ein fortwährendes Durchschreiten der Wüste mit dem Kreuz des Herrn (!) auf sich.

Aber, Halleluja, es gibt eine vollständige Erlösung. Und es gibt eine Erlösung von der halben Erlösung! Als sich Jesus gegen diesen frühen und billigen Tod sträubte, tat er es, weil er alle Stadien des von Gott verordneten Leidens mit allen Formen von Qual und Peinigung ertragen und auskosten wollte und mußte. Er mußte es, weil es vom Vater so verordnet war — und er wollte es, weil es keinen anderen Weg gab, um die von ihm geliebten Menschen zu seinen Brüdern und damit zu Kandidaten des vollen Lebens, des vollen Sieges und des Triumphes über den Tod, den Teufel, Krankheit und Sünde zu machen. Die Entscheidung Jesu gegen den Tod in Gethsemane für das Leiden in den Verhören und Geißelungen durch die Juden und die Römer und für den Tod auf Golgatha hat einen zusätzlichen Wert in sich selbst. Es ist die Erlösung für die Religiösen.

Seien wir ehrlich, in uns allen ist ein Hang, die Heilserfahrung zu reduzieren und sie mit unserer Frömmigkeitsarbeit zu verbinden und anzureichern. Aber die Anreicherung führt zur Einbuße des Heils. Wir alle brauchen das Verständnis und den Blick für das ganze Heilsprogramm. Daß der Herr die ganze Bandbreite von Sünde und deren Folgen ausgekostet hat, beweist, daß es sein Wille ist, daß wir alle Aspekte des Heils im Glauben ergreifen. Wir sollen nämlich allseitig gesegnet sein, um dadurch den Teufel auf der ganzen Linie zu demütigen und den Menschen in unserer Umgebung eine umfassende Anschauung für ein lückenloses Heil zu geben.

Wenn wir Golgatha als das glanzvolle Original der Erlösung im Kontrast zur Kümmerlichkeitsversion des geplanten Mordanschlages des Teufels in Gethsemane herausstellen, dann werden vielen Religiösen die Augen aufgehen. Sie werden erkennen, daß es Liebe war, die Jesus trieb, die zusätzlichen Qualen und Demütigungen auf sich zu nehmen, damit wir — die Kinder Gottes, seine geliebten Freunde — uns möglichst keine eigenen Lasten und Anstrengungen auferlegen. Religiosität ist partielle Erlösung; das ganze Heil, das Jesus für uns erworben hat, läßt keinen Raum für die Notwendigkeit eigener Nachhilfe. Die religiösen Verkennungen und Strebungen wiedergeborener Christen resultieren aus der Unkenntnis der Liebe Gottes. Sie wissen nicht, was Jesus in seiner grenzenlosen Liebe schon alles für sie getan hat. Oder sie wissen es, aber sie glauben es nicht.

Aber Glauben kommt doch aus dem Hören des Wortes Gottes. So ist die Hoffnung für die Millionen religiösen Christen, die beraubte Christen sind, darin zu suchen, daß ihnen noch genauer und plastischer alle einzelnen Facetten des Leidens Jesu in ihrem Stellvertretungscharakter vor Augen geführt werden, so daß sie dann davon überwältigt werden und ihre eigenen Bemühungen aufgeben. Wir strengen uns doch an, weil wir sonst keinen anderen Weg sehen, uns Lust und Wonne zu verschaffen. Wenn uns aber der Heilige Geist die Augen öffnet für dieses lückenlose Angebot von Erlaß von Schuld, Segnung, Befreiung und Befähigung, dann werden wir kein Verlangen nach eigener Leistung und eigener Ehre haben.

Wir werden erkennen, daß die Liebe Gottes mehr Lust und Freude geben kann, als wir uns selbst mit den größten und erfolgreichsten Beiträgen je verschaffen könnten. Das ist das Ende der Religiosität und der Anfang der totalen Entspannung in geglaubter und dann erfahrener Erlösung.

Kapitel 23

Anweisungen zum Nehmen

Eine Betonung, die in der sogenannten Wort- und Glaubensbewegung immer wieder vorgetragen wird, betrifft die Tatsache, daß Gott uns durch das Erlösungswerk Jesu alles bereits gegeben hat, was wir brauchen. Das ist für viele eine ärgerliche Aussage, an der sie sich stoßen und reiben, weil sie den fatalen Schluß in sich trägt, daß jeder bedürftige, hilfe- und heilungsuchende Christ es sich demnach selbst zuzuschreiben hat, wenn er keine Abhilfe für seine Not empfangen hat.

Eine solche Schlußfolgerung, die durchaus zutreffend ist, können viele Christen nicht ertragen, und deswegen gehen sie gegen diese Lehre auf die Barrikaden. Der Antrieb für ihr Verhalten ist durchsichtig: Mit jeder ausgebliebenen Hilfe oder fehlenden Gebetserhörung wird deutlich, daß sie selbst versagt haben. Dieses an ihrem Selbstwertgefühl nagende Scheitern wird von ihnen so nicht hingenommen und flink wird eine wohlklingende These gesucht, wonach die ausgebliebene Hilfe nicht in ihrem Verhalten begründet liege, sondern Ausdruck des Willens Gottes sei. Er wolle es nicht, daß die Krankheit geheilt werde, er habe es für gut befunden, noch zu warten, und er sei vielleicht überhaupt der Autor der Krankheit und wolle damit ein höherwertiges Ziel erreichen.

Solche Ausflüchte sind hervorragend geeignet, das Versagen auf unserer Seite, nämlich beim Glauben und Nehmen, zu verdekken und haben sich deswegen in der Christenheit herumgesprochen. Sie sind seit Jahrhunderten ein fester Bestandteil der religiösen Grundausrüstung vieler Gläubigen, die nicht in der Wahrheit leben und die biblischen Fakten, so wie sie sind, nicht hinnehmen wollen.

Diese Gläubigen sind übrigens auch identisch mit jenen Christen, die immer mit dem Vorwurf operieren, daß eine solche Lehre Schuldgefühle und Verdammnisgefühle bei denen erzeugt, die in Heilungsversammlungen oder nach Gebet für Kranke ungeheilt zurückbleiben. Den Sachverhalt, daß die Heilung nicht eingetreten ist, können sie nicht ertragen und bewerten ihn als Anklage und Schuldzuweisung, was er gar nicht ist. Ein solcher Zustand nach beanspruchter und zunächst ausgebliebener sichtbarer Heilung ist zunächst eben nichts anderes als eine Situation, in der man die Heilung im Glauben ergriffen hat, ohne daß sie bereits manifest geworden ist, was aber nicht bedeutet, daß sie nicht da wäre.

Aber solche Gläubigen verstehen diese Zusammenhänge nicht und bewerten sie als einen unmittelbaren Angriff auf ihre geistliche Integrität, ziehen gegen solche Anschauungen und ihre Vertreter zu Felde, mobilisieren manche Mitchristen dagegen und offenbaren in diesem Verhalten tatsächlich das, was zu Grunde liegt, eine rebellische und religiöse Grundhaltung, die von Stolz, Gnadenlosigkeit und gänzlicher Unkenntnis geistlicher Zusammenhänge gekennzeichnet ist.

Es gibt sehr wohl einen Bedarf, gemäß biblischer Prinzipien das Volk Gottes zu lehren, wie man im Glauben empfängt. In diesem Kapitel will ich nicht etwa die Grundzüge der Theologie des Glaubens entfalten. Hier soll es nur um einen Gesichtspunkt gehen, der allerdings weitgehend verkannt wird. Aus diesem Grunde ist unter manchen Kindern Gottes Unsicherheit und sogar Frustration im Umgang mit den Erlösungsangeboten entstanden, die bei Kenntnis der biblischen Lehre hätten vermieden werden können.

Die Rede ist von der richtigen R e i h e n f o l g e im Ergreifen der Wohltaten Gottes, die alle ein Teil der Erlösung sind. Man könnte sogar sagen, daß auch der Aufschluß über die rechte Ordnung im Umgang mit den Geschenken Gottes für sich ein eigenständiges Erlösungskontingent aus dem gesamten Spektrum göttlichen Heils ist.

Hebräer 9,15
Und darum ist er auch ein Mittler des neuen Bundes, auf daß durch seinen Tod, der geschehen ist zur Erlösung von den Übertretungen unter dem ersten Bund, die, so berufen sind, das verheißene ewige Erbe empfangen.

Jesus, der Mittler des neuen Bundes, hat durch seinen Tod eine Erlösung vollbracht, die nach diesem Wort zwei grundsätzliche Aspekte umschließt: Zum einen werden unsere Übertretungen damit getilgt – das ist ein uns wohlvertrauter Gedanke –, zum anderen empfangen wir dadurch das verheißene ewige Erbe. Unter Erbschaft versteht das Wort Gottes überwiegend die irdischen Anteile von Erlösung und göttlichen Segnungen. Hier wird also Jesus als unser Erblasser vorgestellt.

In Römer 8,17 wird uns gesagt, daß wir, wenn wir Kinder Gottes sind, auch Erben Gottes, und zwar Miterben Christi, sind. Eine Erbschaft ist nun die Inbesitznahme der Güter der Eltern nach deren Ableben. Die Voraussetzung für das aktuelle Antreten der Erbschaft ist erstens der Status der Kindschaft, zweitens das Mündigsein und drittens die erklärte Willigkeit, das Erbe auch in Empfang zu nehmen.

Wir finden also in diesen Voraussetzungen eine grundsätzliche und auch zeitliche Ordnung, die vorhanden sein muß, bevor das Erbe ausgezahlt werden kann. Solche Verhältnisse sind gleichermaßen im weltlichen wie im geistlichen Leben gültig. Der Galaterbrief weist uns in Kapitel 4,1-3 nachdrücklich auf diese Zusammenhänge hin. (Ich verweise auch auf meine Schrift „Das Erbe der Erwachsenen“; Aufbruch-Verlag 1988.)

Das Wort Gottes enthält nun eine ausgearbeitete Lehre über die geistlichen Faktoren, die einen Christen mündig machen. Der Hauptgesichtspunkt, der zur geistlichen Mündigkeit führt, liegt darin, daß der Gläubige einen ständigen Umgang mit dem Worte Gottes hat, das bleibend in ihm wirkt, sein Selbstverständnis verändert, ihn dadurch stark macht und zu einem persönlichen Überwinden des Feindes befähigt (1. Johannes 2,14).

Wir sehen also, der überwiegende Anteil der Geschenke Gottes, die ein Teil des Erlösungswerkes Jesu sind, wird nur den Mündigen erreichbar sein. Mündigkeit ist ein geistliches Grundgebot an die Gläubigen und drückt in sich die Notwendigkeit einer zu beachtenden Prioritätenreihenfolge im Umgang mit den Erlösungsgeschenken aus. Wer es versäumt, sich all der Wohltaten zu bedienen, die ihn geistlich aufbauen und stark und insofern mündig machen, kann durch Mißachtung der grundsätzlichen Wahrheit der Mündigkeit jene Güter Gottes, die sich insbesondere in irdischen Segnungen äußern, nicht erreichen, so sehr er sich auch darum bemühen mag.

Das betrifft zum Beispiel die materiellen Segnungen, die unstrittig ein Teil göttlicher Erlösung sind, aber die mitnichten von einem Gläubigen empfangen und dann genossen werden können, der nicht stark geworden ist im Worte Gottes und dadurch seine Identität vom Heiligen Geist umprägen ließ. Wenn diese Zusammenhänge nicht gelehrt werden, müssen viele Frustrationen bei den naiv und unbekümmert Glaubenden die Folge sein, die nicht über die Bedingungen von Gottes Segen aufgeklärt worden sind.

Ich wünsche, daß es dir in jeder Hinsicht gut geht

Das Prinzip der Ordnung und der richtigen Reihenfolge beim Ergreifen von Gottes Erlösungstatsachen finden wir mehrfach im Wort Gottes. Das bekannte und häufig zitierte Wort aus 3. Johannes 2 gehört dazu. Es stellt nicht nur, wie viele das bei oberflächlicher Betrachtung empfinden, eine schier unbegrenzte Segenserfahrung in Aussicht, es enthält gleichzeitig einen Hinweis auf eine unabdingbar notwendige Voraussetzung.

3. Johannes 2
Mein Lieber, ich wünsche, daß dir's in allen Stücken wohlgehe und du gesund seiest, so wie es deiner Seele wohlgeht.

Das Wort muß eigentlich von hinten nach vorne gelesen werden: Unter der Voraussetzung, daß es deiner Seele gut geht, wünsche ich dir (und nicht nur der Älteste dem Gajus, sondern, weil es ein kanonisiertes Wort Gottes ist, wünscht es der Heilige Geist uns allen), daß es dir in allen Bereichen gut gehe und du gesund seiest.

Dieses gewaltige Wort steckt also einesteils den Rahmen der nach Gottes Willen möglichen und verbrieften Segenswünsche ab und sagt uns andernteils, daß die Voraussetzung dafür eine geheilte und gesättigte Seele ist. Diese Bedingung ist keine Einschränkung, sondern eben nur die Kennzeichnung der Reihenfolge, nach der wir Gottes Wohltaten erwarten dürfen. Es liegt nichts Willkürliches in dem Vorsatz des Herrn, uns in dieser gegebenen Ordnung zu beschenken. Würden wir nämlich in allen Dingen Wohlergehen erleben und ständig völlig gesund sein, ohne daß wir zuvor eine Genesung und Befriedung unserer Seele erfahren hätten, so würden wir in größten geistlichen Gefahren sein und anschließend recht bald in große Tiefen abstürzen. Ein ungeheiligter Charakter und eine nicht veränderte und geheilte Seele können mit solchen Segensdimensionen nicht umgehen.

Das göttliche Erbschaftsprinzip sieht, wie wir in der knappen Besprechung der göttlichen Wahrheiten über Erbschaft gesehen haben, die Voraussetzung der Mündigkeit durch Einübung in das Wort und dadurch nachfolgende Stärkung der Persönlichkeit und Überlegenheit über den Feind vor. Die noch umfassendere Segensankündigung nach 3. Johannes 2 ist an die Heilung und Veränderung der Seele gebunden, die die Folge des Lebensstils mit dem Wort und des dadurch gestärkten neuen Geistes in uns ist. Wir bedürfen eines genauen Verständnisses der Zusammenhänge von aufgenommenem Wort Gottes, Ausbildung und Dominanz unseres neuen Geistes und Disziplinierung der Seele mit ihrer Heilung und Heiligung, um in jene Bereiche des Segens vorzustoßen, die uns dieses Wort verheißt.

Weil aber diese Verhältnisse so wenig bekannt sind, da sie so gut wie gar nicht gelehrt werden, deswegen sind menschliche Charaktere, die unter der ausschließlichen Prägung des Heiligen Geistes und Ernährung durch das Wort Gottes zu dieser Reife und Größe der Seele gelangt sind, eine ausgesprochene Rarität. Ich rede jetzt nicht von den immer noch häufig vorhandenen Beispielen von kultivierten Erscheinungen in den Reihen der Christen, die über einen soliden Charakter und angemessene geistliche Einstellung verfügen. Ich meine im engeren Sinne Menschen, denen es seelisch rundherum wohl geht, weil sie ausdrücklich eine Prägung in dem beschriebenen Sinne durch das Wort Gottes und den Heiligen Geist erfahren haben. Das sind die Kandidaten, denen der Herr seine unfaßlich schönen und breiten

Segnungen anvertraut, die alle Bereiche ihrer irdischen Existenz betreffen.

Wir sehen, diese Zusammenhänge sind weit entfernt von jenen kurzschlüssigen Gedanken und Konzepten der Selbstbedienungsmentalität, die uns von Unkundigen oder auch Neidern immer wieder vorgeworfen werden. Die Segnungen der völligen Gesundheit und auch des materiellen Wohlergehens sind, so verbrieft sie auch durch das Wort Gottes sein mögen, reserviert für diejenigen, die sich an diese Reihenfolge halten und sie auch verstehen. Ein Kurzschlußweg der schnellen Bereicherung durch die flinke Beanspruchung von 3. Johannes 2 ist ausgeschlossen.

Eine große Not in den Reihen der Gemeinden, die das volle Evangelium predigen und Betonung auf Wort und Glauben legen, ist die große Anzahl von Menschen mit schweren chronischen Krankheiten. Ich werde immer wieder von dem Leid berührt, das sich in dem Fortbestand solcher chronischen Krankheiten ausdrückt, während andere Gläubige in den geistlich erstarkten Gemeinden zunehmend häufiger die Heilung ihrer vielleicht unscheinbaren Krankheiten erfahren. Wir dürfen uns auch nicht zu schnell und billig damit trösten, daß im Laufe der sich immer stärker manifestierenden Kraft Gottes und vielleicht mit Einsetzen der vollen Erweckung auch in unseren Breitengraden eines Tages der Zeitpunkt kommt, wo sich die Heilungskraft Gottes auch an diesen chronisch Kranken und schwer Gezeichneten beweist. Das wird stimmen, aber es ist für uns kein Grund zum ruhigen Abwarten.

Die Gesetzmäßigkeit, die sich im 3. Johannes 2 ausdrückt, hat uns hier auch einiges zu lehren. Jahre- oder jahrzehntelang währende Krankheiten haben ihre eigene Dynamik und verleiten mehr als nur kurzzeitig bestehende Krankheiten, in der Krankheit einen Gewinn zu suchen oder sich mit ihr zu arrangieren. Es stellt sich also die gesamte Seele auf den Krankheitszustand ein, und dazu kommt noch, daß in vielen Fällen chronische Krankheiten von vornherein eine seelische Ursache haben. Das gilt zum Beispiel für rheumatische Erkrankungen, Magengeschwüre, chronische Hautaffektionen und manche Formen von Lähmungen. Für diese Fälle reicht es nicht aus, einfach Glauben zu fordern oder mehr Glauben zu fordern, als er für andere Fälle notwendig wäre. Hier muß zunächst einmal eine seelische Gesundung erfolgen, damit jene

Faktoren aus der Tiefe der Seele, die über eine Veränderung des Charakters und die Deformierung von Denk- und Gefühlsstrukturen die Krankheit erzeugt haben und unterhalten, beseitigt werden.

Solange nämlich bestimmte seelische Bahnungen, die ursprünglich zum Ausbruch einer Krankheit geführt haben, weiterbestehen, kann der Gläubige gar nicht wirklich glauben. Hinter dem, was ich eben eine „seelische Bahnung“ einer Krankheit nannte, können zum Beispiel Beziehungsprobleme, Abhängigkeiten und Bindungen, Unversöhnlichkeit und Bitterkeit stehen, die alle eins gemeinsam haben werden, daß ein so gekennzeichneter Christ bei allem, was er tut, doch am Ende seine Lust und Bestätigung von seiner Umgebung holen wird. Damit ist er aber glaubensuntüchtig, denn Jesus sagt: „Wie könnet ihr glauben, die ihr Ehre voneinander nehmet?“ (Johannes 5,44).

So sollte uns die Liebe zu den schwer kranken und chronisch leidenden Geschwistern dazu treiben, daß wir sie nicht mit uniformen und lieblosen Aufforderungen zu glauben traktieren, sondern auf ihre besondere Not eingehen und sie mit behutsamen Anleitungen zum Vertrauen und zur Vergebung und vor allem mit der Verabfolgung der ganzen heilsamen Wahrheit (siehe Textumgebung von 3. Johannes 2, die ausschließlich von der Macht der Wahrheit spricht) zur Heilung ihrer Seele und anschließend zur Heilung des Körpers führen. Mit einzelnen Glaubenskraftakten, auf die wir möglicherweise unsere ganze Hoffnung setzen, ist es hier nicht getan. Wir werden durch keine noch so gewaltige „Glaubensleistung“ die Gesetzmäßigkeit der Segensreihenfolge außer Kraft setzen.

Wie füllt er jeden Mangel aus?

Das in diesem Zusammenhang am häufigsten genannte Wort ist fraglos der Text aus Philipper 4,19: „Mein Gott aber wird ausfüllen all euren Mangel nach seinem Reichtum in der Herrlichkeit in Christus Jesus.“

Immer wieder wird dieses Schriftwort im Hinblick auf die unumschränkte Versorgung unseres Herrn für alle unsere Belange zitiert. Ein solches Wort gefällt uns, derartiges brauchen wir. Diese Verheißung ist so herrlich diesseitig, so praktisch und in seiner Gültigkeit so weit gefaßt, daß einfach alles darin Platz hat. Wer unter den Christen, die an die absolute Gültigkeit der Bibel glauben, kann ein solches Wort nicht schätzen?

Ein Blick in die Textumgebung beweist obendrein, daß unter jedem Mangel, den Gott ausfüllen will, auch und vordringlich materielle und finanzielle Nöte zu verstehen sind. So nimmt es nicht wunder, daß ganze Generationen von glaubensorientierten Christen sich diesem Wort mit besonderer Freude zugewandt und es immer wieder für sich in den Dienst gestellt haben.

Nun, es ist ein Wort Gottes und besagt und verheißt das, was die Worte ausdrücken, und doch sollten wir genau hinsehen und überprüfen, was es eigentlich meint und unter welchen Voraussetzungen es wirksam ist.

Bei einer solchen Überprüfung des Textzusammenhanges wird es uns nicht entgehen können, daß dieses Wort zunächst einmal an die Philipper gerichtet ist, die sich bekanntlich vor anderen Gemeinden darin ausgezeichnet haben, daß sie bereitwillig viel von dem Wenigen, was sie hatten, mit Paulus geteilt hatten. Sie waren gelehrt zu geben, und sie gaben gern. Wenn für die Christen in Philippi jene Glaubensprinzipien auch gelten, wonach sich der Glaube in einer Handlung ausdrücken muß, dann waren sie wirklich Glaubende, denn sie gaben über die Maßen. Und dann durften sie mit Recht erwarten, daß Gott all ihren Mangel ausfüllt. Wir dürfen beim Gebrauch dieses Wortes für unsere Zwecke diese Voraussetzung nicht übersehen.

So stellt sich uns die Frage, wie dieses Verheißungswort zu verstehen ist und in welchem Ausmaß unser Mangel ausgefüllt werden soll. Die direkte Antwort könnte einfach lauten: Gemäß seinem Reichtum in der Herrlichkeit. Das klingt erhaben und faszinierend. Es bedeutet doch, daß uns Gott im Falle unseres Mangels, wenn wir vertrauensvoll mit diesem Wort zu ihm kommen, in dem Maße beschenken wird, wie er selbst reich an Herrlichkeit ist. Aber ist das wirklich so gemeint?

Jesus hat den Fluch des Gesetzes auf sich genommen und ist um unseretwillen arm, nackt, bloß, hungrig und durstig ans Kreuz gegangen, damit er uns mit seiner Hingabe an alle diesseitige Armseligkeit einen Weg zum Überfluß bahnen konnte. Aber es entspricht doch einer breiten Erfahrung, daß das Ergehen der meisten Christen recht wenig von diesem Überfluß ausweist. Allein die Tatsache, daß der Herr für uns die Armut erlitten hat, macht uns noch nicht zu wohlhabenden Menschen.

Wir hatten indessen bei der Untersuchung aller Einzelaspekte der Erlösung immer wieder festgestellt, daß sie nur durch Glauben wirksam werden. Gut, wenden wir auch hier das Prinzip an und sehen, was dabei herauskommt. Die schlichte glaubende Inanspruchnahme der Gültigkeit dieser Verheißung, die sich vielleicht häufig so äußert, daß der betreffende Gläubige sie immer und immer wieder mit Überzeugung bekennt und in Existenz spricht, liefert so gut wie durchgehend nur enttäuschende Resultate!

Von einigen wenigen überzeugenden Christen weiß ich wohl, daß sie mit diesem Wort leben und seine Segnungen erfahren. Aber die andern, die sich mit viel Enthusiasmus dieses Wortes bedienen, gehen doch überwiegend leer aus. Dafür ist eben jener Ordnungsfaktor verantwortlich, der darüber entscheidet, ob ein Christ, der sich im Glauben auf dieses Wort beruft, es auch erfährt oder nicht. Es können nun einmal nicht einzelne Verheißungen selektiv beansprucht werden, je nach dem, wie es uns gefällt und wie wir sie gerade brauchen.

Ich verdanke wichtige Aufschlüsse über die Bedeutung dieses Textes einer übernatürlichen Offenbarung, die ich vor Jahren unvermittelt im Urlaub empfangen hatte. Ich war gerade auf dem Weg von der Küche unseres Ferienhauses, wo ich meinen Abtrocknungsdienst für die Familie abgeleistet hatte, zum Schlafzimmer, um mich meinem wohlverdienten Urlaubsnickerchen hinzugeben, als Gott unvermittelt zu mir sprach: „Schau doch einmal genau nach. Du wirst sehen, in Philipper 4,19 heißt es nicht, daß ich all euren Mangel nach meinem Reichtum in der Herrlichkeit in Christus Jesus ausfüllen will, sondern daß ich euren Mangel ausfüllen will nach dem Reichtum an Herrlichkeit bei euch, die ihr in Christus Jesus seid." Das war die Offenbarung. Genauso blitzartig, wie sie gekommen war, war sie auch schon zu Ende.

Ich hatte mir diesen Text genau aufgeschrieben, um ihn zu Hause anhand meiner Studienmaterialien nachprüfen zu können.

Das Ergebnis dieser Untersuchung bestätigte die empfangene Interpretation im Urlaub vollständig.

Zunächst einmal war es auffällig, daß im Griechischen der Artikel bei der Formulierung „in der Herrlichkeit" fehlte. Es heißt nur „in Herrlichkeit".

Zweitens gab mir das griechische Lexikon Kenntnis davon, daß „in" (griechisch „en" geschrieben) auch „an" oder „in der Nähe" oder „in Beziehung zu einem Objekt" oder „in Beziehung zur Anwesenheit von jemand" heißen kann und auch die Bezeichnung einer Beziehung oder von Umständen bedeuten kann. Also könnte man oder muß man gar übersetzen „an Herrlichkeit".

Schließlich war mir auf einmal schlagartig die Tatsache gegenwärtig, daß es im Neuen Testament an keiner Stelle eine Formulierung gibt, die von der Herrlichkeit Gottes als der Bezeichnung der lokalisierten jenseitigen Herrlichkeit redet. Und erst recht ist es dem Neuen Testament völlig fremd, von dieser jenseitigen Herrlichkeit als in Christus Jesus zu reden. Diese Formulierung kommt in den neutestamentlichen Schriften durchgehend nur in bezug auf Personen vor, die in Christus Jesus sind.

Somit kann dieser Text, weil die anderen Deutungsmöglichkeiten keinen Rückhalt im Neuen Testament haben, tatsächlich nur bedeuten, daß wir in dem Maße die Ausfüllung jeglichen Mangels durch Gott erleben sollen, wie wir, die wir in Christus Jesus sind, in unserem Herzen bereits reich an seiner Herrlichkeit sind. Die Bemessung des Segens, von der hier die Rede ist, ist nicht bezogen auf das Maß der Herrlichkeit Gottes, sondern auf das von uns im Glauben angenommene Maß der Herrlichkeit Gottes in uns. Das ergibt Sinn, das ist geistlich logisch, es entspricht den Aussagen zu diesem Thema an anderen Stellen des Neuen Testamentes, und es enthält wiederum den Gesichtspunkt der Angemessenheit und der Reihenfolge der Glaubenserfahrung.

So will uns nun der Heilige Geist durch dieses Wort dringend auffordern, daß wir, wenn wir in großen leiblichen, familiären, beruflichen oder materiellen Nöten sind, uns nicht geradewegs darauf stürzen, diese mit dem Worte Gottes zu beseitigen. Gott handelt von innen nach außen. Noch größer als die auswendige Not dürfte dann der Mangel an Freude, Gegenwart Gottes und seiner Herrlichkeit sein, was letztlich identisch ist mit dem Heiligen

Geist. Wir werden erfüllt sein von Sorgen, Verzweiflung und dem Drang, das Problem in eigener Anstrengung zu lösen.

Aber Gott sagt uns, daß wir uns unseres neuen Standes bewußt sein sollen. Als Kinder Gottes sind wir die Gerechtigkeit Gottes. Wenn wir uns dessen auch in den drängenden Momenten äußerer Not bewußt bleiben und erst recht darin ruhen, so werden wir offen werden für die Erfahrbarkeit des bekannten Wortes aus Römer 8,30, wo es heißt, daß er die, welche er gerecht gemacht hat, auch herrlich gemacht hat. Dann sind wir gefordert, dem Herrn mit seinen Beteuerungen und Feststellungen mehr zu glauben als den Aussagen unserer Seele, die nur einen Schrei kennt: „Mangel!".

Wer jedoch in Christus Jesus ist, das heißt, sich von ihm abhängig macht und sich stetig aus seinem Wort ernährt, wer seine Identität nicht aus seinen Gefühlen und erst recht nicht aus den Botschaften der Vergangenheit und der Außenwelt bezieht, sondern sich als in Christus herrlich Gemachter erlebt und bejaht, der ist auf dem Wege, alle innere Armseligkeit zu überwinden und anschließend obendrein seinen äußeren Mangel behoben zu sehen.

Gott will allen Mangel ausfüllen, weil ihn das verherrlicht und weil es uns erfreut. Als seine Kinder haben wir ein Anrecht darauf, Gott in seiner Versorgungswilligkeit und Liebe zu erfahren. Aber Gott hat sich nun einmal festgelegt, uns das nur in der gegebenen Reihenfolge in systematischer Breite erleben zu lassen.

Wenn wir nicht in Christus Jesus sind und wenn wir nicht von seiner Herrlichkeit erfüllt sind, dann unterlaufen wir selbst die Segenswünsche unseres Herrn. Er kann uns nämlich nicht zu unserem Schaden segnen, so daß wir ohne ausreichende geistliche und seelische Basis nur Empfänger von äußeren Wohltaten werden, die uns dann anschließend das Genick brechen. Es ist nicht ganz leicht, überragende materielle Segnungen zu ertragen. Ist Christus aber in uns und sind wir mit seiner Herrlichkeit erfüllt, die kostbarer ist als alle körperlichen Heilungen und jeglicher materieller Überfluß, dann wird uns ein solcher Segen nicht zum Schaden werden. Es wird unserm Herrn dann eine Freude sein, daß er, wie er es versprochen hat (Jeremia 32,41), nicht aufhören wird, uns Gutes zu tun, weil er ein Verlangen danach hat, uns seine Güte zu erweisen.

Die gewaltigsten Verheißungen Gottes werden uns unberührt lassen, wenn wir nie bei uns selbst oder im Erleben anderer den Nachweis erkennen können, daß sie real sind; wenn wir nie beobachten konnten, wie sie in Erscheinung treten. So ist es nicht nur von der göttlichen Theorie, sondern auch vom Gesichtspunkt der Ermutigung her wichtig, daß wir im Kontext jeder Erlösungstatsache lernen, wie man sie im Glauben ergreift. Je mehr von diesen Angeboten wir durch unseren Glauben in nachprüfbare Erfahrungen umsetzen, um so mehr wird unser Appetit steigen, und um so leichter wird es uns fallen, auch andere noch nicht erfahrene Heilserlebnisse zu machen. Gott will uns auf diesem Kurs helfen, durch zunehmende Kenntnis seines Wesens und seines Wortes immer selbstverständlicher zu glauben, so daß wir von Segen zu Segen voranschreiten, weil wir in unserer Christusbeziehung auch von Herrlichkeit zu Herrlichkeit verändert werden. Ein Eindruck wird diesen Prozeß mehr als alles andere begleiten, nämlich das Bewußtsein, daß alles, was zählt und gut ist, in Form von göttlichen Geschenken bereits vorliegt und daß die Nachfolge viel leichter ist, als es uns unser Anfang mit Jesus dünken ließ. Aber genau das ist der Wille des Herrn für uns. Wir sollen die Beschenkten sein. Er will alles in allem machen. Das ist Erlösung.

Kapitel 24

Der Schlüssel ist der handelnde Glaube

Nachdem wir uns die Vielfalt des göttlichen Angebotes angesehen haben, das Gott in dem Vertragswerk des neuen Bundes vorgelegt hat, muß nun auch sichergestellt sein, daß wir uns auch seinen Inhalt aneignen. Das ist nämlich die einzige angemessene Form des Reagierens auf dieses Angebot. Es reicht nicht aus, über die Erlösung zu staunen, sie zu betrachten, von ihr fasziniert zu sein oder Bücher über sie zu schreiben. Gott will, daß wir alle Anteile der Erlösung nehmen, weil wir sie alle brauchen!

Nun gibt es aus biblischer Sicht lediglich ein Verfahren des Nehmens, das Gott uns in seinem Wort vorlegt. Das ist Glaube. Glaube ist aber gewiß mehr als ein Verfahren, Glaube ist ein Lebensstil und Ausdruck einer besonderen Beziehung zu Gott. Aber im Hinblick auf das Thema, das uns in dieser Abhandlung interessiert (sich nämlich alle Hilfen zum Leben zu verschaffen, die Gott bereitgestellt hat), will ich mich auf diesen einen Aspekt des Glaubens konzentrieren: Glauben heißt „nehmen". Man kann es auch umkehren, ohne daß es dabei seinen Sinn einbüßt: Nehmen ist Glauben.

Für Glauben gibt es keinen Ersatz. Auch Beten ist kein Ersatz für Glauben. Das Wort Gottes fordert uns immer wieder auf, zu unserem Herrn zu beten. Aber Beten für sich, ohne daß es von Glauben getragen und erfüllt wäre, ein solches Beten ist sogar Sünde. Denn das Wort sagt uns, daß das, was nicht aus Glauben geht, Sünde ist. Als Mose mit dem Volk Israel vor dem Roten Meer stand, umgeben von den ägyptischen Soldaten, die ihnen nachgezogen waren, und zu Gott um ein Wunder schrie, antwortete Gott (2. Mose 14,15): „Und der Herr sprach zu Mose: Was schreist du zu mir? Sage den Kindern Israel, daß sie weiterziehen."

Es gibt Zeiten, wo wir beten sollen, und Zeiten, wo wir handeln sollen. Wenn wir beten, sollen wir in jedem Fall im Glauben beten. Und wenn wir handeln, soll das erst recht im Glauben geschehen. Unser Gebet soll ein Ausdruck unserer Glaubensbeziehung und unseres Vertrauens auf den Herrn sein. Unser Handeln soll kein Handeln in eigener Kraft sein, sondern ebenfalls Ausdruck unseres Vertrauens auf den Herrn, der uns unsichtbar bereits mit allen geistlichen Segnungen beschenkt hat, der aber nun erwartet, daß wir im Vertrauen auf die Realität seiner Geschenke erste Schritte des Glaubensgehorsams gehen.

Das Wort Gottes gibt uns sehr konkreten Aufschluß über Wesen, Aufbau, Wachstum, Reifung und Zielsetzung des Glaubens. In den einzelnen Kapiteln über die unterschiedlichen Ausprägungen von Gottes Erlösungshandeln habe ich jeweils auf die Notwendigkeit hingewiesen, im Glauben auf das Angebot zu reagieren.

Glaube entspringt aus dem Wort, auf das man mit seinem Herzen hinhört und es damit in sich aufnimmt. Glaube wächst nur im Herzen. Ist das Wort Gottes nicht im Herzen, wird es nie zur Entwicklung des Glaubens kommen. Glaube ist eine göttliche Befähigung, die wir nicht produzieren können und müssen, sondern die aus dem Worte Gottes selbst erwächst, sofern es in unserem Herzen ist. Diese Befähigung zum Glauben ist die erste Reaktion, zu der uns das Wort freisetzt. Das bejahte, angenommene, durchmeditierte, bebrütete und verstoffwechselte Wort Gottes ist die Grundlage des Glaubens. Das Wort Gottes ist gleichsam die Vorform des Glaubens, zu dem es sich entfaltet und verwandelt, wenn es mit Bedacht und Liebe im Herzen aufgenommen und in ihm bewegt wird.

Glaube geschieht im Jetzt und Hier des Augenblickes, in dem man sich entschieden hat davon auszugehen, daß der Herr im unsichtbaren Raum die Hilfe bereits bewirkt hat. Glaube ist also ein Festhalten an der Hilfe im Gegensatz zu den sichtbaren Umständen.

Glaube ohne Tat ist tot

Schließlich bedarf der Glaube einer Freisetzung seiner Kraft ins Sichtbare, was durch Reden und durch ein Handeln gemäß dem Glauben erfolgt. Und das ist der entscheidende Punkt, den ich jetzt dem Leser nahelegen will. Unterbleibt die Glaubenshandlung, dann hat all das, was wir bis jetzt über Erlösung gehört und begrüßt haben — inklusive unserer nachfolgenden Glaubensbemühungen — keinen Sinn. Ohne Handlung ist der Glaube tot, unvollkommen und nutzlos.

Die klarste Predigt über diese Zusammenhänge vermittelt uns der Jakobusbrief, den wir jetzt zu Worte kommen lassen wollen.

Jakobus 2,14-26

14 Was hilft's, liebe Brüder, so jemand sagt, er habe Glauben, und hat doch keine Werke? Kann auch der Glaube ihn selig machen?

15 Wenn aber ein Bruder oder eine Schwester bloß wäre und Mangel hätte an der täglichen Nahrung

16 und jemand unter euch spräche zu ihnen: Gehet hin in Frieden! Wärmet euch und sättiget euch! ihr gäbet ihnen aber nicht, was dem Leibe not ist: was hülfe ihnen das?

17 So auch der Glaube, wenn er nicht Werke hat, ist er tot in sich selber.

18 Aber es könnte jemand sagen: Du hast Glauben, und ich habe Werke; zeige mir deinen Glauben ohne die Werke, so will ich dir meinen Glauben zeigen aus meinen Werken.

19 Du glaubst, daß nur einer Gott ist? Du tust wohl daran; die Teufel glauben's auch und zittern.

20 Willst du aber erkennen, du törichter Mensch, daß der Glaube ohne Werke tot ist?

21 Ist nicht Abraham, unser Vater, durch Werke gerecht geworden, als er seinen Sohn Isaak auf dem Altar opferte?

22 Da siehest du, daß der Glaube zusammengewirkt hat mit seinen Werken und durch die Werke der Glaube vollkommen geworden ist,

23 und so ist die Schrift erfüllt, die da spricht (1. Mose 15,6): „Abraham hat Gott geglaubt, und das ist ihm zur Gerechtigkeit gerechnet", und ward „ein Freund Gottes" geheißen (Jesaja 41,8).

24 So sehet ihr nun, daß der Mensch durch Werke gerecht wird, nicht durch Glauben allein.

25 Ist nicht desgleichen die Hure Rahab durch Werke gerecht geworden, da sie die Boten aufnahm und ließ sie auf einem andern Weg hinaus?

26 Denn gleichwie der Leib ohne Geist tot ist, so ist auch der Glaube ohne Werke tot.

In diesem Beitrag wird uns dreimal gesagt, daß der Glaube ohne Werke tot ist. Ein Glaube, der nicht zur Handlung schreitet, ist wohl Glaube, aber er ist nicht lebendig. Er kann nichts bewirken, er ist nutzlos. Aber wohlgemerkt, die Schrift nennt jene Haltung und Reaktion auf das Wort Gottes, die wir im einzelnen bereits untersucht haben und die in unserem Herzen abläuft, sehr wohl Glaube, auch wenn ihm noch keine Handlung gefolgt ist. Aber dieser Glaube ist insofern unvollkommen, als ihm das Wichtigste fehlt: Leben. Ohne Leben, sprich, ohne Handlungsausdruck, kann der Glaube nichts bewegen, nicht wachsen und nichts reproduzieren. Er setzt nichts in Gang und ist nicht schöpferisch tätig.

Weil wir insofern alle einen lebendigen Glauben brauchen, müssen mithin – das ist die Schlußfolgerung – alle Glaubensäußerungen einen Handlungsanteil haben. Jakobus führt aus, daß es jemandem, der in Not ist und dringend Hilfe braucht, nichts nützt, wenn wir ihn nur mit göttlichen Worten abspeisen, aber keine entsprechenden praktischen Hilfen (Handlungen oder Werke) zukommen lassen. Dieselben Verhältnisse liegen auch dann vor, wenn es um den Glaubenden selbst geht. Wenn er nur mit Worten umgeht oder vielleicht sogar nur gedanklich glaubt, aber nicht entsprechend handelt, wird er dadurch nicht errettet werden oder irgendeine andere Form von Hilfe bekommen.

Es bleibt bei der grundsätzlichen biblischen Position: Der biblische Glaube, der aus Gott kommt und den wir aus dem Worte Gottes nehmen, indem wir das Wort in unser Herz hineinnehmen, es dort bedenken und Wurzeln schlagen lassen, dieser Glaube führt zu keinen praktischen Resultaten ohne den Handlungsbeitrag, mit dem man sich endgültig festlegt.

Das Wort Gottes fragt in diesem Zusammenhang: Was hülfe das jenen, die sich so verhalten? Es geht hier tatsächlich um Nützlichkeitsgesichtspunkte, so sehr sich vielleicht auch der humanistisch gesinnte und schöngeistig denkende Leser über dieses Wort ärgern mag. Es gibt im Worte Gottes keinen Gegensatz zwischen grundsätzlichen Wahrheiten und praktischer Liebe. Beide sind im letzten identisch. Das göttlich Echte und Richtige ist auch das Nützliche für uns, sofern wir das im Glauben ergreifen.

Diese dringliche Ermahnung, zum Glauben die Tat hinzuzufügen, müssen wir im Bewußtsein haben, wenn wir den ganzen

Ertrag der Erlösung durch den Herrn empfangen wollen. Alle Aussagen bezüglich Erlösung und Befreiung, die wir dem Kreuz verdanken, bleiben nichts anderes als interessante theologische Aspekte, die gut klingen und vielleicht auch guttun, am Ende jedoch nichts in uns bewirkt haben. Geschenke müssen angenommen werden, das ist Glaube, und diese Annahme drückt sich immer durch einen Handlungsvorgang aus: Irgendwo und irgendwie wird die Persönlichkeit, die glauben will, das mit Reden und körperlichem Reagieren im Sinne einer motorischen Leistung (gehen, aufstehen, sich bewegen, Dinge unterlassen usw.) zum Ausdruck bringen.

Es gibt zwei Möglichkeiten, den Segen der Erlösung zu verfehlen:

1. Wir wollen alles selbst machen und rechnen mit der eigenen Leistung und ihrem Erfolg. Das ist eigentlich nichts anderes als das, was wir bei genauerem Hinsehen als den Fluch des Gesetzes erkannt haben. Das führt in der Tat zu den Auswirkungen, die für einen Fluch typisch sind. Am Ende stehen der Untergang und die Zerstörung.
2. Wir haben erkannt, daß Jesus eine vollständige Erlösung für alle Bereiche unseres diesseitigen und jenseitigen Lebens erworben hat. Aber wir ergreifen diese Erlösungsangebote nicht wirklich. Unser Glaube ist ohne Handlung und kann deswegen die Erlösungsinhalte, die aus der unsichtbaren Welt kommen und uns durch das Wort Gottes vorgelegt werden, nicht ergreifen. Man geht leer aus.

Das Wort Gottes qualifiziert dann die Natur des Glaubens ohne nachfolgendes Handeln noch genauer. Es sagt, daß ein solcher Glaube in sich selber tot sei. Das bedeutet wohl, daß es gar keiner aktiven Einwirkung von außen bedarf, um diesen Glauben zu töten. Ein solcher Glaube, der keine Handlung aufweist, ist grundsätzlich von Anfang an tot. Er verhält sich wie eine Glaubenstotgeburt.

Glaube ist keine geistige Anerkennung eines Sachverhaltes. Das ist Zustimmung, aber nicht Glaube. Glauben heißt beanspruchen im Sinne von Bejahung + Vertrauen + Handlung. Das biblische Wort drückt diesen Sachverhalt provozierenderweise anhand eines Beispiels aus der satanischen Welt aus: Die Teufel glauben auch, aber dennoch zittern sie. Sie bejahen die Existenz Gottes, was ihnen aber keine Erleichterung bringt. Im Gegenteil, das Wissen erzeugt Angst.

Dieses Buch will keine theoretische Abhandlung über Erlösung und Glaube sein, sondern will den Leser dazu veranlassen, sich durch vollständigen und lebendigen Glauben das aus dem Erlösungswerk Jesu anzueignen, was er braucht. Ich denke, daß die meisten Leser die bisherigen Zusammenhänge, die wir bei der Untersuchung des Kreuzesgeschehens ermittelt haben, bejahen. Ich gehe ferner davon aus, daß es unter uns keine Frage über die Notwendigkeit des Glaubens gibt.

Aber nun will ich doch auf den kritischen Punkt kommen: Glaubst du, der du dieses Buch liest, in dem Sinne, daß du jede Glaubensposition mit einer Handlung verbindest? Oder läßt du es dabei, daß der Glaube abstrakt und innerlich ist und durch keine Abholhandlung sichtbar wird? Dann hast du einen Glaubensleichnam in dir!

Nun gut,wenn wir bei der Begrifflichkeit des Jakobusbriefes bleiben dürfen, dann können wir aus diesem Zustand durchaus etwas machen. Frag dich doch einfach im Hinblick auf deine Bedürfnisse und die vom Herrn dazu gegebenen passenden Angebote, wo deine Glaubenskadaver im Herzen liegen. Möglicherweise liegen bei uns allen im Unterholz unseres Herzens eine ganze Menge von unfertigen Glaubensversuchen, die nie zur Handlung gekommen sind. Wir sollten sie erwecken! Dieser Glaube war bisher unvollkommen. Möglicherweise war er in allen Einzelheiten biblisch korrekt, es fehlte ihm aber die Handlungskomponente, und deswegen war er tot. Fügen wir sie hinzu, dann erwecken wir den Glauben zu einem lebendigen Glauben, und er wird Frucht bringen. Wir sollten also nicht verächtlich über die Glaubensleichname in uns denken. Sie können ein guter Anfang sein, der allerdings auf den Handlungsfortsatz wartet.

Das biblische Wort bringt uns zwei Beispiele aus dem Alten Testament, an denen wir ablesen können, wie Glaube mit seinen Werken (Handlungen) zusammenwirkt und dadurch der Glaube vollkommen wird. Das eine Beispiel ist Abraham, der durch einen handelnden Glauben gerecht wurde, als er seinen Sohn Isaak auf dem Altar opfern wollte, weil er genau wußte, daß Gott bei der Lage seiner Festlegungen diesen wieder von den Toten erwecken würde. (Dabei ist interessant, daß diese Jakobusstelle die Rechtfertigung durch handelnden Glauben auf das späte Ereignis der Isaakopferung bezieht, während der alttestamentliche Quelltext in 1. Mose 15 die Rechtfertigung auf Grund des Glaubens in den Zusammenhang der Begegnung zwischen Gott und Abraham stellt, als Gott Abraham einen Erben verheißt, was Abraham auch glaubte.) Abraham hat also tatsächlich gehandelt und nicht in Anbetracht der Aufforderung des Herrn, die er in seinem Herzen vernommen hatte, ein gedankliches Manöver vollzogen, das ungefähr so ausgesehen haben könnte: Gott, ich kenn dich doch. Du willst einfach nur sehen, ob mein Leben und mein Wille dir ganz gehören. Ich vertraue dir, daß du es am Ende gut machst. Aber du kannst dir selbst doch nicht widersprechen. Also glaube mir, daß ich bereit wäre, meinen Sohn zu opfern, wenn du es wirklich so meintest. Aber ich weiß, das war nur eine Testfrage an mich. Ich danke dir, daß du das nicht wirklich willst.

Nein, Abraham handelte so, wie er glaubte, und dadurch wurde der Glaube vollkommen (Jakobus 2,22). Ähnlich verhielt sich die Hure Rahab. Sie ging mit dem Einsatz ihres Lebens auf die Kundschafter ein, denn sie mußte ja davon ausgehen, daß andere Bewohner Jerichos gesehen haben könnten, daß diese fremden Männer in ihr Haus gekommen waren. Und doch fertigte sie sie nicht auf dem kürzesten Wege ab. Sie empfing sie mit Freundlichkeit, wie es das Wort Gottes ausdrücklich bemerkt, hielt sie versteckt und ließ sie auf einem anderen Weg wieder raus, als sie gekommen waren. Sie hat also Nachdenken, Gefühl und Liebe zusammen mit einer Handlung für diese Männer investiert. Sie wußte offenbar, daß sie wirklich Männer des Volkes Gottes waren und handelte gemäß diesem Glauben. Deswegen wurde sie gerettet und durch diese Handlung vor Gott gerecht.

Die Annahme jeder Art von Erlösung, was immer es sein mag, wird immer mit einer Handlung verbunden sein, die man sehen oder hören oder als äußeren Vorgang beschreiben kann. Wer glaubend handelt, dem ist die angenommene Botschaft so wichtig, daß er deswegen beispielsweise etwas anderes unterläßt, was er sonst aus Sicherheitsgründen gewählt hätte. Oder wenn er zum

Beispiel im Fall einer Krankheit glaubend handelt, wird er möglicherweise ein Organ oder eine Gliedmaße, die durch Krankheit behindert ist, so bewegen oder in Dienst stellen, als ob sie gesund wäre, um dabei zu erleben, daß sie in diesem Augenblick Heilung erfährt. Handlung kann sich auch allein darin ausdrücken, daß jemand bewußt von seinen Symptomen wegsieht, nicht, um sie zu verdrängen oder zu negieren, sondern um auf die Lösung zu schauen. Mindestens wird und muß sich der Glaube derart handelnd äußern, daß der Betreffende, der im Glauben die Hilfe und Heilung ergriffen hat, mit Worten das bekennt, was er in seinem Herzen empfangen hat. Denn nach der Schrift ist ein Handeln oder Tun auch schon der Umgang mit Worten:

Kolosser 3,17
Und alles, was ihr tut mit Worten oder mit Werken, das tut alles in dem Namen des Herrn Jesus und danket Gott, dem Vater, durch ihn.

Glaube ohne Werke ist tot und ein Selbstbetrug. Nachher wird die Enttäuschung mit der damit verbundenen Mutlosigkeit und Hoffnungslosigkeit größer sein als vor dem verfehlten Glaubensversuch. Laß nicht zu, daß dein Glaube theoretisch wird. Durchschaue den Selbstbetrug der intellektuellen oder geistigen Bejahung. Die meisten ungeschehenen Heilungen und Wunder kamen deswegen nicht zustande, weil es die Gläubigen nicht gewagt haben, im Sichtbaren und Hörbaren gemäß ihres Glaubens zu handeln. Glaube ganzheitlich mit dem Herzen, mit dem Mund und mit dem ganzen Körper. Wenn Jesus für dich gelitten hat und deinetwegen ans Kreuz gegangen ist, dann bringe doch wenigstens soviel Handlung auf, daß du zu ihm gehst und dich vor Menschen zu ihm stellst.

Offenbare vor Menschen, vor deiner Freundschaft und Bekanntschaft und den Mitgliedern deiner Familie, daß du vom Kreuz Hilfe und Heilung geholt hast. Verschweige es nicht, bekenne es, stehe dazu, kneife nicht, bezeuge es, und du wirst sichtbar die Hilfe Gottes erfahren. Und andere werden es an dir erkennen.